梁啓超 著

飲冰室合集

專集

第二十四册

中華書局

飲冰室專集之一百三

儒家哲學

梁任公教授講演　周傳儒筆記

第一章　儒家哲學是什麼

『哲學』二字。是日本人從歐文翻譯出來的名詞。我國人沿用之。沒有更改。原文爲Philosophy由希臘語變出。卽愛智之意。因爲語原爲愛智所以西方人解釋哲學。爲求知識的學問。求的是最高的知識。統一的知識。

西方哲學之出發點。完全由於愛智。所以西方學者。主張哲學的來歷。起於人類的好奇心古代人類看見自然界形形色色。有種種不同的狀態。遂生驚訝的感想。始而懷疑。既而研究。於是成爲哲學。

西方哲學。最初發達的爲宇宙論本體論。後來才講到論理學。認識論。宇宙萬有由何而來。多元或一元。唯物或唯心。造物及神是有是無。有神如何解釋無神如何解釋。……等等是爲宇宙論所研究的主要問題。

此類。問題。彼此兩方持之有故。言之成理。辨論終久不決。後來以爲先決問題。要定出個辨論及思想的方法和軌範。知識從何得來。如何才算精確。還是要用主觀的演繹法。先立原理。後及事實才好。還是採客觀的歸納法。

根據事實。再立原理才好。這樣一來就發生論理學。

再進一步。我們憑什麼去研究宇宙萬有。人人都回答道憑我的知識。但「知識本身」到底是什麼東西呢。若不窮究本源。恐怕所研究的都成砂上樓閣了。於是發生一種新趨向。從前以知識爲「能研究」的主體。如今卻以知識爲「所研究」的對象。這叫做認識論。認識論發生最晚。至康德以後。才算完全成立。認識論研究萬事萬物是由知覺來的。真還是由感覺來的真。認識的起原如何。認識的條件如何。認識論在哲學中最晚最有勢力。有人說除認識論外。就無所謂哲學。可以想見其位置的重要了。

這樣說來。西洋哲學由宇宙論或本體論趨重到論理學。更趨重到認識論。徹頭徹尾都是爲「求知」起見。所以他們這派學問稱爲「愛智學」。誠屬恰當。

中國學問不然。與其說是知識的學問。毋寧說是行爲的學問。中國先哲雖不看輕知識。但不以求知識爲出發點。亦不以求知識爲歸宿點。直譯的 Philosopy。其函義實不適於中國。若勉強借用。祇能在上頭加上個形容詞。稱爲人生哲學。中國哲學以研究人類爲出發點。最主要的是人之所以爲人之道。怎樣才算一個人。人與人相互有什麼關係。

世界哲學大致可分三派。印度猶太埃及等東方國家。專注重人與神的關係。希臘及現代歐洲。專注重人與物的關係。中國專注重人與人的關係。中國一切學問。無論那一時代。那一宗派。其趨向皆在此一點。尤以儒家爲最博深切明。

儒家哲學。範圍廣博。概括說起來。其用功所在。可以論語「修己安人」一語括之。其學問最高目的。可以莊子

『內聖外王』一語括之．做修己的功夫．做到極處．就是內聖．做安人的功夫．做到極處．就是外王．至於條理次第．以大學上說得最簡明．大學所謂『格物致知誠意正心修身』就是修己及內聖的功夫．所謂『齊家治國平天下』．就是安人及外王的功夫．

然則學問分做兩橛嗎．是又不然．大學結束一句『一是皆以修身爲本』．格致誠正．只是各人完成修身工夫的幾個階級．齊家治國平天下．只是各人以已修之身．去齊他治他平他．所以『自天子以至於庶人』都適用這種工作．論語說『修己以安人』．加上一個『以』字．正是將外王學問納入內聖之中．一切以各人的自己爲出發點．以現在語解釋之．卽專注重如何養成健全人格．人格鍛鍊到精純．便是內聖．人格擴大到普徧．便是外王．儒家千言萬語．各種法門．都不外歸結到這一點．

以上講儒家哲學的中心思想．以下再講儒家哲學的範圍．孔子嘗說．『智仁勇三者．天下之達德也．』『知者不惑．仁者不憂．勇者不懼．』自儒家言之．必三德具備．人格才算完成．這樣看來．西方所謂愛智．不過儒家三德之一．卽智的部分．所以儒家哲學的範圍．比西方哲學的範圍．闊大得多．

儒家既然專講人之所以爲人．及人與人之關係．所以他的問題．與歐西問題．迥然不同．西方學者唯物唯心多元一元的討論．儒家很少提及．西方學者所謂有神無神．儒家亦看得很輕．論語說．『子不語怪力亂神．』孔子亦說．『未知生．焉知死．』把生死神怪．看得很輕．這是儒家一大特色．亦可以說與近代精神相近．與西方古代之空洞談玄者不同．

儒家哲學的缺點．當然是沒有從論理學認識論入手．有人說他空疏而不精密．其實論理學認識論．儒家並不是不講．不過因爲方面太多．用力未專．所以一部分的問題．不如近代人說得精細．這一則是時代的關係．再則是範圍的關係．不足爲儒家病．

東方哲學辨論得熱鬧的問題．是些什麼．如

一．性之善惡．孟荀所討論．

二．仁義之內外．告孟所討論．

三．理欲關係．宋儒所討論．

四．知行分合．明儒所討論．

此類問題．其詳細情形．到第五章再講．此地所要說明的．就是中國人爲什麼注重這些問題．他們是要討論出一個究竟．以爲各人自己修養人格或施行人格教育的應用．目的並不是離開了人生．翻騰這些理論．當玩意兒．其出發點．既與西方之以愛智爲動機者不同．凡中國哲學中最主要的問題．歐西古今學者．皆未研究．或研究的路徑不一樣．而西方哲學中最主要的問題．有許多項．中國學者認爲不必研究．有許多項．中國學者認爲值得研究．但是沒有研究透徹．

另外有許多問題．是近代社會科學所研究的．儒家亦看得很重．在外王方面．關於齊家的．如家族制度問題．關於治國的．如政府體制問題．關於平天下的．如社會風俗問題．所以要全部了解儒家哲學的意思．不能單以現代哲學解釋之．儒家所謂外王．把社會學．政治學．經濟學．……等等都包括在內．儒家所謂內聖．把教育學．心理學．人類學．……等等都包括在內．

因爲這個原故。所以標題『儒家哲學』四字。很容易發生誤會。單用西方治哲學的方法。研究儒家。研究不到儒家的博大精深處。最好的名義。仍以『道學』二字爲宜。先哲說『道者非天之道。非地之道。人之所謂道也。』又說『道不遠人。遠人不可以爲道。』道學只是做人的學問。與儒家內容最脗合。但是宋史有一個道學傳。把道學的範圍弄得很窄。限於程朱一派。現在用這個字。也易生誤會。只好亦不用他。

要想較爲明顯一點。不妨加上一個『術字』。即莊子天下篇所說『古之道術有在於是者』的『道術』二字。道字本來可以包括術。但再分細一點。也不妨事。道是講道之本身。術是講如何做去。才能圓滿。儒家哲學。一面講道。一面講術。一面教人應該做什麼事。一面教人如何做去。

就前文所舉的幾個問題而論。如性善惡問題。討論人性本質。是偏於道的。如知行分合問題。討論修養下手功夫。是偏於術的。但討論性善惡。目的在教人如何止於至善。以去其惡。是道不離術。討論知行。目的在教人從知入手或從行入手。以達到理想的人格境界。是術不離道。

外王方面亦然。『民德歸厚』是道。用『愼終追遠』的方法造成他便是術。『政者正也』是道。用『子帥以正』的方法造成他便是術。『平天下』『天下國家可均』是道。用『所惡於上毋以使下。所惡於下毋以事上……』的『絜矩』方法造成他便是術。道術交修。所謂『六通四闢。小大精粗。其運無乎不在。』儒家全部的體用。實在是如此。

由此言之。本學程的名稱。實在以『儒家道術』四字爲最好。此刻我們仍然用『儒家哲學』四字。因爲大家都用慣了。『吾從衆』的意思。如果要勉强解釋。亦未嘗說不通。我們所謂哲。即聖哲之哲。表示人格極其高尙。

不是歐洲所謂 Philosophy 範圍那樣窄。這樣一來。名實就符合了。

第二章　爲什麼要研究儒家哲學

爲什麼要研究儒家道術。這個問題。本來可以不問。因爲一派很有名學說。當然值得研究。我們從而研究之。那本不成問題。不過近來有許多新奇偏激的議論。在社會上漸漸有了勢力。所以一般人對于儒家哲學。異常懷疑。青年腦筋中。充滿了一種反常的思想。如所謂『專打孔家店』『綫裝書應當抛在茅坑裏三千年』等等。此種議論。原來可比得一種劇烈性的藥品。無論怎樣好的學說。經過若干時代以後。總會變質。攙雜許多凝滯腐敗的成分在裏頭。譬諸人身血管變成硬化。漸漸與健康有妨礙。因此。須有些大黃芒硝一類瞑眩之藥瀉他一瀉。所以那些奇論。我也承認他們有相當的功用。但要知道。藥到底是藥。不能拿來當飯吃。若因爲這種議論新奇可喜。便根本把儒家道術的價值抹煞。那便不是求眞求善的態度了。現在社會上既然有了這種議論。而且很占些勢力。所以應當格外仔細考察一回。我們要研究儒家道術的原因。除了認定爲一派很有名的學說而研究之以外。簡括說起來。還有下列五點。

一。中國偌大國家。有幾千年的歷史。到底我們這個民族。有無文化。如有文化。我們此種文化的表現何在。以吾言之。就在儒家。

我們這個社會。無論識字的人與不識字的人。都生長在儒家哲學空氣之中。中國思想。儒家以外。未嘗沒有旁的學派。如戰國的老墨。六朝唐的道佛。近代的耶回。以及最近代的科學與其他學術。凡此種種。都不能拿儒家範圍包舉他們，凡此種種，俱爲形成吾人思想的一部分，不錯，但是我們批評一個學派，一面要看他的繼續性，一面要看他的普遍性，自孔子以來，直至於今，繼續不斷的，還是儒家勢力最大，自士大夫以至台輿皂隸普遍崇敬的，還是儒家信仰最深，所以我們可以說研究儒家哲學，就是研究中國文化。

誠然儒家以外，還有其他各家，儒家哲學，不算中國文化全體，但是若把儒家抽去，中國文化，恐怕沒有多少東西了，中國民族之所以存在，因爲中國文化存在，而中國文化，離不了儒家，如果要專打孔家店，要把綫裝書抛在茅坑裏三千年，除非認過去現在的中國人完全沒有受過文化的洗禮，這話我們肯甘心嗎。

中國文化，以儒家道術爲中心，所以能流傳到現在，如此的久遠與普遍，其故何在，中國學術，不滿人意之處尚多，爲什麼有那些缺點，其原因又何在，吾人至少應當把儒家道術，細細研究，從新估價，當然該有許多好處，不然，不會如此悠久綿遠，我們很公平的先看他好處是什麼，缺點是什麼，有好處把他發揚，有缺點把他修正。

二、鄙薄儒家哲學的人，認爲是一種過去的學問，舊的學問，這個話，究竟對不對，一件事物，到底是否以古今新舊爲定善惡的標準，這是一個很大的問題。

我們不能說新的完全是好的，舊的完全是壞的，亦不能說古的完全都是，今的完全都不是，古今新舊，不足以爲定善惡是非的標準，因爲一切學說，都可以分爲兩類，一種含有時代性，一種不含時代性，卽禮記所謂『有可與民變革者，有不可與民變革者，』

有許多學說，常因時代之變遷而減少其價値，譬如共產與非共產，就含有時代性，究竟是共產相利，還是集產相利，抑或勞資調和相利，不是含時代性，就是含地方性，有的在現在適用，在古代不適用，有的在歐洲適用，在中國不適用。

有許多學說不因時代之變遷而減少其價值。譬如不患寡而患不均。不患貧而患不安。利用厚生。量入爲出。養人之欲。給人之求。都不含時代性。亦不含地方性。古代講井田固然適用。近代講共產亦適用。中國重力田固然適用。外國重工商亦能適用。

儒家道術。外王的大部分含有時代性的居多。到現在抽出一部分不去研究他也可以。還有內聖的全部。外王的一小部分。絕對不含時代性。如智仁勇三者。爲天下之達德。不論在何時何國何派。都是適用的。

關于道的方面。可以說含時代性的甚少。關于術的方面雖有一部分含時代性。還有一部分不含時代性。譬如知行分合問題。朱晦菴講先知後行。王陽明講知行合一。此兩種方法都可用研究他們的方法都有益處。儒家道術。大部分不含時代性。不可以爲時代古思想舊而抛棄之。

三。儒家哲學有人謂爲貴族的非平民的。個人的非社會的。不錯。儒家道術誠然偏重私人道德。有點近於非社會的。而且二千年來誦習儒學的人都屬於「士大夫」階級。有點近於非平民的。但是這種現象是否儒學所專有。是否足爲儒學之病。我們還要子細考察一回。

文化的平等普及。當然是最高理想。但眞正的平等普及之實現。恐怕前途還遠著哩。美國是最平民的國家。何嘗離得了領袖制度。俄國是勞農的國家。還不是一切事由少數委員會人物把持指導嗎。因爲少數人誦習受持。便說是帶有貴族色彩。那麽恐怕無論何國家無論何派學說。都不能免。何獨責諸中國。責諸儒家呢。況且文化這件東西。原不能以普及程度之難易定其價值之高低。李白杜甫詩的趣味。不能如白居易詩之易於普及享受白居易詩之趣味。又不能如盲女彈詞之易於普及享受。難道我們可以說天雨花比白氏長慶集好。長慶集又比李杜集好嗎。現代最時髦的平民文學平民美術。益處雖多。然把文學美術的品格降低的毛病也不小。這是不能否認的事實。何況哲學這樣東西。本來是供少數人研究的。主張「平民哲學」這名詞是否能成立。我不能不懷疑。

儒家道術。偏重士大夫個人修養。表面看去。範圍似窄。其實不然。天下事都是士大夫或領袖人才造出來的。士大夫的行爲。關係全國的安危治亂及人民的幸福疾苦最大。孟子說得好。『惟仁者宜在高位。不仁而在高位。是播其惡於衆也。』今日中國國事之敗壞。那一件不是由在高位的少數個人造出來。假如把許多掌握權力的馬弁强盜都換成多讀幾卷書的士大夫。至少不至鬧到這樣糟。假使穿長衫的穿洋服的先生們。眞能如儒家理想所謂『人人有士君子之行。』天下事有什麼辦不好的呢。我們受高等敎育的青年。將來都是社會領袖。造福造禍。就看我們現在的個人修養何如。儒家道術。專注重此點。能說他錯嗎。

四有人說自漢武帝以來。歷代君主。皆以儒家作幌子。暗地裏實行高壓政策。所以儒家學問成爲擁護專制的學問。成爲奴辱人民的學問。

誠然歷代帝王。假冒儒家招牌。實行專制。此種情形。在所不免。但是我們要知道。幾千年來。最有力的學派。不惟不受帝王的指使。而且常帶反抗的精神。儒家開創大師。如孔孟荀都帶有很激烈的反抗精神。人人知道的。可以不必細講。東漢爲儒學最盛時代。但是後漢書黨錮傳。皆屬儒家大師。最令當時帝王頭痛。北宋二程。列在元祐黨籍。南宋朱熹。列在慶元黨籍。當時有力的人。摧殘得很利害。又如明朝王陽明。在事業上雖曾立下大功。在學問上到處都受摧殘。由此看來儒家哲學也可以說是伸張民權的學問。不是擁護專制的學問。是反抗壓迫的學問。不是奴辱人民的學問。所以歷代儒學大師非惟不受君主的指使而且常受君主的摧殘。要把賊民之罪加在儒家身上。那眞是寃透了。

五、近人提倡科學反對玄學所以有科學玄學之爭。儒家本來不是玄學。誤被人認是玄學。一同排斥。這個亦攻擊。那個亦攻擊。幾于體無完膚。

玄學之應排斥與否。那是另一問題。但是因爲排斥玄學。於是排斥儒家。這就未免太寃。儒家的朱陸。有無極太極之辯。誠然帶點玄學色彩。然這種學說在儒家道術中地位極其輕微。不能算是儒家的中心論點。自孔孟以至陸王。都把憑空虛搆的本體論擱置一邊。那能說是玄學呢。

再說無極太極之辯。實際發生於受了佛道的影響以後。不是儒家本來面目。並且此種討論。仍由擴大人格出發。乃是方法。不是目的。與西洋之玩弄光景者不同。所以說玄學色彩。最淺最淡。在世界要算中國。在中國要算儒家了。

儒家與科學。不特兩不相背。而且異常接近。因爲儒家以人作本位。以自己環境作出發點。比較近於科學精神。至少可以說不違反科學精神。所以我們儘管在儒家哲學上力下工夫。仍然不算逆潮流背時代。

據以上五種理由。所以我認爲研究儒家道術。在今日實爲有益而且必要。

第三章　儒家哲學的研究法

哲學的研究法大概可分三種

一問題的研究法

二時代的研究法

三宗派的研究法

無論研究東方哲學或研究西方哲學這三種方法皆可適用各有長處亦各有短處儒家哲學的研究當然亦離不了這三種方法現在先把每一種方法的長處及其短處先說明一下

一問題的研究法所謂問題的研究法就是把哲學中的主要問題全提出來每一個問題其內容是怎樣從古到今各家的主張是怎樣譬如儒家哲學的問題就是性善性惡論知行分合論……等等有許多問題前代沒有後代才發生的有許多問題前代很重視後代看得很輕了又有許多問題自發生後幾千年始終繼續不斷無論那家無論東西都有這種問題把所有這種問題分爲若干章將先後學的主張總括起來加以研究

譬如性善性惡問題秦以前孔子孟子荀卿如何主張到了漢朝董仲舒王充又如何主張唐以後韓愈李翺如何主張宋明程朱陸王如何主張直到滿清顏習齋戴東原又如何主張把所有關於這個問題的議論全都搜集在一塊然後細細研究考察各家的異同得失

這種方法的長處是對於一個問題自始至終有系統的觀念得徹底的了解從前各家主張的內容若何現在研究到什麼程度都很明瞭不至茫無頭緒亦不至漫無歸宿這是他的優點

這種方法的短處。是對於各個學者。全部學說。不能普遍周衍。凡在哲學上大問題。作有力的解答的人。都是有名學者。但這些學者。不單解答一個問題。旁的方面尙多。而且要了解一個問題。不能不注意其他方面。因爲彼此兩方。往往有連帶關係。

譬如性善論。是孟子主張的。性惡論。是荀子主張的。他們學問的全部系統。與性善性惡。都有關係。孟子爲什麼要主張性善。荀子爲什麼要主張性惡。牽連很多。因爲性善惡的問題。牽到許多問題。不單是牽到許多問題。而且引動全部學說。

要是問題簡單。比較尙還容易。問題稍爲複雜。那就異常紛亂。單講本問題。則容易把旁的部分拋棄。不能得一家學說的眞相。旁的部分都講。則頭緒未免紛繁。很難捉住要點。

二。時代的研究法。所謂時代的研究法。專看各代學說的形成發展變遷。及其流別。把幾千年的歷史。劃分爲若干時代。在每時代中。求其特色。求其代表。求其與旁的所發生的交涉。

譬如講儒家哲學。大概分爲孔子一個時代。自春秋到秦。七十子及七十子後學者。一併包括在內。兩漢爲一個時代。自西漢初至東漢末。把董仲舒劉向馬融鄭玄等。一併包括在內。魏晉到唐爲一個時代。何晏王弼到韓愈李翶都包括在內。宋元明爲一個時代。自宋初至明末。把周程朱張及陸九淵王陽明等。一併包括在內。清代爲一個時代。自晚明至民國。把顧炎武黃梨洲顏習齋戴東原等。一併包括在內。

這種方法。其長處在於把全部學術幾千年的狀況。看得很淸楚。一時代的特色。說得很明白。各家的學說。懂得很完全。同源異流。同流交感。我們都把他研究得異常仔細。譬如春秋時代。不單講儒家。還要講道家墨家。又如孟子荀子，不單看他們的性善惡論，還要看他們旁的方面，其主張若何，所以學問的變遷，或者進化，或者腐敗，都可以看得清楚。

這種方法，其短處在全以時代區分，所有各家關於幾個重要問題的答案，截爲數段，譬如討論性善惡的問題，最早是孟子荀卿，一個主張性善，一個主張性惡，過了百多年，到董仲舒王充，主張性有善有惡，又過千多年，才到程朱，又分爲天地之性氣質之性二種，又許多年，才到顏習齋戴東原，又主張祇有氣質之性，性卽是欲，不可强分爲二，關於這些問題的主張和答案，看得斷斷續續，不很痛快，哲學不外幾個重要問題，一個問題都弄不清楚，也就失却哲學的要義了，而且一個問題要說幾次，譬如論性，講究孟荀，又講程朱，講完程朱，又講顏戴，說後來的主張時，不能不把前人的主張重述一次，也覺令人討厭。

三，宗派的研究法。 所謂宗派的研究法，就是在時代之中，稍爲劃分淸楚一點，與前面兩法，又自不同，如講儒家宗派，西漢經學，有所謂今文古文之分，今文學派內容怎樣，西漢如何興盛，東漢如何衰歇，清代又如何復興，古文學派內容怎樣，南北朝如何分別，後來如何爭辯，清代以後，如何消滅，要把兩派的淵源流別，追尋出來，又如程朱陸王，本來同出二程，然自南宋時已分兩派，彼此相持不下，朱子以後，元朝吳草廬，明朝顧涇陽高宗憲都屬此派，清代許多假道學家亦屬此派，就是戴東原雖講漢學，然仍出自程朱，陸子以後，明朝陳白沙王陽明都屬此派，清初黃梨洲李穆堂亦屬此派。

一個學派，往往歷時很久，一綫相承，連綿不絕，有許多古代學派，追尋究竟，直影響到後來，有許多後代學派，詳徹本原。早伏根於往古。卽如程朱陸王。是後代的學派。但往上推去。乃導源於孟荀程朱學派。出於荀子。清代考據學派。又出自程朱陸王學派。出於孟子。近人以佛學融通儒學。則又出自陸王。

這種方法。其長處在於把各派的起原變遷流別。上下千古。一綫相承。說得極其清楚。這派與那派。有何不同之處。兩派交互間又有什麼影響。也說得很明白。我們研究一種學說。要整個的完全的了解。當然走這條路最好。

這種方法。其短處在於不能得時代的背景和問題的眞相。第一第二兩種研究法的優點完全喪失無遺。一個時代的這一派。我們雖然知道。但這派以外的學說。我們就很茫然。一個問題的這種主張。我們雖然清楚。但這種主張以外的議論。我們也許就模糊了。

上面所說三種研究方法。各有長處。亦各有短處。我們從事研究哲學的人。三法都可適用。諸君要研究儒家哲學。可以分開來作。有幾個作時代的研究。有幾個作宗派的研究。有幾個作問題的研究。各走各的路。不特不是相反。而且是以相成。

此部講義。不能三種並用。三種之中。比較起來。用時代的研究法。稍爲便捷一點。因爲時代的研究法。最能令人得到概念。所以本講義以時代的研究法爲主。至於問題的研究法。宗派的研究法。在一時代之中。努力加以說明。例如一個問題。在這個時代討論得最熱鬧。本時代中特別講得詳些。以前以後稍略。一個宗派。發生於這個時代。本時代中特別講得細些。價值流別。連類附及。

此次講演大概情形如此。我的講演。因爲時間的關係。說得很簡單。不過略示模範而已。諸君能夠依照所說。分工作去。一定比我的。還要詳細。還要精密得多。

附帶要說的有兩件事情應當特別注意就是大學者以外一時代之政治社會狀況與儒家以外所有各家的重要思想

一大學者外一時代之政治社會狀況　儒家道術(哲學二字我實在不愛用)在中國歷史上因緣太久關係太深國民心理的大部分都受此派影響因此我們將來研究與研究一般西洋哲學不同所謂西洋哲學那才眞是貴族的少數人愛智娛樂的工具研究宇宙來源上帝存否惟有少數貴族才能領悟得到晚近雖力求普遍漸變平常但是終未做到儒家道術因爲籠罩力大一般民衆的心理風俗習慣無不受其影響所以研究儒家道術不單看大學者的著述及其理論並且要看政治上社會上所受他的影響儒家道術不獨講正心修身還要講治國平天下所以二千年來政治好的壞的方面儒家道術至少要佔一半我們研究儒家道術時一面看他所與政治社會的影響一面看政治社會所與他的反響這種地方一點不能放過應當常常注意

還有一層就是一般風俗習慣亦與儒家道術關係很深儒家雖非宗教但是講道德講實踐的時候很多並且所講道德實踐與宗教家不同偏於倫常方面說明人與人相處之道一般人的行動受其影響極大所以研究儒家道術可以看出風俗的汚隆高下如顧亭林日知錄所講歷代風俗那幾條說得很透徹東漢風俗最好因爲完全受儒家道術的支配兩晉風俗最壞因爲受儒家以外其他學說的影響一面研究儒家道術一面看國民心理的趨向社會風俗的變遷這一點也應常常注意

二儒家以外所有各家重要思想　大凡一種學說不能不受旁種學說的影響影響的結果當然發生變化無

論或變好。或變壞。總而言之因爲有旁的學說發生。或衝突。或調和。把本來面目改了世界上無論那家學說。都不能逃此公例。

儒家道術。在中國實佔在主人翁的地位。勢力最强。無論那家。都比不上。自孔子起到現在。一綫相承。始終沒有斷絕過研究中國思想。可以儒家道術。作爲主人翁但是因爲客來得很多。常常影響到主人所以主人翁的態度。亦隨時變遷。

最重要的客人。有下列幾個。

在先秦時代。有司馬談所謂六家。劉歆班固所謂九流。六家九流。大概皆出自孔子以後。而勢力最大。幾與儒家對抗的要算道家墨家。以後才發生法家陰陽家農家。……等。這幾家都是對於儒家不滿從新另立門戶最盛的與儒家立於對等地位甚至於比儒家的勢力還要大些。不過爲時很暫。能够繼續不斷永遠作社會思想中心的還是儒家。因爲有這幾家的關係。無論他們持贊成的論調。或反對的論調。儒家本身。不能不起一種變化。

孟荀是儒家大師但兩人都受道墨兩家的影響。

漢初道家極盛。魏晉後更由九流之一。一變而爲道教。道教的發生。亦受儒家很大的影響。由東漢末至隋唐。佛教從西方輸入因爲佛教是一個有組織有信條有團體的學派。勢力很大根基亦很鞏固。自從他輸入以後。儒家自家。就起很大的變化了。

近世晚明時代。基督教從歐洲傳到中國。攜帶所謂西方哲學。及幼穉的科學。在當時雖未大昌。然實與儒家哲學。以極大的刺激。降至最近百餘年間。西方的自然科學。大大發達。在中國方面。科學雖屬幼穉。而輸入的亦很多。儒家哲學幾有被其排斥之勢。

西洋的政治理論亦與儒家哲學有很深的關係。因爲儒家講內聖外王。政治社會。在本宗認爲重要。凡歐洲新的政治學說社會主義皆與儒家以極大的影響。因受外界的刺激內部發生變化這幾個重要關頭。不可輕易放過。我們研究主人翁的態度至少要看他發展的次第。某時代有什麼客來。主人翁如何對付離開這種方法。不能了解主人翁態度的變遷

所以研究儒家道術須得對於諸家。有普通的常識。卽如先秦時代。有多少學派。大概情形如何。對儒家有何影響。漢魏時代道教如何成立大概情形如何對儒家有何影響。隋唐之交。佛教如何興盛大概情形如何。對儒家有何影響。晚明基督教及西洋哲學。如何輸入大概情形如何。於儒家有何影響。最近自然科學及社會主義如何傳播。其大概情形如何。於儒家有何影響。雖然不能有精密的研究。然不能不得普通的常識。

上面所述二事第一。大學者外各時代的政治狀況社會情形受儒家什麼影響。與儒家以什麼影響。第二。儒家以外所有各家的重要思想。因儒家而如何變遷。儒家又因各家思想而如何變遷。此在欲了解儒家道術。欲尋得儒家知識的研究方法。除此以外。全不是正確的路徑。全是白費氣力

還有一層更爲重要。就是儒家的特色。不專在知識。最要在力行。在實踐。重知不如重行。行的用功。此處用不着說。正所謂『不在多言顧力行如何耳。』眞要學儒者學孔子之道。不單在知識方面看。要在實行方面看。從孔子起。歷代大師其人格若何。其用功若何。因性之所近。隨便學那一個。祇要得幾句話。就可以終身受用不盡。眞要學儒家道術。是活的。不是死的。祇須在此點用功。並不在多而且用不着多

第四章　二千五百年儒學變遷概略(上)

上次講研究哲學有問題的時代的宗派的三種方法各有長處各有短處問題的研究法固然好但本講演用來不方便。所以先在前論最末一章專講儒家哲學之重要問題以爲補充時代的研究法固然亦有短處但用之講演最爲相宜所以本論各章全用這個方法惟如不先提綱挈領不能得一個大意現在要講二千五百年儒學變遷概略就是想使諸君先得一個大意這個題目講來很長打算分作兩章上章從孔子起到唐代止下章從北宋起到現在止

儒家道術從何時起孔子以前有無儒學此類問題留到本論再講現在要簡單說明的就是凡一學派都不是偶然發生雖以孔子之聖亦不能前無所承不過儒家道術至孔子集其大成所以講儒學從孔子講起未嘗不可孔子學說全部如何亦留到本論再講我們所應當知道的就是儒家道術孔子集其大成以後二千多年都由孔子分出在一方面因爲孔子的話辭句簡單而含義豐富所以後來研究孔子學說的人可以生出種種解釋同爲儒家下面又分出許多學派在他一方面因爲孔子的主張平庸中正有許多認爲不滿意的人創爲反動學派既有反動學派發生孔子弟子及後學受其影響對於本派學說或加修正或全變相所以從孔子起分兩大支有因辭句簡單而解釋不同的有因受旁的影響而改換面目的不可不加注意

先講儒家以外的學派孔子之後新出的重要學派可分爲二一墨家二道家皆起於孔子死後數十年乃至百年墨家出於孔後自是不成問題道家向來認爲出在孔前或與孔子同時依我看來都不大對老子五千言歷

來認爲孔子以前的作品。我一向很懷疑。時間愈長。愈認確實。不是本問題所關。暫不細講。但因要說明重要學派的順序。不妨略講幾句。

孔子學說。最主要者爲「仁」。仁之一字。孔子以前。無人道及。詩及尙書二十八篇。皆不曾提到。以仁爲人生觀的中心。這是孔子最大發明。孔子所以偉大。亦全在此。老子書中講仁的地方就很多。『失德而後仁。失仁而後義。』這全爲孔子而發。假使孔子不先講仁。老子亦用不着破他了。此外壓倒仁字的地方正很多。如『天地不仁。以萬物爲芻狗。』『上仁爲之而無以爲。』『大道廢有仁義。』『絕仁棄義。民復孝慈。』等語。可知老子之作實在孔子的「仁」字盛行以後。不惟如此。義之一字。孔子所不講。孔子祇講智仁勇。仁義對舉。是孟子的發明。而老子書中講仁義的地方亦很多。可知不惟不在孔子之前。還許在孟子以後。孟子闢異端。他書皆引。未引老子一句。其故可想而知。這種地方。離開事蹟的考據。專從文字下手。雖覺甚空。然仍不失爲有力的佐證。此外尙賢。是墨子所主張的。墨子有尙賢篇。而老子有『不尙賢使民不爭』一語。天道鬼神。是墨子所信仰的。墨子有天志篇明鬼篇。而老子有『以道涖天下。其鬼不神』一語。旁的不問。專從思想系統入手。老子一書。似在孔子以後。墨子以後。甚至於孟子以後啊。從前說九流各家。道家最古。儒家次之。其說非是。應當以儒家爲最古。道家亦儒家盛行後一種反動。爲儒家之對敵的學派。

墨家方面。出在孔後。更不必辯。淮南要略稱『墨子受孔子之道。學儒家之術。』這是說從前研究孔子的道理。後來深感繁重。才從新創立一個學派。墨子是孔子後輩。生於鄒魯之間。其地儒學最盛。年輕時不能不有所習染。淮南之說甚是。墨家繼儒家而發生。有不以爲然的地方。然後獨樹一幟。因在後輩。影響甚深。墨門弟子。亦與儒家有密切關係。如禽滑釐曾學於子夏。一面爲墨家大師。一面爲孔門再傳弟子。道家方面。既然老子一書不在孔子之前則莊子與老子的先後。亦成爲問題了。向稱老莊。若使莊子在前。當改稱莊老。才是。莊子地位。在道家極爲重要。比禽滑釐之在墨家。還要重些。莊子學於田子方。田子方學於子夏。所以莊子。一面是道家大師。一面是孔門三傳弟子。

由此看來。道墨兩家。亦可以說是儒家的支派。先是承襲。後才獨立。先是附庸。後爲大國。惟旁的儒家。無論如何變化。仍稱孔子之後。道墨兩家既盛。與儒家立於三分的地位。就不承認是孔子之後了。恰如齊桓晉文。雖握霸權。仍尊周室。楚莊王吳夫差。一握霸權。便不承認周室的地位。情形正復相同。我們再看最初的儒家。因爲道墨二家獨立後。倡爲反對的論調。與儒家以極大的影響。儒學自身。亦有許多變遷。

現在再講孔門直接的學派。韓非子顯學篇說『自孔子之死也。有子張氏之儒。有子思氏之儒。有顏氏之儒。有孟氏之儒。有漆雕氏之儒。有仲良氏之儒。有孫氏之儒。有樂正氏之儒。……儒分爲八。』韓非生當始皇的時候。離戰國最近。其說當甚可靠。此種八家。現在可考者。惟孟孫二家。自餘六家無考。其著作見於漢書藝文志的。有子思二十三篇。漆雕子十三篇。然後代亦皆喪失。殊可惋惜。此外四家。在漢朝時。已經看不着了。

果如韓非所言。戰國之末。儒分爲八。我們誠然相信。但最初儒家的分裂。恐沒有如此複雜。現在姑且假定。孔子死後。最初分爲二派。有子是一派。曾子是一派。所以論語學而第一章先說『子曰學而時習之。不亦樂乎。』繼說『有子曰其爲人也孝弟而好犯上者鮮矣。』又說『曾子曰吾日三省吾身。』子是孔子。總觀論語全書。除孔子外。稱子者。惟有若曾參二人。顏淵稱淵而不稱子。因顏淵早死。其學不傳。子夏子貢。亦不稱子。此中消息。殊耐尋味啊。孟子滕文公上說。『昔者孔子沒……他日子夏子張子游以有若似聖人。欲以所事孔子事之。彊曾子曾子不可。……』這並不是曾子有意與有子爲難。徒爭意氣實際是因爲兩人學派。大不相同所以就各人走各人的路了。

大概子夏子游子張三人因爲孔子死後。門下散落。不能不要一個統率的人。而有若年最高。德最重。故推舉他。作孔門領袖可知子夏子游子張同是一派。這一派大概對於孔子所說的話。所刪定的經典爲形式的保守。異常忠實。以有若爲其代表。後來荀子說『其數始於誦經終於習禮』可以說是從這一派演出。

曾子另爲一派。不注重形式。注重身心修養。對於有若一派。很有些不同的地方。據說曾子的弟子是子思。曾子著作大戴禮。有十篇雖未必能包舉他學說的全部。也可據以窺見一斑。子思著作現存者爲中庸。漢書藝文志有子思十八篇。今原書雖佚。或者禮記中還有若干篇是他的作品。後來孟子專講存心養氣。可以說是從這一派演出。照這樣的分法。孔子死後門弟子析爲二派。一派注重外觀的典章文物以有若子夏子游子張爲代表。一派注重內省的身心修養。以曾參子思孟子爲代表。春秋戰國時代的儒學情形大概可以瞭然了。

孔子道術方面很多。如前所述。一方面講內聖。一方面講外王。可見他不單注重身心修養。並且注重政治社會情形。孔門分四科。一德行注重修養。後人稱爲義理之學。二言語注重發表。後人稱爲詞章之學。三政事注重政治。後人稱爲經濟之學。四文學注重文物。後人稱爲考證之學。這樣四科。亦還不能算孔子全部學問至多不過聖人之一體而已。四科之外。還有許多派別不可考的如韓非子所說儒分爲八。其中孟孫二派有書傳世。可以明白。前面已經說過。子思一派由中庸及禮記。可以窺見一斑也用不着再講。惟漆雕氏一派。即論語上的漆雕開。漢書藝文志有漆雕子十三篇可見得他在孔門中位置甚高並有著書流傳極盛在戰國時儼然一大宗派。至其精神可於韓非子顯學篇所說『不色撓不目逃行曲則違於臧獲行直則怒於諸侯世主以爲廉而禮之』幾句話中窺見大概純屬游俠的性質孔門智仁勇三德中專講勇德的一派孟子書中所稱北宮黝養勇孟施舍養勇以不動心爲最後目的全是受漆雕開的影響其餘顏氏子張氏仲良氏樂正氏四派本人的著作既不傳世旁人的著作又沒有提到他們所以無從考見了這是我們認爲很不幸的一件事情

孔子死後有七十子七十子後學者一傳再傳門弟子極多學派亦很複雜要研究這些人的學說祇有大小戴的禮記還有一部分材料可考其中十之二三是七十子所記十之七八是七十子後後學所記自孔子至秦約三百年自秦至二戴又百餘年時間如此的長派別如此的複雜而材料如此的短少研究起來很覺費事我們根據漢書藝文志看孔門弟子的著作有下列幾種子思二十三篇曾子十八篇漆雕子十三篇宓子十六篇景子三篇世子二十一篇李克七篇公孫尼子二十八篇芉子十八篇可見西漢末年孔子弟子及再傳弟子著作行世者凡有九家至此九家的內容如何可惜得不着正確資料很難一一考證大概這幾百年間時代沒有多大變化外來影響亦很少不能有好大異同可以附在孔子之後一同研究自春秋經戰國迄秦儒學變遷其大略如此兩漢儒學下次再講

凡一種大學派成立後必有幾種現象

一註解 因爲內容豐富門下加以解釋這種工作的結果使活動的性質變爲固定好像人的血管硬化一樣由活的變成死的這是應有現象之一

二、分裂　一大學派，內容既然豐富，解釋各各不同，有幾種解釋，就可以發生幾種派別，往往一大師的門下分裂爲無數幾家，這也是應有現象之一。

三、修正　有一種主張，就有一種反抗，既然有反抗學說發生，本派的人，想維持發展固有學說，就發生新努力，因受他派的影響，反而對於本派，加以補充或修正，這是應有現象之一。

地不論中外，時不論古今，所有各種學派，都由這幾種現象發動出來，儒家哲學，當然不離此例，所以儒家各派亦有註解，有分裂，有修正。

自孔子死後，儒家派別不明，韓非所說儒分爲八，亦不過專指戰國初年而言，經戰國及秦到漢，數百年間，派別一定很多，七十子後學者的著作，留傳到現在的，以大小戴記爲主，共八十餘篇，其中講禮儀制度的，約占三分之二，大概自孔子死後，子夏子游子張留傳最廣，因孔子以禮爲教，一般人皆重禮，對於禮的內容分析及爭辯很多，小戴記的檀弓曾子問，都不過小節的辯論，這種解釋制度，爭論禮儀，就是上面所說的第一第二兩種現象，所以子夏子游子張以後的儒家，一方面是硬化，一方面是分裂。

同時道家之說，孔子死後，不久發生，老莊的主張，在論語中，可以看出一點痕跡，論語說『君子質而已矣，何以文爲』，又說『或曰以德報怨何如』，這類話，很與道家相近，道家在孔子後，然爲時甚早，孔子死後，不久即發生，與儒家對抗，對於儒家的繁文縟節，與以很大的打擊，因爲受敵派的攻擊，自己發生變化，就是上面所說的第三種現象，補充或修正前說。

儒家自己發生變化，究竟如何變法呢，我們看易經的繫詞與文言，其中有好多話，酷似道家口胳，本來十翼這幾篇東西。從前人都說是孔子所作我看亦不見得全對。繫詞與文言中。有許多「子曰」不應為孔子語。孔子所作。當然不會自稱子曰。就是沒有子曰的是否孔子所作還是疑問。因為有子曰的皆樸質與論語同無子曰的皆帶有西洋哲學氣味。大概繫詞與文言。非孔子作。乃孔子學派分出去以後的人所作。其中的問題。從前的儒家不講。後來的儒家。不能不講了。

頭一步所受影響令我們容易看出者為繫詞與文言。其次則為禮記中的大學中庸樂記等著作。大抵皆受道家影響以後才始發生所以曾子子思一派講這類的話。就很多。中庸一篇。鄭玄謂為子思作。我們雖不必遽信。但至少是子思一派所作。孟子受業子思之門人所受影響更為明顯。孟子之生。在孔子後百餘年。那個時候。不特道家發生了很久。而且楊朱墨翟之言盈天下。既然羣言淆亂。互相攻擊。儒家自身不能不有所補充修正。

孟子這一派的發生與當時社會狀況。有極大的關係因為春秋時代為封建制度一大結束那時社會很紊亂。一般人的活動。往往跑出範圍以外。想達一種目的。於是不擇手段。孟子的門弟子。就很羨慕那種活動。所以景春有『公孫衍張儀豈不誠大丈夫哉』的話。可見得當時一般社會都看不起儒家的恬適精神人羣的基礎。異常搖動。孟子才不惜大聲急呼的要把當時頹敗的風俗人心喚轉過來。

孟子與孔子有許多不同之點。孔子言「仁」。孟子兼言「仁義」。什麼叫義。義者應事接物之宜也。孟子認為最大的問題就是義利之辨。其目的在給人一個立腳點。對於出入進退辭受取與。一毫不苟。所以孟子說。『得志與民由之不得志獨行其道』。又說『一介不以與人一介不以取諸人』。都是教人高尚明哲。無論如何失敗。有界限。有範圍。出了界限範圍以外。就不作去。可以說對於當時的壞習氣。極力較正。

孔子智仁勇並講．所以說『智仁勇三者天下之達德也．』孟子專講勇．所以說『我四十不動心．』『我知言．我善養吾浩然之氣．』以仁弘義．以義輔仁．仁以愛人．義以持我．這種方法．孟子極力提倡．極力講究．

孔子對於性命．不很多講．或引而不發．孔子門人常說『子罕言命．』『性與天道不可得而聞也．』當孟子的時候．道家對於這部分研究得很深．儒家如果不舉出自己的主張．一定站不住脚．所以孟子堂堂正正的講性與天道．以爲是教育的根本．孟子七篇中．如告子上告子下．大部分講性的問題．自有不必說．其餘散見各篇的很多．如『大人者不失其赤子之心者也．』『古之人所以大過人者無他焉．善推其所爲而已矣．』『人之所不慮而知者．其良知也．人之所不學而能者．其良能也．』『先立乎其大者．則其小者不能奪也．』這類話．對於當時章句之儒．咬文嚼字的那種辦法．根本認爲不對．

孟子以爲人類本來是好的．本着良知良能．往前作去．不必用人家幫忙．不必尋章摘句．繁文縟節的討厭煩．自己認淸．便是對的．這種學說．可謂對於孔子學說的一種補充．掃除章句小儒的陋習．高視闊步的來講微言大義．我們可以說儒家至孟子起一大變．

孟子以後．至戰國末年．一方面社會的變遷更爲劇烈．一方面道墨兩家更爲盛行．尤以墨家爲最盛．韓非子顯學篇說『今之顯學儒墨也．』戰國末年．儒墨並舉．兩家中分天下．墨家對於知的方面．極爲注重．以知識作立脚點．爲各家所不及．卽如經上經下經說上經說下諸篇．對於客觀事物．俱有很精確的見解．所以當時墨學幾遍天下．同時因爲社會變遷更大的結果．豪强兼併．詐僞叢生．而儒家嚴肅的道德觀念．被社會上看作迂腐．除了道墨盛行．社會輕視以外．儒家自身亦有江河日下的趨勢．孟子道性善．說仁義．有點矜才使氣．孟門弟子．

愈演愈厲，一味唱高調，講鉅子，末流入於放縱誇大。從這一點看去，後來王學一派，有點近似陽明本身，尚爲嚴肅，門弟子則光怪陸離，無奇不有。因爲孟派末流，有許多荒唐的地方，所以那時儒家很感覺有補充修正的必要。於是乎荀卿應運而出。

史記孟荀列傳稱『荀卿嫉濁世之政，亡國亂君相屬，不遂大道而營於巫祝，信禨祥，鄙儒小拘，如莊周等，又滑稽亂俗，於是推儒墨道德之行事興壞，序列著數萬言』太史公這幾句話，很能說出荀派發生的動機。當時儒家末流，有許多人專靠孔子吃飯。非十二子篇說『……偷儒憚事，無廉恥而耆飲食，必曰君子固不用力。是子游氏之賤儒也』記得某書亦說，人家辦喪事，儒者跑去混飯吃，這正是太史所謂鄙儒小拘，而莊周末流則又滑稽亂俗，很能淆惑視聽。莊周是否儒家，尚是問題。莊周出於田子方，田子方是子夏的門生；孟子出於子思，子思是曾子的門生。莊孟二人很可以啣接得起來。在這儒道末流俱有流弊的時候，荀卿這派不得不出頭提倡改革了。

前面說墨家長處，在以知識爲立脚點。荀子很受他們的影響，對於知識，以有條理有系統爲必要。他的解蔽正名諸篇，所討論都是知識的問題。譬如論理的憑藉是什麼，知識的來源是什麼，這類問題，孔孟時所不注重，到了荀子，就不能不注重了。這是荀子受墨家的影響而創爲儒家的知識論。此外受墨家影響的地方還多。墨子有天志明鬼論，最信鬼神。荀子的天論等篇，正是對墨而發，與墨子持反對的論調。

當時一般人對於嚴肅修養的功夫，都認爲迂腐，不肯十分注意。孟子一派雖提出自己的主張，不特不能救鄙儒小拘的學風，甚或爲作僞者大言欺人的工具。到了荀子，極力注重修養，對於禮字，從新另下定義。孔子言仁，孟子言義，荀子言禮，以禮為修養的主要工具。孟子主張內發，荀子主張外範。孟子說性是善的，隨着良知良能做去，荀子說性是惡的，應以嚴肅規範為修束身心的準繩，所以荀子的學說，可以說是戰國末年對於儒家的一大修正。

今天所講孟荀學說，講得很簡單，以下另有專篇專門講他二人。自孔子死後，儒家的變遷，其大概情形如此。還有一種現象，西漢以前儒家學派，可以地域區分，所謂齊學魯學，風氣各自不同。魯是孔子所居的地方，從地理方面看，在泰山以內，壤地褊小，風俗謹嚴。從歷史方面看，自周公以來，素稱守禮之國，又有孔子誕生，門弟子極多，魯派家法，嚴正呆板，狹小，有他的長處，同時亦有他的短處。齊與魯接壤，蔚為大國，臨海富庶，氣象發皇，海國人民，思想異常活潑，直接隸屬孔門的時候，齊魯學風，尚無大別，以後愈離愈遠，兩派迥不相同了。若以歐洲學風比之，魯像羅馬，齊像希臘。

齊派學風的特色，可以三鄒子作為代表，史記孟荀列傳稱，『齊有三騶子，其前鄒忌……其次鄒衍……鄒奭』三騶是否儒家，尚待研究，雖非直接由儒家出，但亦受儒家的影響。鄒衍主九洲之外，尚有九洲，可見其理想力之強，但彼好推言「終如五德之運」，這種學說，衍為方士的思想（不是道家）司馬談六家要旨名之為陰陽家，後代相仍未改，這種人，以儒者自居，社會上亦把他們當作儒者看待。秦始皇坑儒，生人皆以為大罪，其實所坑的儒生七十餘人，都是方士陰陽家一派，如盧生韓生，最初替始皇求不死之藥，歷年不得，又造為種種謠語，始皇才把他們坑殺了，這一派在戰國末年頗盛，如果說是由儒家變出，可以說是由齊派演化出來。

自秦以前，同為儒家，有齊魯兩派，其不同之點，既如上述，到漢，兩派旗幟，更為顯明，甚至於互相攻擊，漢人對於儒家的貢獻。祇是他的整理工作。旁的很少值得注意的地方。凡是一個社會。經過變化之後。秩序漸趨安定。就做整理的工夫。所以漢人發明者少。一部分的精神。用在整理方面。一部分精神。用在實行方面。漢代四百年間。其事業大致如此。

至於思想學術。漢代亦較簡單。漢時墨家業已消滅。祇剩道儒兩家。道家整理工作的表現。在於淮南子。淮南子一書。可謂戰國以來總括許多學說為一極有系統之著述。儒家整理工作的表現。在於治經。漢儒治經。分今文古文兩派。西漢為今文獨盛時代。東漢為今古文互爭時代。東漢前半。今文很盛。到了末年。大學者都屬古文家。今文純至消滅。西漢全期。今文家都很盛。古文家不過聊備一格而已。

西漢經學。共立十四博士。計易有施孟梁丘三家。均出田何。為齊派。書有歐陽大小夏侯三家。均出伏生。為齊派。詩有魯齊韓三家。齊詩出於齊派。禮有大小戴及慶氏三家。無齊無關。為魯派。春秋有嚴顏兩家。均出公羊。為齊派。總觀十四博士之中。九家出齊。此外論語有齊論語及魯論語。以此言之。西漢儒學。大部屬齊。魯學很衰。春秋之穀梁學屬魯派。然西漢時無博士。其學不昌。惟魯詩極發達。齊詩韓詩俱不能及。

齊派學風的特色。在與陰陽家——鄒衍一派結合。上文業已提到過了。即如易的施孟梁丘三家。今無傳。當時所講。占驗象數為多。伏生尚書講中候五行。大傳亦多與陰陽結合。齊詩講五際六情。公羊春秋多講災異。西漢學風。齊派最盛。其中頗多方士及陰陽家語。

西漢末年。古文始出。古文家自以為孔派真傳。斥今文為狂妄。今文家自以為儒學正宗。斥古文為偽作。漢時所謂今文古文之辯。各部經都有。而周禮左傳辯論最烈。其後馬融賈逵服虔許慎劉歆。皆從古文。是以古文大盛。

今文家專講微言大義。對於古書的一字襃貶。皆求說明。古文家專講訓詁名物。對於古書的章句制度。皆求了解。古文家法謹嚴。與魯派相近。今文家法博大。與齊派相近。所以兩漢經學。一方面為今古文之爭。一方面即齊魯派之爭。自鄭玄雜用今古文。今古學乃復混

上面說。西漢經學。立十四博士。有今文古文的爭執。有齊派魯派的不同。又說兩漢工作。最主要的是解經方法。魯派即古文家注重考釋。專講名物訓詁。齊派即今文家頗帶哲學氣味。講究陰陽五行。這些都是經生。沒有什麼特別的地方。可以不講。經生以外。還有許多大儒。他們的思想學術。自成一家。應當格外注意。以下一個一個的分開來講。

一董仲舒。他是西漢第一個學者。受陰陽家的影響。對於儒學。發生一種變化。荀子反對禨祥。對於迷信。在所排斥。董子迷信的話就很多。書中有求雨止雨之事。孟子主性善。荀子主性惡。董子調和兩家。主張兼含善惡。公孫弘治公羊春秋。董子亦治公羊春秋。而弘不逮仲舒遠甚。董子學說。具見於春秋繁露。全書分三部。一部分解釋春秋的微言大義。應用到社會上去。一部分調和孟荀的性說。主張成善抑惡。一部分承陰陽家的餘緒。有天人合一的學說。

二司馬遷。他是一個史家。同時又是一個儒家。史記這部著作。初非匡無意義。司馬遷在報任安書中。自述懷抱說『亦欲以究天地之際。通古今之變。成一家之言。』這是何等的偉大。同時在自序中又說『自周公卒五百歲而有孔子。孔子卒後至於今五百歲。有能紹明世。正易傳。繼春秋。本詩書禮樂之際。意在斯乎。意在斯乎。小子何敢讓焉。』這簡直以繼承孔子自命了。史記這部書。全部目錄。許多地方很有深意。在史部中極有價值。其編

製論斷。關於儒家道術的地方很多。

三、揚雄。他是一個完全模仿不能創作的大文學家。仿離騷作解嘲。仿上林作長楊。仿易作太玄。仿論語作法言。不過是一個專會模仿的人。在學術界。沒有多大價值。但是以時代論。他亦有他的地位。當西漢末年。魯派經生。專講章句訓詁。解「粤若稽古帝堯」幾個字。長到十餘萬言。瑣碎得討厭。同時齊派末流。專講五行生尅。亦荒誕得不近情理。揚雄能離開經生習氣。不講訓詁五行。直追周易論語。雖然所說的話。大致不過爾爾。犯不着費力研究。但是別開生面。往新路徑上走。這又是他過人的地方。

四、桓譚。他是一個很有新思想的學者。曾作一部新論。可惜喪失了。現存的不過一小部分。看不出全部學說的眞相。我們所知道的。就是他很受揚雄的影響。儒家自董仲舒以後。帶哲學的氣味很濃。桓譚生當東漢初年。自然免不了時下風氣。新論存留十停祇有一二。講養生無益及形神分合問題。上承西漢時淮南子的遺緒。下開魏晉間何晏王弼的先聲。

五、張衡。他是一個科學家。對於自然界。有很精密的觀察。曾造地震計。造得很靈巧。在天文學上。發明頗多。他又是一個大文學家。很佩服揚雄的爲人。現在所存的作品。有兩京賦思玄賦等。前者純爲文藝性質。後者可以發表思想。揚雄的功勞。在開拓。桓譚的功勞。在繼續。桓張二人。爲漢學魏學的樞紐。

六、王充。他是一個批評哲學家。不用主觀的見解。純採客觀的判斷。關於積極方面。沒有什麼主張。而對過去及當時各種學派。下至風俗習慣。無不加以批評。他是儒家。對儒家不好的批評亦很多。雖然所批評的問題。或太瑣碎。但往往很中肯。掃盡齊派末流的荒誕思想。在儒家算是一種清涼劑。當時儒家。或者尋章摘句。或者滑稽亂俗。他老實不客氣的攻擊他們的短處。可以說是東漢儒家最重要的一個人。

漢代儒學除經生外。最重要的有此六家。即董仲舒司馬遷揚雄桓譚張衡王充其餘劉向劉歆仲長統王符徐幹等。或者關係較小或者缺乏特異的主張所以我們不及一一細述了。

漢以後是魏晉。魏晉之間。儒家發生一種很大的變動。這個時候。在學術方面。漢儒的整理事業太細密。太呆板。起了硬化作用。在社會方面。經過戰國大亂以後有長時間的太平。——戰國如像三峽。漢代好比大湖——安定久了。自然腐敗一方面儒家的呆板工作。有點令人討厭一方面社會既然紊亂思想亦因而複雜所以魏晉之間。學術界急轉直下。另換一個新方面。

這個時候道家極爲發達。士大夫競尚清談。研究儒學的人。亦以道家眼光看儒家書籍。擺脫從前章句訓詁的習慣。從新另下解釋。這種新解釋。雖然根據道家。但亦非完全不是儒家。儒家自身本來有類似道家的話。兩漢時代未能發揮。到了魏晉因爲發生變動。才把從前的話另外估定一翻。最主要的經學家有下列幾位。

一。王弼。他是一個青年著作家。曾注周易及老子。兩部俱傳於世。學者成就之早。中外古今恐怕沒有趕得上他的。他死的時候。不過二十四歲。能夠有這樣大的成績。眞不可及。我們可以說中國文字不。消滅一天。王弼的名字保存一天。今十三經注疏所用周易。即魏王弼晉韓康伯二人所注。易本卜筮之書。末流入於讖緯。王弼乘其敝而攻之。遂能排擊漢儒自標新學。像王弼的解釋。是否周易本意。我們不得而知。但不失爲獨創的哲理。在學術史上。有相當的地位。

二。何晏。他同王弼一樣。也是一個引道入儒的哲學家。曾注論語。在當時很通行。後來朱注出現。何注漸衰。然在經學界。仍有很大的權威。何晏以前的論語注。盡皆散失。惟何注獨受尊崇。其思想支配到程朱一派。朱雖亦注論語。但不出何晏範圍。王何二人都是對漢儒起革命。所作論文極多。可惜皆不傳了。何著聖人無喜怒哀樂論。王著駁論。全篇今失。祇剩百餘字。見全上古三代秦漢三國六朝文。有許多問題。古人所不講的。喜怒哀樂也就是其中之一。魏晉間人很喜歡提出這類問題。

三。鍾會他是一個軍事家。同時又是一個學者。曾作四本論。講才性的關係。持論極爲精覈。原文喪失。世說新語文學篇說。『鍾會撰四本論始畢。甚欲使嵇公一見。置懷中既定。畏其難。懷不敢出。於戶外遙擲。便回急走。』注。『魏志曰。會論才性同異。傳於世。四本者。言才性同。才性異。才性合。才性離也。尚書傅嘏論同。中書令李豐論異。侍郎鍾會論合。屯騎校尉王廣論離。文多不載。』在當時很流行的。可惜我們看不見了。此類問題。孟子荀卿以後。久未提及。他們才作翻案。四家各執一說。在學術界上很有光彩。自王何起。直至南朝的宋齊梁陳。都承繼這種學風。喜歡研究才性。形神一類的問題。

四。嵇康阮籍。他們同王弼何晏一樣。都是講虛無。喜清談。至其著作。見於漢魏六朝百三家集的很不少。嵇康好老莊之學。研究養性服食一類的事情。嘗著養生論。聲無哀樂論。以道家的話。調和儒家。阮籍詩作得很多。從詩裏面可以看出他的見解的一部分。散文有達莊論。闡明無爲之貴。嵇阮同當時的山濤向秀劉伶阮咸王戎。號稱竹林七賢。都是調和儒老。蔑棄禮法一流的人物。彼此互相標榜。衍爲一時風氣。

五。陶淵明他是一個大詩人。思想極其恬靜。人格極其高尚。同時他又是一個儒家。崇法孔子的話很多。他的論文有歸去來辭。桃花源記等。可以看出他厭惡當時的汚濁社會。游心於世外的理想生活。他的詩很多。做得都很好。關於討論哲學問題的。有形神問答詩。可見其個人思想所在。又可以見社會風尚所在。六潘尼顧榮他們二人。是宋學很遠的源泉。潘尼作安身論。根據老子的哲理。大講無欲。並以無欲解釋儒家經典。顧榮作太極論。亦根據道家哲理。大講陰陽消長。並以太極解釋宇宙萬有。後來周濂溪一派。卽從潘顧二人而出。無極太極之辯。亦成爲宋代一大問題。可見得宋學淵源之遠了。

魏晉儒學。最主要的大致有此八家。卽王弼何晏鍾會阮籍嵇康陶淵明潘尼顧榮。此外如葛洪的神仙論。鮑敬言的無君說。紀瞻的太極說。亦皆各有各的見解。蔚爲魏晉哲學的大觀。現在因爲時間的關係。祇得從略。

大概說起來。魏晉南北朝學風。都以老易並舉。或以黃老並舉。將儒道兩家混合爲一。所以魏晉學者。在在帶點調和色彩。而道家哲理。成爲儒家哲理的一部分。同時自東漢末葉以來。佛教已漸輸入。三國因爲書少。未能全盛。東晉則大發達。梁武帝時。勢力尤鉅。一般學者。往往認儒佛爲同源。不加排斥。如沈約作均聖論。卽謂孔佛一樣。孫綽作喻道篇。謂『周孔卽佛。佛卽周孔。』張融作門論。周顒作難張長史門論。都主張三教一致。顧歡作夷夏論。亦稱道佛二教同體異用。當時大部分儒者。不以老莊釋儒。卽以佛教釋儒。三教同源。成爲一時的通論了。

對於這種三教調和論。作有力反抗的。據我們所知。有兩個人。一個是裴頠。東晉時人。作崇有論。反對虛無主義。王衍他們極力攻詰他。但是沒有把他攻倒。一定是范縝。梁武帝時人。作神滅論。反對明鬼主義。梁武帝敕曹思文等六十三人攻詰他。亦沒有把他攻倒。像這種有無的爭辯。神滅神不滅的爭辯。在六朝學術界。很有光彩。與前幾年科學與玄學之戰。差不多。我們看王衍。梁武帝。雖然反駁。然不壓迫言論自由。這種態度。是很對的。又看裴頠范縝。在清談玄妙的六朝。居然敢作這種反時代的主張。亦可謂豪傑之士了。

南北朝的儒家對於經學。亦很重視。而南北色彩不同。南朝另闢門徑。王弼何晏這派。很有勢力。北朝則仍受漢儒家法。馬融鄭康成這派。很有勢力。北史儒林傳總論裏面有這兩句話『南學簡潔。得其精華。北學深蕪。窮其枝葉。』這個話雖然偏袒南學。然可見南北學風。迥不相同了。

南朝的學風。專從幾部經中求其哲理。對於漢儒家法。極端反對。如南史儒林傳所稱何承天周弘心雷次宗劉瓛沈驎士明山賓皇侃庾喜周撫伏曼容一流。十分之九。皆信仰老莊。或崇拜佛法。南史常用『緇素並聽若干人』等字。可見得每次講演。和尚道士。前往聽講的很多。所以南朝經學家大多數。以道佛的哲理。解釋儒家的學說。

北朝的學風。帶點保守性。專從名物訓詁上着手。一依馬鄭以來舊法。如北史儒林傳所稱盧玄刁冲劉蘭張吾貴李同軌徐遵明熊安生劉焯劉炫一流。大體皆墨守漢儒家法。釋經極其謹嚴。後來唐代陸德明作經典釋文。孔穎達作五經正義。賈公彥作周禮儀禮疏。以及徐彥的春秋公羊傳疏。楊士勛春秋穀梁傳疏。皆有底本。出自本人者極少。徐遵明熊安生劉焯他們的底本。由孔穎達賈公彥等整理一番。成爲現在的十三經注疏。

總之。南朝富流動性。受佛道的影響。北朝富保守性。守漢儒的支配。這是南北學派的大概情形。惟北朝末年。稍起變動。徐遵明爲北朝第一學者。後人注疏。多本其說。他最初從許多人爲師。皆不以爲然。有人告訴他說。這樣下去。絕對不會成功。後來他才改換方針。專以本心爲師。上承孟子。下開象山。北朝前期雖極保守。到了末年。徐遵明以後。已經有很大的變遷了。

隋朝統一天下。南北混同。車馬往還。絡繹不絕。因政治上交通上的統一。全部文化。亦帶調和色彩。卽文藝美術。

亦在在有調和之傾向。最足以代表時代學風的。有兩個人。一個是顏之推。一個是王通。

一顏之推。他是南方人。後來遷往北方。受南方的影響不小。受北方的影響亦很大。他作顏氏家訓。對於北方嚴正的章句訓詁非常注意。對於北方保守的風俗習慣亦很贊成。他的歸心篇主張內外一體。儒佛一體。是想把兩教調和起來的。

二王通。他是北方人。亦受南方的影響。這個人事事模倣。很像揚雄一樣。生平以孔子自命。曾作禮論二十五篇。樂論二十篇。續書百五十篇。詩三百六十篇。元經五十篇。贊易七十篇。謂爲王氏六經。後來門弟子尊稱他叫文中子。他的著作有人說是博洽。有人說是荒唐。現在暫且擱下不講。但他不同徐劉一派。專做名物訓詁的工夫。而能另闢谿徑。直接孔子。這是他獨到的地方。他對於佛教。一點不排斥。並且主張調和。亦持儒佛一體的論調。

隋代儒家。不論南北。都主調和儒佛。卽如徐遵明劉焯諸大經師。對佛教不大理會。要是理會。必定站在調和的地位。顏之推。王通。就是很好的代表。自兩漢至六朝。儒學變遷。其大概情形如此。

唐朝一代。頭等人物。都站在佛教及文學方面。純粹講儒家哲學的人。不過是二三等脚色。專就儒學而論。唐代最無光彩。初唐時有名經師。如陸德明。孔穎達。賈公彥等。仍遵漢學家法。十三經注疏中重要之疏。皆爲所作。在經學界很有名。但是實際上都不能算是他們作的。不過根據前人成績。加以整理而已。唐人所講各經正義及義疏。大半采自熊安生心劉炫劉焯等著作。這一派北朝學者。對於各經的疏。考據得很有成績。唐人把牠聚集起來。加以整理。不能說是獨創。其中稍值得注意的。就是因政治的南北統一。而學術上（經學）的南北混合。亦隨而成立。北派所宗之馬融鄭玄賈逵服虔。與南派所宗之王弼王肅杜預。從前取對立的形勢。至此便趨到調和的形勢。

中唐以後。所謂經學家。如啖助趙匡一流。尙能開點新局面。對於漢魏六朝以來。那種煩碎支離的解經方法。認爲不滿。要脫去陳舊束縛。專憑自己聰明。另求新意。韓愈送盧仝的詩說道『春秋三傳束高閣。獨抱遺經究終始。』這兩句話。很可以代表當時的一般精神。

他們雖有另求新意的傾向。可惜沒有把門路創出來。不如近人研究經學。這樣的切實精密。清朝像王念孫。是很革命的。在小學上文法上另外找根據。近人如王國維。亦是很革命的。在鍾鼎上龜甲上另外找根據。這種精神。很合科學。啖助趙匡等。沒有好的工具。但憑主觀見解。意思不合。隨意刪改。這樣方法容易武斷。在經學上佔不到很高的位置。

漢人解經。注重訓詁名物。宋人解經。專講義理。這兩派學風。截然不同。啖趙等在中間。正好作一樞紐。一方面把從前那種沿襲的解經方法推翻了去。一方面把後來那種獨斷的解經方法。開發出來。啖趙等傳授上與宋人無大關係。但見解上很有關係。承先啓後。他們的功勞。亦自不可埋沒啊。

唐代頭等人才。都站在佛教方面。佛教在唐代。亦起很大的變遷。其變遷直接間接影響於儒學者不少。所以我們欲明白儒學嬗蛻的來歷。不能不把當時的佛教略加說明。佛教的發達。在南朝從東晉末年到梁武帝時代。在北朝從苻秦姚秦到魏齊。都占思想界極重要地位。到隋及初唐。遂達全盛。前此的佛教。概自印度傳入。用印度方法解釋佛經。很忠實很細密。這是他們的長處。但是逐字逐句的疏釋。落了熊劉孔賈一派的窠臼。很拘牽很繁瑣。這又是他們的短處。

唐以前全爲印度佛教不失本來面目唐中葉——約在武后時代佛教起很大的變化漸漸離開印度佛教創立中國佛教主要的有三派慧能的禪宗是一派六朝時已具端倪至唐始盛澄觀的華嚴宗是一派華嚴大師並在唐代智顗的天台宗是一派自隋以來業已大大發達

一禪宗　從前學佛要誦經典現在的大藏經有七千卷在唐時約六千卷經典既浩繁解釋又瑣碎後來許多人厭惡讀經典禪宗六祖慧能出主張頓悟不落言詮很投合一般人的心理據說慧能不識字在五祖弘忍門下充當打雜五祖門下有許多弟子天天講經守律五祖沒有看重他們獨於把他的衣鉢傳給這個打雜的到底慧能識字與否此層尙屬問題但是他主張擺脫一切語言文字亦可成佛這是禪宗的特色自六朝隋唐以來佛家經典浩如煙海本來難讀慧能的『卽心是佛』這種主張算是一種大革命從前學佛守律讀經毫無生氣禪宗學佛不必識字乃至不必嚴守戒律佛教的門庭大大的打開了不過眞的固然多假的亦不少從前還要讀書還講說經須得有眞學問下苦功夫現在不必讀不必說當頭棒喝立地覺悟自然可容假託的餘地

因爲佛教這樣儒家亦受影響儒佛之界破了許多在佛教方面從事研究的人不必讀經不必守戒所以佛教因爲禪宗之起勢力大增在儒家方面亦沾染禪宗氣息治經方法研究內容完全改變儒家在北朝時專講註疏中唐以後要把春秋三傳束之高閣這是方法的改變儒家在北朝時專講訓詁名物中唐以後主張明心見性這是內容的改變所謂去傳窮經明心見性與佛教禪宗大致相同

二華嚴宗　華嚴這派同禪宗那派普通都說是自印度來其實不對禪宗絕對不出自印度華嚴亦許來自于

闐。不是中國所創。華嚴最主要的教義。就是『事理無礙』。這句話有三面。『事理無礙。事事無礙。理理無礙』。佛教講出世法。離開這個社會。另尋一種樂土。華嚴講世法與出世法不相衝突。現象界與眞如界一致。華嚴要想綏和儒佛之爭。儒家講世法。過現實的生活。佛教講出世。求極樂的世界。二種主張相反。要想調和。祇好講事理無礙了。

這一派的創始者。爲澄觀。卽清涼國師。其自著及釋佛。俱引儒家的話。所謂儒佛融通。後來宗密。卽圭峯。就是承繼這派學說。而融通儒佛的色彩更爲顯著。宗密著原人論。綜合古來論性諸家。而自下心性本原的定義。可以謂之宋學根本。宋儒講心性。皆由原人論及理事無礙觀推演出來。

三天台宗。 這一派在隋末智顗。卽智者大師。初創時。尙與儒家無大關係。唐中葉以後。這派的湛然。卽荊溪。與華嚴宗的澄觀。所持態度相同。大抵以儒釋佛。兩教才始溝通。但是天台與華嚴。又不一樣。天台講修養身心的方法。華嚴講世法與出世無礙。一個偏於方法。一個偏於理論。這是不同的地方。

中唐有一個梁肅。他是唐代的大文學家。沒有作和尙。但實際上却是天台宗的健將。數天台宗的人物。當然離不了他。可是他確未落髮。表面是一個儒者。骨子裏是一個佛徒。湛然以儒釋佛。梁肅以佛釋儒。有唐一代。這類人很多。儒佛兩家天天接近。其痕跡如此。所以我們講儒家哲學。不能不把佛教這三宗簡單的說一下。

話說回頭。再講儒家方面。前所謂啖助趙匡一派。算是經學家。然唐代（除初唐外）純粹經學家。實甚少。以文學家帶點學者色彩。這類人多。最主要的有三位。一個是韓愈。一個是柳宗元。一個是李翺。

一。韓愈。 他是一個文學家。同時又是一個儒家。所著原道原性諸文。都是佔在儒家方面。攻擊佛教。竟因諫迎佛骨，謫貶潮州，但他是純文學家，對於佛教知識，固然很少，對於儒家道術，造詣亦不甚深，漢魏六朝的註解工夫，宋以後的修養工夫，他都沒有做多少，所以對於儒家在建設方面，說不上什麼貢獻，但是他離開舊時的訓詁方法，想於諸經之中，另得義理，所謂獨抱遺經究終始，這是他見解高超處。

二柳宗元　他亦是一個文學家，但是他在學問方面的地位，比韓愈高，除研究儒家道術以外，對於周秦諸子（自漢以後無人注意），都看都讀，有批評，有鑑別力，他所著關於討論諸子的文章，篇篇都有價值，他對於傳統的舊觀念，很能努力破除，譬如封建制度，儒家向極推崇，他作封建論，斥以為非先王之意。

韓柳二人，對於宋學，都有很大的影響，韓愈主張因文見道，要把先王的法言法行，放在文字裏面，後來宋朝的歐陽修王安石蘇東坡一派，都從韓愈出，同往一條路上走，柳宗元的直接影響不大，但是有膽有識，對於以前的傳統觀念求解放，治經方法求解放，韓是一個反對佛教論者，柳是一個調和儒佛教論者，子厚於佛教較有心得，不特不毀，且極推崇，頗主張三教同源，直到現在，這類文字還很多。

三李翺　唐末有一個很重要的人，為宋學開山祖師，就是李翺字習之，他在文章方面，是韓愈的門生，在學問方面，確比韓愈高明多了，他的言論很徹底，很少模糊籠統的話，他於佛教很有心得，引用佛教思想，創設自己哲學，這種事業，至宋代才成功，但是最初發動，往創作的路子上走，還是靠他，他最主要的文章，是復性書，分上中下三篇，很有許多獨到的見解。

欲知宋學淵源，可以看這兩篇文章，一篇是原人論，佛徒宗密所作，一篇是復性書，儒家李翺所作，前者有單行本，金陵刻經處可買，後者很普通，見於唐文粹及其他唐人文鈔，在唐時，為宋學之先驅者，這兩篇最重要，宋學思想．大半由此出．這兩篇的思想．相同之處頗多．最主要的．爲性二元論．性善性惡．歷來討論很盛．至宋朱熹調和孟荀學說．分爲理氣二元．但是這種思想．原人論及復性書．早已有之．於後來影響極大．

自唐末起．歷宋金元明．在全國思想界最佔勢力．爲這一派調和儒佛論．佛教方面的澄觀．諶然．莫不皆然．而宗密最得菁萃．儒家方面的梁肅柳宗元．莫不皆然．而李翱最集大成．誠然．以宋代學術．同他們比較．覺得幼穉膚淺．但是宋學根源．完全在此．不懂他們的論調．就不知宋學的來原．

五代自梁太祖開平元年．至周世宗顯德六年．不過五十二年的時間．天下大亂．文化銷沉．無甚可述．我們可以不講．以下講宋代儒家道術．很有光彩．可謂之三教融通時代．亦可謂儒學成熟時代．我們可以另作一章來討論．

第五章　二千五百年儒學變遷概略（下）

晚唐及五代．經過長時間的內亂．軍閥專橫．人民不得休息．宋初承這種喪亂凋弊之後．極力設法補救．右文輕武．引用賢才．所以各種學術．均極發達．儒家道術．尤能獨放異彩．後世言學問者．總以漢學宋學並稱．不入於彼．則入於此．可以見得宋學的發達．及其重要了．

宋元學案．把孫復及胡瑗．作爲宋學祖師．其實他們二人在宋朝初葉．不過開始講學．與宋代學風．相去甚遠．眞正與宋學有密切關係的人．乃是幾個道士或文人．如陳摶种放穆修李之才劉牧等．後來的儒家．都受他們的影響．孫胡二人．比較平正通達．提倡躬行實踐．私人講學之風．自他們以後而大盛．陳种等．純以道教黃庭經及練氣鍊丹之說。附會易經。太極圖說即由他們而出。但是陳种與王何不同。王弼何晏以先秦的道家哲學。附會儒家。陳摶种放以晚出的道教修鍊法。附會儒家。

由此看來。宋初思想界可以說有兩條路。孫復胡瑗是一派。陳摶种放又是一派。北宋五子。周濂溪邵康節張橫渠程明道程伊川。就是混合這兩派的主張。另創一種新說。宋人所謂儒學正宗。專指五子一派。宋人喜歡爭正統。最是討厭政治上有正統偏安的爭執。學問上有正統與異端的爭執。儒學如此。佛教亦然。天台宗分為山內山外兩派。互爭正統。禪宗分為臨濟雲門曹洞溈仰法眼五宗。互爭正統。

這種正統的爭執。是宋人一種習氣。暫且擱下不講。單講所謂五子。自濂溪到二程。傳到後來。為南宋朱學一派。濂溪為二程的先輩。朱派謂二程出於濂溪。橫渠為二程表叔。年齡相若。互相師友。朱派謂橫渠為二程弟子。平心而論。五家獨立。各各不同。泛泛的指為一派。替他們造出個道統來。其實不對。

「五子」這個名詞。不過程朱派所標榜而已。（後來亦除出邵子。加上朱子。謂之五子。）北宋學術。不能以五子盡之。當時為學問復興時代。儒佛融通以後。社會思想起很大的變遷。有新創作的要求。各自努力。不謀而合。遂發生周邵張程這些派別。此外歐陽修王安石司馬光蘇軾那般人。雖然是政治文章之士。但是他們都在儒學思想界占有相當位置。不可忽視。

一。歐陽修　他是宋代文學的開創者。詩文皆開一代風氣。但他在思想界有很大的貢獻。在勇於疑古。他不信繫辭。對於詩書及其他諸經。亦多所疑難。所疑難對不對。另一問題。但這種讀經法。確能給後學以一種解放。他著有本論一篇。繼承韓愈原道那一派闢佛論調。亦宋儒學術淵源所自。

二王安石。他是一個大政治家同時又是一個大學者所著各經新義頗能破除從前漢唐人的講經方法自出心裁他的文章精神酣暢元氣蓬勃文集中關於心性的文章很多其見地直影響到二程（例如『不偏之謂中不易之謂庸』朱子引作程子說其實此二語出於荆公）

三司馬光。溫公全部精力都用在史學方面所著資治通鑑貫串諸史爲編年體中一大創作文集中關於討論哲學問題的文章很多可見得他在儒學方面亦是異常的努力他著有疑孟一書對孟子學說頗多不滿這也難怪其實溫公學術有點近於荀子

四蘇軾。蘇氏父子都是大文學家有戰國策縱橫馳驟之風在學問上亦能創立門戶後來蜀學與洛學立於對抗的地位東坡對於佛教不客氣的承認禪宗尤其接近所作詩文往往有禪宗思想他對於道教亦不排斥晚年生活完全變爲道家的氣味

大抵這四家歐陽最活潑王最深刻蘇最博雜司馬最切實南宋浙東一派即由司馬而出對於哲理講者不多門下生徒注重躬行實踐所受他方影響尙不算深程朱以外的學派其約略情形如此

再回頭說到北宋五子

一周濂溪　周子通書與程朱一派有相當的關係但極簡單可以有種種解釋太極圖說與程朱關係很深在南宋時曾因此起激烈的辯論朱子贊成太極圖說且認爲濂溪所作陸子反對太極圖說且認爲非濂溪所作依我看來許是周子所作但是對於內容我持反對論調與象山同象山以爲太極圖說無什道理定非周子所作想把這篇劃開周仍不失其爲偉大晦翁以爲太極圖說極其精微周之所以令人崇拜完全在此

然則太極圖說是怎樣一個來歷呢向來研究宋學的人不知所本以爲周子所獨創淸初學者才完全考訂牠由陳摶种放而出這原是道教的主張周子從道教學太極圖說究竟對不對那另是一個問題但是牠的影響很大爲構成宋學的主要成分要是周子除了太極圖說專講通書倒看不出在學術史上有多大關係了朱派以爲二程出於濂溪其實不然二程但稱周子不稱先生先後同時差十餘歲關係異常淺薄

二邵康節　康節從道教的李之才得圖書先天象數之學探賾索隱妙悟神契環堵蕭然不改其樂其治學直欲上追漢的五行戰國的陰陽家騶衍一派但他所講陰陽五行又與漢人不同專憑空想構造一種獨創的宇宙觀他以爲宇宙萬有皆生於心所以說『先天之學心也後天之學迹也出入有無死生者道也』又說『先天學心法也圖皆從中起萬化萬事生於心』我們看邵子這種主張實際上不是儒家亦不是道家自成一派邵子言性亦主性善以爲仁義禮智性中固有所以說『性者道之形體也道妙而無形性則仁義禮智具而體著矣』但是他的主張又與孟子不同凡孔孟所講治學方法他都沒有遵行他不是和尚亦不是道士專專憑空創作後來的人沒有他聰明的抄襲他的語言不能傳他的學問所以影響不大邵子在學術界是一個彗星雖沒有頂大的價值但不失爲豪傑之士而已

三張橫渠　橫渠爲宋代大師在學術界開闢力極强大哲學方面他與二程同時互相師友互相發明不能說誰出於誰朱派把他認爲二程門下是不對的橫渠不靠二程二程不靠橫渠關洛各自發達可以算得一時豪傑之士他對於自然界用力觀察想從此等處建設他的哲學的基礎但立論比二程高二程爲主觀的冥想很帶玄學色彩他是客觀的觀察很富於科學精神他主張氣一元論由虛空卽氣的作用解釋宇宙的本體及現

象。與周子的太極圖說邵子的先天論皆不相同。

修養方面。他直追荀卿。專講禮。並以禮爲修養身心的惟一工具。理窟氣質篇說。『居仁由義。自然心和而體正。更要約時。但拂去舊日所爲。使動作皆中禮。則氣質自然全好。』宋代學者。於開發後來學派最有力的人。當推橫渠及二程。其重要約略相等。橫渠死得早。門弟子不多。流傳未廣。南宋的朱子。受其影響極大。朱自命繼承二程。其實兼承橫渠。朱子的居敬格物。皆從橫渠的方法。模倣得來。

四。二程子　向來的人。都把二程混作一塊說。其實兩人學風。全不一樣。明道是高明的人。秉賦純美。不用苦工。所得甚深。伊川是沉潛的人。困知勉行。死用苦工。所得亦深。以古代的人比之。大程近孟。小程近荀。所走的路完全不同。大程可以解釋孟子。小程可以解釋荀子。明道的學問。每以綜合爲體。伊川的學問。每以分析立說。伊川的宇宙觀。是理氣二元論。明道的宇宙觀。是氣一元論。這是他們弟兄不同的地方。

程朱自來認爲一派。其實朱子學說。得之小程者深。得之大程者淺。明道言仁。嘗說。『學者須先識仁。仁者渾然與物同體。』言致良知。又說。『良知良能。皆無所由。乃出於天。不繫於人。』開後來象山一派。伊川言涵養須用敬。嘗說。『入敬之道。始於威儀。而進於主一。』言進學在致知。又說。『窮理卽是格物。格物卽是致知。』開後來晦翁一派。其詳情。下面另有專章再講。此處可以不說。

大概北宋學派。可以分此九家。純粹的「苦學派」。有五家。卽周濂溪邵康節張橫渠程明道程伊川。此外。尙有四家。卽歐陽修王安石司馬光蘇軾。最重要的。爲橫渠及二程。橫渠不壽。弟子無多。所以關係不大。二程一派。由謝上蔡楊龜山游廌山呂藍田。程門四先生。傳演下來。成爲朱子一派。朱子學問。出於李延平。李延平學於羅豫章。羅豫章出於楊龜山。陸子學問。雖非直接出於明道。然其谿徑。很像上蔡。上蔡又是明道的得意門生。我們可以說大程傳謝。謝傳陸。小程傳楊。楊傳朱。北宋學派。及其傳授大概情形約略如此。

上面說北宋最著名的學者有五家。號稱北宋「五子」。南宋最著名的學者。亦有四家。號稱南宋「四子」。

一、朱熹字晦翁。
二、張栻字南軒。
三、陸九淵字象山。
四、呂祖謙字東萊。

這四家中。朱陸最關重要。宋代的新的儒家哲學。他們二人。集其大成。張呂皆非高壽。五十歲前後死。所以他們的門生弟子。不如朱陸之盛。南軒的學風。同朱子最相近。沒有多大出入。東萊的學風。想要調和各家的異同。最有名的鵝湖之會。卽由東萊發起。約好朱陸同旁的幾家。在鵝湖開講學大會。前後七天。這件事在中國學術史上極有光彩。極有意義。呂是主人。朱陸是客。原想彼此交換意見。化異求同。後來朱陸互駁。不肯相讓。所以毫無結果。雖說沒有調和成功。但兩家經此一度的切磋。彼此學風都有一點改變。這次會。總算不白開了。由鵝湖之會。可以看出朱陸兩家。根本反對之點。更可以看出東萊的態度及地位如何。

至於朱陸學說的詳細情形。留到本論再講。此刻不過提出兩家要點。稍爲解釋幾句。朱子學派。祖述程子——二程子中之小程。卽伊川。伊川有兩句很要緊的話。『涵養須用敬。進學在致知。』他教人做學問的方法如此。用敬。關於人格方面下功夫。收攝精神。收攝身體。一切言語動作。都持謹嚴態度。堅苦卓絕。可以把德性涵養起來。什麼叫用敬就是主一無適之謂。以今語釋之。卽精神集中。凡作一件事專心致志沒有作完時。不往旁的想。致知。關於知識方面。不單要人格健全。還要知識豐富。什麼叫致知。朱子釋爲窮理。補大學格致傳說『所謂致知在格物者。言欲致吾之知。在卽物而窮其理也。蓋人心之靈。莫不有知。而天下之物。莫不有理。惟於理有未窮。故其知有不盡也。是以大學始敎。必使學者卽凡天下之物。莫不因其已知之理而益窮之。以求致乎其極。』朱子學問具見於文集語錄及性理大全。不過簡單的說。可以把上面這兩句話概括之。

陸子學派。有點像大程。卽明道。最主要的。就是立大。義利之辯和發明本心。孟子說『先立乎其大者。則其小者不能奪也。』陸子將此二語極力發揮。何謂立大。就是眼光大的人。把小事看不起。譬如兩個小孩爭奪半邊蘋果。大打一架。大哭一場。在我們絕對不會如此。因爲我們至少還看見比蘋果大的東西。就不爲小物而爭奪了。明人嘗說『堯舜事業。不過空中半點浮雲。』就是因爲他能立大。所以漢高祖唐太宗的事業。從孔子釋迦基督看來。亦不過半邊蘋果而已。立大。是陸學根本。至於他用功的方法。第一是義利之辯。何謂義利之辯。就是董仲舒所謂『正其誼不謀其利。明其道不計其功。』這個話。從前人目爲迂闊。其實不然。做學問就是爲學問。爲自己人格的擴大崇高。不是爲稿費。不是爲名譽。更不爲旁人的恭維。譬如說捐軀愛國。要是爲高爵。爲厚祿。爲名譽。那全不對。一定要專爲國家。才行。朱子知南康軍事時。修復白鹿書院。請陸子講演。陸子爲講『君子喻於義。小人喻於利。』一章。那天天氣微暖。聽衆異常感動。遂不覺汗流浹背。於此可見陸學的門徑了。第二是發明本心。何謂發明本心。就是孟子所說『不失其赤子之心。』陸子亦相信人性皆善。衹要恢復本心。自然是義。不是利。自然能够立大。做學問的方法無他。『求其放心而已。』本心放失。精神便衰頹。本心提起。志氣立刻振作。

好像一座大火爐，縱然飛下幾塊雪片，絕不能滅其熱烈。陸子這個話，從大程子出，大程子的識得仁體，就是陸子的發明本心，以現在的話來說，又叫着認識自我。人的本心極其純潔，祇要認識他，恢復他，一切零碎壞事，俱不能搖動，人看事理不明，因本心爲利害所蒙蔽了。

知識方面，朱子以爲『天下之物，莫不有理。』而其精蘊，則已具於聖賢之書，故必由是以求之。陸子以爲學問在書本上找沒有多大用處，如果神氣清明，觀察外界事物，自然能够清楚。修養方面，朱子教人用敬，謹嚴拘束，隨時隨事檢點。陸子教人立大，不須仔細考察，只要人格提高，事物卽難搖動。所以朱謂陸爲空疏，陸謂朱爲支離。二家異同，其要點如此。陸不重書本，本身學問雖博，而門弟子多束書不觀，袖手淸談，空疏之弊，在所難免。朱子重書本，並且要『卽凡天下之物，莫不因其已知之理，而益窮之，以求至乎其極。』但天下事物，如此之多，幾十年精力，一件都不能窮，又安能卽凡物而窮之呢。

兩家主張不同，彼此辯論，互不相服。後來有許多人，專講調和，或引朱入陸，或引陸入朱，而兩家門下，則彼此對抗。引陸入朱的人，以爲自經鵝湖之會以後，象山領悟朱子，子壽尤爲敬服。引朱入陸的人，如王陽明作朱子晚年定論，李穆堂又作朱子晚年全論，證明朱子晚年，與陸子同走一條路。然站在朱子方面的人，則目王李爲荒唐。平心而論，兩派各走各路，各有好處，都不失爲治學的一種好方法。互相攻擊，異常的無聊。最好各隨性之所近，擇一條路走去，不必合而爲一，更不必援引那個，依附這個。

南宋學派，主要的是朱陸兩家，歷元明清三代，兩派互爲消長，直至現在，仍然分立。兩派之外，還有兩個人，應當注意，一個是張南軒，可以說他是朱學的附庸，死得很早，沒有多大成就，與朱子併爲一派，無妨。南軒生在湖南，湖湘學派。與朱子學派。實在沒有什麼區別。

一個是呂東萊呂家世代都是有學問的人。所以呂家所傳中原文獻之學。一面講身心修養。一面講經世致用。就是我們前次所說內聖外王的學問。朱陸偏於內聖。東萊偏於外王。東萊自己家學淵源很好。很有名。雖然早死。而門弟子甚多。後來變爲永嘉學派。永嘉學派最主要的有這幾個。一薛季宣號艮齋。二陳傅良號止齋。三陳亮號同甫。四葉適號水心。他們都是溫州一帶的人。艮齋止齋專講學以致用。對於北宋周程一派。很多不滿的批評。以爲祇是內心修養。拘謹呆板。變爲迂腐。應當極力提倡學以致用。才不會偏。同甫氣魄更大。頗有遊俠之風。他的旂號是『王霸雜用。義利雙行。』對於朱子的窮理格物。固然反對。對於陸子的利義之辯。亦很反對。論年代。薛稍早。與朱陸差不多。二陳稍晚。論主張。艮齋和止齋相同。同甫走到極端。東萊本來是浙人。浙江學者大半屬東萊門下。東萊死。兄弟弟子姪門生。全走一條路。就是薛陳所走這條路。以後成爲浙派。

朱子自信甚堅。對於旁的學派。辯得很起勁。朱子在學問上的兩大敵。一派是金谿（卽象山）一派是永嘉（卽薛葉二陳）朱子很痛心。本來東萊門下。全都和他要好。後來都跑到永嘉一派去了。文集中與象山和止齋辯論的信很多。語錄中批評陸派和永嘉的話亦很多。朱陸在當時都很盛。朱子門下最得意的是黃勉齋蔡元定。沒有多大氣魄。不能夠把他的學問開拓出來。其後一變再變。成爲考證之學。朱子涵養用敬的工作。以後沒有多大發展。進學致知的工作。開後來考證一派。朱派最有光彩的是黃震（東發）王應麟（伯厚）二人。黃的黃氏日抄。王的困學紀聞。爲朱派最有價值之書。清代考證學者。就走他們這一條路。

象山門下。氣象比朱派大。朱子對於象山雖不滿。而謂其門下光明俊偉。爲自己門下所不及。象山是江西人。在本地講學最久。但是幾個大弟子。都是浙東人。所謂甬上（寧波）四先生。即楊簡袁燮舒璘沈煥得象山的正統。江浙二省。在學術上有密切關係。象山是江西人。其學不傳於江西而傳於浙東。陽明是浙東人。其學不傳於浙東。而傳於江西楊袁舒沈是浙東。呂薛陳葉亦是浙東。後來陸派同永嘉結合。清代的黃梨洲萬季野邵念魯章實齋。他們就是兩派結合的表現。

南宋四子。實際上祇有三派。即朱派陸派及永嘉派。這三派在當時尚未合一。南宋末年。幾乎握手。可惜沒有成功。元明以後。朱學自爲一派。陸朱合爲一派。其勢力直籠照到現在。

南宋時代南方的情形如此。北方的情形又怎模樣呢。北方自金人入主後。中原殘破。衣冠之屬。相繼南遷。所以在宋金對峙時。南方的文化。比北方高。但金至世宗一朝——約與孝宗同時四五十年間。太平安樂。極力模倣漢化。文運大昌。金方所流行者。爲三蘇一派。因爲模倣東坡父子的文章。連帶模倣他們的學術。所以那政治上宋金對峙。學術上洛蜀對峙。北方的人。事事幼穉。文學不振。哲學更差。惟有一人應當注意。即李純甫號屏山。宋儒無論那一家。與佛都有因緣。但是表面排斥。宋儒道學非純儒學。亦非純佛學。乃儒佛混合後。另創的新學派。屏山是宋人。自然要帶點佛學氣味。不過他很爽快。所著的鳴道集。直接承認是由佛學出來。對洛派二程。異常反對。指爲陽儒陰佛。表裏不一。他所講的內容。好像李翺的復性書。發揮得更透徹明白。

朱子到晚年。一方面學派日昌。弟子遍於天下。一方面牴觸當道。頗干朝廷厲禁。其中如宋寧宗的宰相韓侂胄執政時。在朝的朱子。及在野的同黨。俱持反對態度。侂胄亦指朱子爲僞學。排斥不遺餘力。北宋的元祐黨人。南宋的慶元黨人。俱以正士。爲朝廷所不容。朱子死後。弟子不敢會葬。可見當時朱學所受壓迫的程度了。又經幾十年。到理宗中葉及度宗初葉。僞學之禁既開。而當時講學大師。朱陸兩家門下（陸派亦在僞學禁中。）俱在社會上很有聲譽。朝野兩方對宋學異常尊崇。其勢復振。不久宋室滅亡。蒙古代興。

元朝以外族入主中國。文化不高。時間又短。在學術史上佔不了重要位置。內中祇有戲曲的文學差可撐持。天文數學亦放異彩。至於哲學方面則衰微已極。元朝學者惟許衡（魯齋）劉因（靜修）吳澄（草廬）三人。稍露頭角。這幾位在元朝爲大師。在全部學術史上。比前比後。俱算不了什麼。固然朱學在元朝很發達。但朱學在宋末已爲社會上所公認。元人不過保守權威。敷衍門面。無功可述。現在祇好略去不講。

明太祖初年。規模全屬草創。對於文化。未能十分提倡。到永樂時。始漸注意性理大全。卽於是時修成。以五子（周程張朱）學術爲主。此書編得很壞。純屬官書。專供科舉取士之用。使學者考八股時。辨黑白而定一尊。除五子外。旁的俱所排斥。明人編修性理大全。用以取士。號尊宋學。尤其是程朱一派。實則把宋學精神完全喪失。宋學注重修養。何嘗計及功名呢。

中間有幾個著名大師。爲明學啓蒙期的代表。如方孝孺（正學）吳與弼（康齋）薛瑄（敬軒）曹端（月川。）胡居仁（敬齋）俱在科舉盛行時代。一心研究學問。不圖獵取功名。這種精神。極可佩服。而方孝孺風烈尤著。仗義不屈。爲成祖誅其十族。他們幾個人的學問。都出於程朱。薛胡諸人比較平正通達。吳康齋的學問由朱到陸。明代陸學之盛。自康齋起。

明代中葉。新學派起。氣象異常光大。有兩個大師。可以代表。一個是陳獻章（白沙）一個是王守仁（陽明。）陳白沙是廣東新會的學者。離吾家不過十餘里。他是吳康齋的弟子。他的學問。在宋代幾位大師中有點像大程子，又有點像邵康節，那種蕭然自得的景象，與其謂之爲學者，毋寧謂之爲文學家。古代的陶淵明，與之類似。文章相仿彿，學問亦相仿彿，再遠一點，道家與之類似——老莊之道，非陳种之道，他的學風很像莊子。孔門弟子中曾點與之類似，『暮春者春服既成，冠者五六人，童子六七人，浴乎沂，風乎舞雩，詠而歸。』這種恬淡精神，兩人一樣。

白沙叫人用功的方法，就在『靜中養出端倪』一句話。端倪二字，太玄妙，我們知道他的下手功夫在用靜，就得了。白沙方法，與程朱不同，與象山亦不同。程朱努力收歛身心，象山努力發揚志氣，俱要努力，白沙心境與自然契合，一點不費勁。端倪二字，實在不易解，或者可以說是老莊的明自然，常常脫離塵俗，與大自然一致，其自處永遠是一種鳶飛魚躍，光風霽月的景象，人格是高尙極了，感化力偉大極了，可惜不易效法，不易捉摸。所以一時雖很光明，後來終不如陽明學派的發達。

白沙在家時多，出外時少，總計生平，祇到過北京兩次，旁的地方，都未曾去，交遊總算簡單。他有一個弟子，湛若水，號甘泉，亦是廣東人，與他齊名，當時稱陳湛之學，或稱湛王之學。甘泉做的官很大（禮部尙書）去的地方亦很多，所到之處，就修白沙書院，陳學的光大，算是靠他。甘泉比陽明稍長，甘泉三十餘歲，陽明二十餘歲，同在北京作小京官，一塊研究學問，陽明很受甘泉的影響，亦可以說很受白沙的影響。

王陽明，浙江餘姚人，他在近代學術界中，極其偉大，軍事上，政治上，亦有很大的勳業，以他的事功而論，若換給別個人，只這一點，已經可以在歷史占很重要地位了。陽明那麼大的事功，完全爲他的學術所掩，變成附屬品，其偉大可想而知。陽明的學問，得力於龍場一悟。劉瑾當國，陽明彈劾他，位卑言高，謫貶龍場驛丞，在驛三年，備受艱難困苦回想到從前所讀的書。所做的事。切實體驗一番。於是恍然大悟。這種悟法。是否與禪宗參禪有點相類。我們也不必强爲辯護。但是他的方法。確能應時代的需要。其時性理大全一派。變爲迂腐凋敝。把人心弄得暮氣沉沉的。大多數士大夫儘管讀宋代五子的著作。然不過以爲獵取聲名利祿的工具。其實心口是不一致的。陽明起來。大刀闊斧的矯正他們。所以能起衰救敝。風靡全國。

陽明的主要學說。即「致良知」與「知行合一」二事。前者爲對於大學格物致知的問題。朱子講格物。敎人『即凡天下之物。莫不因其已知之理而益窮之。以求至乎其極。』這種辦法。朱子認爲大學所謂「明明德」的張本。從「大學之道」起。至「未之有也」止。是經。以下是傳。誠意正心修身齊家治國平天下都有傳。惟有格物致知無傳。文有顚倒斷節。朱子替他補上。其學說的要點。即由此出。陽明以爲讀古人書。有些地方加添。有些地方補正。這種方法。固有價值。但是大學這篇。絕對不應如此解釋。所以他發表古本。不從朱子改訂本。主張格物致知。即是誠意。因爲原文說。『欲誠其意者。先致其知。』下面又說。『故君子必愼其獨也。』愼獨。即是致知。致知的解釋。不是客觀的知識。乃孟子所謂『人之所不學而知者。其良知也。』的良知。致的意思是擴充牠。誠意功夫如此。拿現在的話解釋。就是服從良心的第一命令。很有點像康德的學說。事到臨頭。良知自能判斷。如像殺人。頭一念叫你不要作。又像職分上的犧牲。頭一念叫你儘管作去。這就是良知。第二念第三念。便又壞了。或者打算作好事。頭一念叫你作去。第二念覺得辛苦。第三念又怕危險。於是歇手不作。這種就是致良知沒有透徹。爲人做學問。入手第一關鍵在此。

陽明既然主張致良知。更不能不主張知行合一。如惡惡臭。如好好色。見惡臭是知。惡惡臭是行。見好色是知。好好色是行。知行二個字。原是一件東西。事到臨頭。良知自有主宰。善使知善惡使知惡。絲毫瞞他不得。世未有知而不行的知。而不行。不是眞知。如小孩看見火伸手去摸。成人決不會摸。因爲成人知道燙人。小孩不知道燙人。又如棹上放好臭鴨蛋。臭豆腐。不惡惡臭的人吃。惡惡臭的人就不吃。祇需你一知道。要吃或不吃。立刻可以決定。這便是知行合一。朱子以爲先要致知。然後實行。把做學問的功夫。分成兩橛。陽明主張方說一個知已自有行在。方說一個行。已自有知在。祇是一件。決不可分。陽明教人下手方法。與朱子教人下手方法不同。

陽明壽雖不長。但是一面作事。一面講學。雖當軍事倥偬。絃誦仍不絕聲。所以門生弟子遍於天下。明中葉後。全國學術界。讓陽明一人支配了。王學的昌大可分兩處。一是浙江。是他生長的地方。一是江西。是他宦遊的地方。所以陽明門下。可分爲浙江及江西兩派。前次講象山生在江西。而其學盛於浙江。陽明生在浙江。而其學卻盛於江西。贛浙文化。有密切的關係。傳陽明的正統。爲江西幾位大師。如鄒守益。號東廓。羅洪先。號念庵。歐陽德。號南野。頗能代表江西王學。陽明死後。就是這幾個人最得陽明眞諦。但是王學的擴充光大。仍靠家鄉浙派幾位大師。有早年的。有晚年的。最初是徐愛。號曰仁。錢德洪。號緒山。他們二人得陽明正宗。徐早死。傳習錄有一部份是他作的。錢壽較長。其傳頗盛。稍後是王畿。號龍谿。他是陽明的老門生。年壽最長。陽明的學派的光大。自他起。陽明學派的變態。亦自他起。當初陽明教人有四句話。無善無惡心之體。有善有惡意之動。知善知惡是良知。爲善去惡是格物。錢緒山以爲這四句是陽明教人定本。王龍谿以爲這四句是陽明教人權法。歸根結底。性無善無惡。意無善無惡。知無善無惡。物無善無惡。陽明的話。沒有多大玄學氣味。龍谿的話。玄味很深。無下手處。所以王學末流。與禪宗末流。混在一起。讀他們的書。可以看出來。並不是陽明眞面目。

陽明學派。另有幾個重要人物。一個是羅汝芳號近谿。一個是王艮號心齋。都於王學有莫大的功勞。世或以王艮與王畿並稱二王。或以近谿與龍谿並稱二谿。心齋是一個倜儻不羈之士。本傳稱陽明作巡撫時。會衙講學。心齋那時三十八歲。跑去見他。分庭抗禮。辯難幾點鐘後。始大折服。執弟子禮。回去想想。似乎尙有不妥處。跑去收回門生帖子。彼此又辯。又折服了。才作陽明的門人。陽明說『吾曩擒宸濠。一無所動。乃爲斯人所動。是眞學聖人者。』心齋言動奇矯。時戴古冠。穿異服。傳達先生之道。陽明很罵他幾回。但是他始終不改。心齋才氣極高。門下尤多奇怪特出之士。何心隱就是一個。本姓梁。改姓何。以一個布衣。用種種的方法。把嚴嵩弄倒了。我們不能不佩服他有眞本事。陽明死後。最接近的是二王或二谿。但是他們所走的路。與陽明很不一樣。結果江西學派。雖得正統。但是一傳再傳。漸漸衰微下去了。

最有力推行王學的。還是浙派（龍溪）和泰州派（心齋。）在晚明時候。有這樣幾個人。周汝登。號海門。陶望齡。號石簣。李贄。號卓吾。周陶變爲禪宗。李更狂肆。他們主張的「酒色財氣不礙菩提路。」陽明學派愈變愈狂妄。到晚明時本身起很大的變化。又可分爲二派。第一派參酌程朱學說。糾正末流的偏激。東林二大師顧憲成（涇陽）高攀龍（景逸）就是代表。他們覺得周李陶一派太放肆了。須以朱學補苴之。他們的學問仍從王出。帶點調和色彩。第二派根據王學的本身。恢復陽明的眞相。劉宗周（蕺山）就是代表。他排斥二王二谿甚力。專提愼獨。代替良知。以爲做愼獨的功夫。可以去不善而繼於至善。顧高以程朱修正王學。蕺山以王學本身恢復王學。主張雖有出入。都不失爲陽明的忠臣。

此外因王學末流的離奇。社會上起一種很大的反動。亦可分爲二派。第一派。以程朱攻擊陽明。與顧高等不同。

陳建（淸瀾）就是代表。他著一部學蔀通辯。一味謾駡。甚覺無聊。自稱程朱。實於程朱沒有什麼研究。有時揑造事實。攻擊人身。看去令人討厭。然在學術史上。不能不講。因爲明目張膽。攻擊王學。總算他有魄力。淸初假程朱一派。侈言道學。隨聲附和。用陳建的口胳攻擊王學者頗多。第二派。主張讀書帶點考證氣味。焦竑王世貞楊愼就是代表。他們不惟攻擊王學。連宋學根本推翻。周程張朱。皆所反對。攻擊程朱的話。恐怕比陽明還多。幾個人學問都很淵博。惟楊升庵較不忠實。造假書。造假話。騙人。這一派。因爲對於宋元明以來的道學。下總攻擊。在晚明時。雖看不出有多大力量。但有淸初至乾隆中葉。極其盛行。舊學風的推翻。新學風的建設。都由他們導引出來。

淸代學術。是宋元明以後。一大轉關。性質和前幾代。俱不相同。漢唐學者。偏於聲音訓詁的追求。馬鄭服杜陸孔賈以後。沒有多大發展的餘地。宋儒嫌他們太瑣碎了。另往新方面進行。宋明學者。偏於理氣心性的討論。程朱陸王以後。也沒有多大發展的餘地。淸儒嫌他們太空虛了。另往新方面開拓。淸代學者。承性理學爛熟的反動。以「漢學」相標榜。至乾嘉中葉。而漢學號稱全盛。淸代學風。固然偏在考證。對於儒家哲學。亦有很大影響。可分建設及破壞兩面觀察。前者對於整理國故。用力最勤。與儒學祇有間接關係。後者對於推翻宋學。成效頗大。與儒學有直接關係。

甲　破壞方面。

先從破壞方面觀察。淸代學者。對於宋元明以來。七百年間所成就的學派。認爲已到過度成熟。發生流弊的時期。非用革命手段摧陷廓清。不能有新的建設。這種破壞的工作。不自清始。晚明已然。焦竑王世貞楊愼都是反動派的健將。不過革命的氣焰至清代而極盛罷了。分開來講又分兩種。一種是破壞王學陽明這派。時代最晚。發達最盛。有些人專門與他爲難。一種是破壞宋學。不單反對陽明。連周程張朱。一律在所排斥。這兩種中破壞的工作及程度。亦有種種的不同。大概可以舉出五派人作爲代表。

一。用程朱作後盾破壞陸王。可以陸隴其（稼書）作爲代表他同上次所講做學蔀通辯的陳建。一樣的主張。認程朱爲正統陸王爲異端。所以破壞王學。完全爲擁護朱學。這一派範圍最狹窄。理由最淺薄然在社會上。最有力量。不是因爲系統學者多。乃是倚仗八股文人多拿朱註作考試的工具自然擁護朱學。有學問的人。儘管瞧不起他們。但是一般流俗。非常羨慕他們。不知不覺的勢力便大起來了。

二。有一種博雜而無系統的學問。利用好奇心打倒前人。獵取名譽。可以毛奇齡（西河）作爲代表。這派的話。尖酸刻薄。挑剔附會舞文弄墨的地方很多。其所攻擊。不單是王學。乃在宋學全部。（西河比較的尙擁護王學。但也不是王學眞相）西河學問淵博方面多。壽命長。後來許多人跟他學。在學術界很佔勢力。大致都帶一點輕薄口脗學問博雜。頗爲後來考證學派。闢出一種新路徑。考證家不直接出自西河。但是他們所受西河的影響很是不小。

上面兩種破壞法。都不算十分正當。前者範圍過於狹隘。門戶之見太重。後者手段不對。專門罵人。自己亦無所得。不過他們這兩派在社會上勢力確是不小。一般俗儒。隨聲附和。非常崇拜他們。

三。沒有成見。並不是以程朱作後盾。比較對於朱學。稍爲接近。對於王學末流。加以攻擊。可以顧炎武（亭林）

朱之瑜（舜水）二人作爲代表。朱舜水當明亡以後，不願受滿淸的轄治，亡走日本，在中國影響不大，而在日本影響極大，明治維新以前，德川氏二百年，眞以儒學致太平，這完全受舜水之賜。所以他在本國無地位，而在全局中地位極高，可與顧亭林並列。顧氏爲淸代學術的開創者，其學問的大部分，俱在建設方面，下節再講。至於破壞方面，見地極其高明，他不惟不滿意王學末流，且不滿意陽明本身，贊成陽明人格，反對他的學風。陸稼書一派所講朱學，其實是「八股家言」算不得什麼學問。顧朱不是墨守朱學，另外自有心得，比較起來，對王破壞，對朱敬禮，不能說是以朱攻王。然於破壞王學，很有力量。

四對於宋學全部，不管程朱陸王，根本認爲不對，施行猛烈的總攻擊，可以費密（燕峯）顏元（習齋）二人作代表。這兩人在從前，大家都不十分注意，一向講淸代學術的人，都沒有提到他們。顏氏近二三十年來，漸漸復活，費氏著作，從前沒有刻出，人不知道，近幾年作品出版，了解的人比較多了。費燕峯四川人，晚年僑寓揚州，從前人祇知他會作詩，池北偶談稱他極爲王漁洋所推服，他的哲學思想，具載他的遺著中，新近才刻出來。但是在建設方面，沒有什麼貢獻。顏習齋直隸楊村人，以前沒有鐵路，很少人知道這個地方，他終身亦不同士大夫接觸過，但是他比費燕峯强。費氏幾個兒子，雖亦能作詩，活動力很小，顏氏的門生李塨（剛主）活動力異常之大，到處宣傳他老師的學說，所以早幾十年復活了。

費顏二人，對於宋元明七百年來的學說，根本上不承認，下總攻擊，斥爲與孔孟門庭不同。攻擊之點有三，頭一件是不贊成宋儒主靜，他們以爲做學問要動，主靜不是做學問的方法，根本與儒家道術相反。第二件不贊成宋儒以道統自居，程朱本人，還沒有說什麼，他們的門下，常說得不傳之學，原道所謂堯傳舜，舜傳禹，禹傳湯，湯傳文武周公文武周公傳孔子孔子傳孟軻軻之死未得其傳何以隔一千多年傳到河南程夫子這豈不是造謠第三件偏於內聖不講外王把政治社會都抛棄了程朱陽明雖非抛去外王不問但是偏重內聖一些末流愈走極端知其一不知其二頗足授人口實這種話搔得着癢處對於宋學末流攻擊得很對不過在社會上沒有多大勢力遠人如前述三派的受人注意直到近二三十年才漸漸發揚光大起來前三派帶這一派都在道術本身上着眼或專破王學或兼破宋明辯爭之點不離道術可謂主流爲造成破壞勢力的中堅

五還有一派不在道術本身下手而在著作及解經方面挑剔可以惠棟（定宇）作爲代表惠氏年代較遲而力量很大他攻擊不到陸王陸王對於各經都不會作註他攻擊的主要對相就是程朱前回講朱學啓蒙時代專門做註疏的工夫到全盛時代所有各經都從新另註一回他們註經的方法與漢唐學者迥異漢唐注重訓詁他們注重義理自南宋末年起至明洪武的性理大全出版止幾百年間解經俱以朱註爲主漢唐註疏完全束之高閣了惠棟一派出朱註漸衰而漢唐註疏復活

清初學者一面反對宋儒道術本身一面反對宋儒解經方法結果宋人的總不對漢人的總對愈古愈好愈近愈不行乾嘉的考證學以這派爲先導毛西河如此主張陳啓源亦如此主張但是認眞打旗號擁戴漢學推翻宋學還是要算惠定宇上面所述五種學派聯合起來努力破壞所以清代學術對於宋元明學術起很大的變化最近三百年在學術史上劃一新紀元秦漢學術復興宋明學術幾乎全部銷沉下去了

乙　建設方面

次從建設方面觀察清代學者的建設事業大部分在考證方面以現在的話來解釋就叫著整理國故這種工

作、於儒家道術。祇有間接關係。直接關係很少。可以略去不講。我們且要知道這種工作很勤勞威信也很偉大就是了。考證以外。對於儒家道術。有直接關係的建設事業。可以分好幾派。一方面根據王學朱學。加以修正或發明。他方面更能一空依傍。自樹一幟。他們所處的時間。先先後後不同。他們所在的地方南北東西各異。現在我們舉出六個人簡單的說明一下。

一。繼承王學。加以修正。當推孫奇逢（夏峯）。王學末流。變得很多。處處受社會上的非難。要想維持王學。不能不加以修正。孫夏峯李二曲都是如此主張。而夏峯推衍流派較盛。夏峯生於晚明。人格高尚。豪俠好義。最能濟朋友之難。壽命又很長。直活到九十三歲才死。清師入關。他的家鄉讓滿人圈去了。跑到河南蘇門。躬耕講學。門弟子從之遊者極多。所以他這一派在清初算是很盛。他是王派。但並不墨守王學。對程朱都不攻擊。有人把他編入調和派。清初學者。以朱攻王者有之。以王攻朱者覺少。頂多爲陽明作辯護而已。夏峯卽是如此。他在河南。躬行力踐。用工堅苦。其學問雖得力於陽明。然對於王學末流禪宗頓悟的學風。深所不取。後來湯斌（潛庵）的學問。就得力於夏峯。他們二人的工作。專在恢復王學本來面目。對於二谿以後的王學。與以相當的排斥。以恢復陽明眞相。使得有保存的價值。可謂王學的修正派。

二。發明王學。使之愈益光大。當推黃宗羲（梨洲）。明末王學後殿。就是劉蕺山。他生於浙東。浙東王學很盛。但是變相。非本來面目。他因爲末流太猖狂了。設法校正他們。清初浙中王學分爲二派。二谿一派。以姚江書院爲中心。蕺山一派。以證人書院爲中心。明儒學案稱明代大師二人。前有陽明。後有蕺山。梨洲是蕺山的門生。學問上。繼續的修正王學。修養上。亦全本蕺山遺緒。但他另向一方面發展。卽史學及經世之學。陽明本有六經皆史之說．而且本身事功極盛．梨洲循着這一點發揮光大．頗能改正王學末流空疏冥悟之弊．梨洲一方面承蕺山遺緒．發明王學．於清代學風上其開闢的功勞．與顧亭林等．一方面建設新學派．努力史學．後來萬季野邵念魯全謝山章實齋這一般人．都完全受他的影響．關於史學方面．這是後話．且不用講．專講他在儒家道術方面．眞不愧王學大師．二百多年來．感化力的宏大．規模的深遠．還沒有超過他的啊．

承繼孫夏峯學說的．是湯潛庵．承繼黃梨洲學說的．是李穆堂．兩位都是乾隆時人．爲陸王學派的結束者．湯作巡撫．李作侍郎．皆光明俊偉．規模宏大．湯純爲實行家．紙面上的學問不多．李爲著作家．有全集行於世．他們都是結束陸王學派的人．做的事業．算是結束．同時不能不算是一種建設．令陸王學派．經時代變遷．仍能立脚得住．有價值．有光彩．這是他們的功勞．

在王學方面有這幾個人支持殘壘．遺緒尙可不墜．在朱學方面．人才就很難得．大抵有清一代學者態度．陽奉陰違．表面是宋學．骨子裏是漢學．對於朱子直接攻擊者少．敷衍面子者多．其間擁護程朱的．多半是闒老．一面駡陸王派爲狂禪．一面駡漢學家爲破碎．反抗程朱．便是大逆不道．寧說周孔錯．不說程朱非．這類人多從八股出身．在學者社會中．沒有多大勢力．在普通社會．很能聳動視聽．可以略去不講．勉强要在程朱派找出一個人來．祇好還數陸稼書．清代最初從祀孔廟的是他．他於程朱學術的全體．無多大發明．祇能說他持身甚嚴．衞道甚力而已．清代程朱派人數雖多．人才很少．與其求之於陸稼書一派．不如求之於漢學家．漢學家訓詁之學．實際上是從厚齋東發一派衍生出來．章實齋說過．戴東原儘管駡朱子．實際上走的是朱子那條路．這個話．兩方都不承認．但是事實給我們一種很好的證明．

三。尊敬程朱。而能建設新學說當推顧炎武（亭林。）顧氏大家公認爲清學開山祖師。然絕不像宋學派之以道統自任。他對程朱表示相當敬意。在山西時曾修朱子祠堂。可謂之準朱學派。然而亭林對於朱學的修正。比梨洲對於王學的修正還多。黃氏根本上以王學爲主。顧氏對朱學。不過敬禮而已。亭林方面很多經世之學。有天下郡國利病書考證之學。有日知錄。好幾個清代的學派。都由他開發出來。他治學自立門庭。反對講空話。不輕言義理性命。專從實際的方面下手。他對於儒家道術。不單講內聖兼講外王。宋明學者。都祇一偏。並非儒家眞相。他想恢復儒學本來面目。專提論語所謂『行己有恥博學於文』兩句話。用來涵蓋一切修養的方法很多。最扼要是行己有恥。即自律甚嚴之謂。對於晚明放侈頹廢的學風。根本上施以校正。一個人要方正。要廉隅。不要像球那樣滾。日夜自己檢束。歸根結底是知恥二字。不恥惡衣惡食。而恥匹夫之不被其澤。不恥地位不如人。而恥品格不淸。他專在廉隅名節出處進退辭受取予方面注意。以爲要如此才可以完成人格。這種有恥之敎。比蕺山愼獨之敎還要鞭辟近裏些。治學的方法很多。最扼要是博學於文。文有幾種解釋。書本知識是文。自然現象是文。社會現象亦是文。要隨時觀察研究。所以說他的學問。不單是內聖方面。而且兼外王方面。至於要明白他對於恥及文的詳細解釋。可以在他的日知錄及文集裏邊找去。他本人人格崇高。才氣偉大。爲明代忠貞不二的遺老。很得力於他母親（非親生母）的敎訓。他的父親早死。母親未婚守節。十七歲到顧家過繼他作養子。慢慢地撫育成人。滿洲入關。義不事二姓。絕食二十七日而死。這樣的節婦。眞是難能可貴了。顧母死時。囑付亭林。不得在淸朝作官。他平時所受敎育很深。臨終又有這樣大的刺激。所以他一身行爲。完全受顧母的支配。亭林初非明室官吏。然念念不忘恢復。到處觀察形勢。預爲地步。到事功絕望時。乃另創一種學風。直影響

到現在其成就不在恢復明室之下他人格高尙無論那派不能不佩服他學問淵博開出來的門庭很多說到清學的建設自然不能不數他了

四非朱非王獨立自成一派當推王夫之（船山）船山是湖南人他這一派叫着湖湘學派在北宋時爲周濂溪在南宋時爲張南軒中間很銷沉至船山而復盛他獨居講學並無師承居在鄉間很少出來生平祇到過武昌一次北京一次可以說是個鄉下人清師入關他抵死不肯剃頭所以怕人看見藏在山洞裏窮到沒有紙筆然仍好學不厭他的學風與程朱比較接近不過謂之程朱毋寧謂之橫渠橫渠作正蒙船山的中心著作爲正蒙註橫渠於書本外注重觀察自然界現象船山也受他的影響其精神比較近於科學的張學自南宋斷後幾百年至清初又算繼續起來了船山堅苦卓絕人格感化極強學問尤爲淵博他的讀通鑑論宋論不愧爲一史評家對於歷史上事實另用新的眼光觀察所以他除自己身體力行外學問方面在史學界貢獻甚大這兩部史論專作翻案爲後來讀史的人思想開放許多船山對於佛學很有研究而且學的是法相宗作有相宗絡索近二十年法相宗復活研究的人很多並不算稀奇但是在那時佛教方面完全爲禪宗及淨土宗所佔領沒有人作學理的研究他獨在二百年前祖述玄奘以後中斷了的墜緒可謂有獨到的見解了並且當時儒學末流養成狂禪分明是學佛教抵死不肯承認與佛教有關他獨明目張膽研究儒學同時又研究佛教一點不掩飾這是何等的爽快船山在清初湮沒不彰咸同以後因爲刊行遺書其學漸廣近世的曾文正胡文忠都受他的薰陶最近的譚嗣同黃興亦都受他的影響清末民初之際智識階級沒有不知道王船山的人並且有許多青年作很熱烈的研究亦可謂潛德幽光久而愈昌了

五尊崇程朱。傳其學於海外。當推朱之瑜（舜水）舜水在本國沒有什麼影響。史家多不能舉其名。他後半生都在日本過活。日本最近二百年的學風。完全由他開出。明亡後。他屢屢欲作光復的事業。初到日本。後到安南暹羅。在海外密謀起義。赤手空拳的經過多少艱難困苦。到底毫無成就。後來鄭成功張蒼水大舉北伐。攻下鎮江。幾乎剋復南京。他在蒼水軍中。規畫一切。曾經走到蕪湖。結果還是失敗了。自是之後。光復事業。完全絕望。他便打定主意。在滿清統治之下。絕對不回中國。那時日本人還抱閉關主義。外國人祇能在長崎租界停頓些時。旁的地方。一律不讓住。所以他很困難。住些時走了。走了又來。往返許多次。長崎的日本人。知道他學問淵博。人格高尚。異常敬禮。後來讓大將軍德川氏聽見了。請到東京去。待以賓師之禮。他亦以師道自居。德川光國的兒子。亦作他的門生。他於是住在東京。又十幾年才死。因爲德川氏的敬禮。全國靡然從風。對於他的起居言動。都很恭敬。他在日本學術界。算是很有勢力。日本從前受中國文化最深。是唐代。派遣學生學僧來唐留學。唐時佛教甚盛。儒術衰微。學去的都是佛教。宋明儒學復興。但其時中日關係淺薄。所以日本對於儒術。根本上不明瞭。舜水是程朱派的健將。自他去後。朱學大昌。朱子之學。在國內靠陸稼書一般人的提倡。不過成績很有限。在國外靠朱舜水一個人的傳播。眞是效力大極了。自然舜水是程朱一派的人。但是本事很大。書本上的知識很好。實際上的事情。一點亦不放鬆。他在日本。學風上很有貢獻。詩（各家的詩）同畫（小李將軍的山水）亦很有影響。他帶去東西。至今還歸日本帝國博物院保存。他又懂建築。日本之有孔廟。即由他起。孔廟中的房屋棟宇衣服器具。完全摹倣中國。都由他打圖樣。起稿子。連他自己的棺材。亦屬親手造成。要能耐久不壞。滿清之後。好運回中國。辛亥革命時。還在日本保存。我們可以設法交涉。運回國來。固然他們尊重朱夫子。不願運走。但本人的志願。死後非運回來不可。應以尊重本人志願爲是。日本博物院。還有朱舜水手造模型。確是當年遺物。由此可以知道他不單講身心性命。還講各種技術。他又教日本人讀資治通鑑。以爲最能益人神智。他在日本。前後十幾年。人格感化力大方面又多。可以說自遣唐留學以後。與中國文化眞正接觸。就是這一回。德川氏二百多年以文治國。就是繼承他的遺緒。維新以前。一般元老都很受影響。他是朱學。中間王學亦輸入。到維新時兩派都有了。維新時一切改革。王派力量很多。朱派力量亦不少。把朱學由中國傳到日本。就是靠他。

六。反朱反王而能獨立自成一派。要算顏元（習齋）習齋的學說。很有點像實驗派的杜威。他完全是一個鄉下老。境遇非常可憐。他的父親在崇禎十二年。滿洲人大掠直隸山東。擄去爲奴去了。後來死在那裏。習齋伶仃孤苦。父亡母嫁。成爲一個無依無靠的孤兒。由旁人把他撫育長大。所以意志堅苦卓絕。雖然無師無友。而能獨立自成一家。他反對宋學。主張根本推翻。以爲孔孟都是動的。宋學獨是靜的。與孔孟相反。他尤其厭惡的是談玄。儒家本不談玄。宋以來。玄味日趨濃厚。大非古意。他想復古。復到孔門所學。祇談禮樂射御書數。不談身心性命。知識由何而來。由於做。譬如我們想到南京。不知怎樣走法。問路徑。買地圖。可以知道大概。但要知道實在情形。還得親身走去。他說宋以後的學問。祇是問路徑。買地圖。不曾親身走路。眞的儒家道術。不應如此。習齋對於周程以下。原想根本推翻。另外建設新的學派。那時雖未成功。其思想行事。很帶科學精神。若使生於今日。必定是一個純粹的科學家。他立志做書本以外的學問。禮樂射御書數。樣樣都去實行。自己打靶。自己趕車。樂要學古樂。禮要依儀禮。但是所作這些事。還是離不開書本。很難說是成功。不過精神可取。就是了。他的話。很有許多合於科學。前兩年科玄戰爭。就有許多人引用。其中一部分。到現在看來。還是對的。這些地方。很可以令人佩服。

他因爲太古板。沒有開闢什麼。他的門生李恕谷。活動力很大。文章好。學問又淵博。常到北京。那時北京士大夫喜歡講學。有一次請萬季野主講。大家去聽。季野見恕谷異常佩服。就介紹恕谷講。以季野的聲名學問。很能震動一時。達官貴人拜倒門下者不少。但是對於這個無聲無臭而且又年輕的李恕谷。居然客氣謙遜起來。不能不說是異樣的舉動。由此北京人才知道有李塨。又才知道有顏元。恕谷極其活動。曾到陝西。又到江南。到處宣傳他老師的學說。所以這派學問在當時很有力量。戴東原的見解與顏李相同之點頗多。雖不敢說直接發生關係。然間接總受影響。恕谷死後。漢學派盛行。對於他的學問大不謂然。而假程朱一派尤爲恨入骨髓。在兩種勢力壓迫之下。顏李這派。自然日就銷沉了。道光末。戴望子高很提倡顏氏學說。近二三十年來頗有復活的趨勢。大家都承認顏氏爲一個大師。很佩服他的不說空話。專講實行的精神。但是他的學問究竟能復活與否。我尙懷疑。因爲太刻苦了。很難做到。他最反對以孔門的話作爲口頭禪。我們但學他的話。不能實行他的主張。算不得眞顏李派。往後青年。果能用極堅苦的精神。去實行。自然可以復活。

淸代初葉。在建設方面。可以這六派作爲代表。雖然他們的學說。各有短長。然俱能自樹一幟。而且持之有故。言之成理。有的於當時影響很大。有的於後代影響很大。而且這幾個大師。方面都很多。不像宋儒單講身心性命、所以開闢力格外來得强大。後來各種學說。都由他們啓個端緒。由後人集其大成。淸代學術所以能大放異彩。大部分靠他們。

丙　淸中葉以後四大潮流

上面所說破壞方面的五派。建設方面的六派。都是淸代初葉同中葉的事情。中葉以後。到乾嘉之間。這許多學說。暫時各歸沉寂。另有四大潮流出現而考證學不在內。在前面已經說過了。考證學與儒家道術。無大關係。可以不講。有關係的就是這四大潮流。

一。皖南學派。以戴震（東原）爲代表。東原本來受他鄉先輩江永（愼修）的影響。（有人說他是愼修學生。這個話靠不住。恐怕是私淑弟子。）愼修的學問有點像顧亭林。對於經學及音韻學。很有研究。對於程朱的學問。亦能實行。他的近思錄續考。可謂朱門正傳。朱派自王厚齋黃東發以後。就是顧亭林。亭林以後。就是江愼修。東原自幼便受愼修的影響。淸代考證學。東原集其大成。本人著作很多。段玉裁王念孫。皆出其門下。在當時惠戴齊名。但是定宇成就小。東原開闢多。在淸代中。他算第一流的學者。與他同時的人。推重他的訓詁考證。其實東原所得。尙不止此。他之所以偉大。還是在儒家道術方面。孟子字義疏證及原善原性。俱有獨到的見解。他死後。門生洪榜爲作行狀。以他所作與彭進士書。嵌入。親友譁然。結果戴家所發行狀。把那一段删去。而洪榜文集中則將原文留下。旁的爲他作傳作行狀的人。都沒有提到他的儒學。這是很不對的。孟子字義疏證。將原書一字一字的解釋。把儒家道術。大部分放在裏邊。可算得孟氏功臣。他一方面發揮性善之說。一方面反對宋儒分性爲天理氣質二種。認定宋儒矯正性欲。全屬過分。與顏習齋費燕峯相呼應。他對於費書。絕對沒有看見。對於顏的學說。或者間接受李恕谷程緜莊的影響。他這一派。對於宋儒談玄一部分。如無極太極之說。根本上攻擊。對於宋儒談性一部分。如存天理。去人欲之說。亦很反對。空空洞洞。專憑主觀的理。不能有好結果。必定要根據客觀的事實。東原自命爲孟子功臣。我們看來。與其說他是孟子的功臣。無寧說他是荀子的功臣。他的學說與孟不同。與荀相近。他雖反對程朱。實際上得力於程朱者很多。與程朱走的是一條路（看文史通義朱陸篇）

幫助孟子。然而不像孟子。反對朱子。然而近似朱子。清代程朱學派。陸稼書不算正統。戴東原才是正統。最少他對於朱學。修正補充。使有光彩。有價值功勞還在稼書之上。因爲他生的北方。在皖之南。可以稱爲皖南學派。四庫全書大部分由他編定。他在清代中葉。算是一個中堅人物。門生多傳他的考訂訓詁校勘之學。但他關於儒家道術的話。亦有很大的影響。凌廷堪（次仲）焦循（里堂）阮元（芸臺）都是一方面研究考訂。一方面研究儒術。焦循作孟子正義。對於儒學有相當的發明。阮元爲焦循內弟。同在一塊研究學問。著述中關於儒學的話尤多。到阮元時。清代漢學已達全盛。自然有流弊發生。所以他自己就提倡漢宋並重。以圖挽救。阮作官很大。到的地方亦很多。學問不如東原。而推廣力過之。卽如廣東。他經手創學海堂。祇取四十個學生。大多積學之士。在學問上貢獻極大。廣東近百年的學風。由他一手開出。廣東近代幾位大師。都主張調和漢宋。可以陳蘭甫朱九江作爲代表。蘭甫比九江聲名更大。考證學亦很好。他作東塾讀書記。孟子一卷。諸子一卷。程朱一卷。聯合貫通發明處頗多。又作漢儒通義。以爲宋儒並不是不講考據。漢儒並不是不講義理。這種學風。也可以說是清末「學學」的特色。卽以我自己而論。對於各家都很尊重。朱程的儒學。固然喜歡。考據學亦有興趣。就是受陳朱兩先生的教訓。更由陳朱推到阮。由阮推到戴。可見戴派影響之大。

二浙東學派。以章學誠（實齋）爲代表。自宋以來。浙東學術很發達。呂東萊而後。是陳同甫葉水心。再後是甬上四先生楊袁舒沈。又後是王陽明劉蕺山。都是浙東人。浙東在學術界佔很高的地位。陳葉的文獻經世之學。與陽明的身心性命之學。混合起來。頭一個承受的人。便是黃梨洲。前面講他對於陽明學派的建設。祇算一部分。還有一部分——最重大的部分。是文獻之學。卽史學。梨洲是清初大師。他的門生。爲萬充宗及萬季野。季野較淵博偉大。明史稿由其一手作成。二萬是直接的門生。還有一個私淑弟子。卽邵廷采（念魯）。念魯的祖父。爲陽明門生。屬姚江書院派。與證人書院派相對抗。到念魯又受業梨洲之門。對於史學異常注重。浙東最有名的學者。都是史學大師。萬邵爲史學界開山鼻祖。稍晚一點。爲全祖望（謝山）學問方面很多。但是主要工作。仍在文獻方面。由黃梨洲而萬季野邵念魯。由萬邵而全謝山。漸漸成爲一種特有的學風。致用方面遠紹宋代呂東萊。一派文獻之學。修養方面。仍主陽明。到乾隆末。出一位大師。曰章實齋。集浙東學派之大成。實齋全部工作。皆在史學。然單以史學看。不出整個的章實齋。好像單以經學。看不出整個的戴東原一樣。二人於本行之外。在儒家道術上。亦有相當地位。二人交情不好。彼此相輕。學風則有一點相同。俱不主張空談性命。對於帶玄學的心性論。異常反對。要往實際方面。下死工夫。實齋講道外無器。器外無道。此二語出自易經。易經說『形而上者謂之道。形而下者謂之器。』東原主張相同。亦有近似這類的話。實齋講六經皆史。要求儒家道術。頂好在歷史上求去。道起三人居室。在古代爲書本學問。在近代爲社會事物。所以他自己用力的工作。全在史學上。實齋這一派。雖爲第二大潮流。然在當時不很顯著。他看不起東原。東原門下。又看不起他。而東原聲氣廣遠。他的勢力抵抗不過。自然在當時難於風行。他的價值。最近二三十年。才被人認出來。

三。桐城學派。以方東澍（植之）爲代表。我講桐城人物。不舉方苞。不舉姚鼐。因爲他們僅能作點文章。沒有眞實學問。所謂桐城文學。不過紙上談兵而已。自明末以來。桐城很出人才。最初是方以智。明淸之間的第二流學者。其次是方苞（望溪）。戴名世（南山）。康雍之間。頗負盛名。南山以文章出名。所謂因文見道。自他起。後遭文字獄死。大家引以爲戒。望溪屬於程朱派。其地位遠在稼書之下。稼書尚不過爾爾。他的學問更不必說。桐城學派。以前實無可講。嘉慶末年。出了一個偉大人物。即方植之。他生當惠戴學派。最盛行的時候。而能自出主張。不隨流俗所尙。可謂特出之士了。漢學全盛之後。漸漸支離破碎。輕薄地攻擊程朱。自己毫無卓見。方承這種流弊。起一極大反動。作漢學商兌。書林揚觶。對漢學爲猛烈的攻擊。主張恢復程朱。他對於程朱究竟有多少心得。我不敢說。但在漢學全盛時代。作反抗運動。流弊深了。與他們一付淸涼散吃。在思想界。應有重要的地位。他很窮。跟隨阮元充當幕府。阮開學海堂。其中學長。初用外省人。本堂有成就後。才用本省人。他便作了第一任的學長。廣東學風。採調和態度。不攻宋學。是受他的影響。此猶其小焉者。還有更大的影響。就是曾文正一派。曾文正很尊敬他。爲他刻文集。曾一面提倡桐城文學。一面研究朱學。有聖哲畫像贊。自伏羲文王周公孔子起。一直傳到姚姬傳止。姚爲方的先生。因爲尊敬方。才尊敬姚。曾派及其朋友門下。靠儒學作根底。居然能作出如許的功業。人格亦極其偉大。在學術界很增光彩。而他們與桐城派關係極深。淵源有自。所以我們不能不認桐城爲很大的學派。

四常州派。可以莊存與（方耕）劉逢祿（申受）爲代表。常州在有淸一代。無論那一門學問。都有與人不同的地方。古文有陽湖派。詞有陽湖派。詩亦有陽湖派。尤其在學問上。另外成爲一潮流。有極大的光彩。這一派在經學方面。主張今文學。今古文的爭執。東漢以後。已漸消滅。直到淸代中葉。又將舊案重提。提案的人。就是莊劉。他們反對東漢以後的古文。恢復西漢以前的今文。研究公羊傳。專求微言大義。以爲東漢以後。解經的人。都在訓詁名物上作工夫。忘却了主要的部分。這派的主張。牽連到孔子的政治論。都說孔子作春秋的來意。就是內聖外王。自他們專提今文以後。今文在學術界。很有極大的勢力。繼他們而起的有兩種人。籍貫雖然不是常州。

然不能不說是常州一派。一個是魏源（默深）著有海關圖誌皇朝經世文編。頗努力於經世致用之學。一個是龔自珍（定盦）著有定盦文集。關於政治上的論調極多反抗專制政體的話。創自黃梨洲王夫之至龔魏更爲明顯。他們一面講今文一面講經世對於新學家刺激力極大。我們年輕時讀他二人的著作往往發燒。南海康先生的學風。純是從這一派衍出。我們一方面贊成今文家的政治論。一方面反對舊有的傳統思想。就是受常州派的影響。我年輕時認爲他們的主張。便是孔子的眞相。近來才覺得那種話。不過一種手段。乃是令思想變化的橋樑。上述四派。爲乾嘉道咸之間學術上四個大潮流。主張都很精采。能集前人所已成。能開前人所未發。所有重要的學者和主張。都讓他們包括盡淨了。還有一派附帶要講的。就是佛學。自宋學興起以後。儒者對於佛學。骨子裏受用。口內不敢說。前淸中葉以後。有一派人。不客氣的講佛。由陽明轉一轉手。最主要的是羅有高（臺山）彭紹升（尺木）汪縉（大紳）他們對於淨土宗很實行。對於禪宗很排斥。雖然留着辮子。實際上是幾個未受戒的和尙。文章很好。儒學亦好。他們的地位很像唐代的李翺和梁肅。自從他們把眞面目揭開以後。大家才覺得講佛不是一件對不起人的事情。用不着藏藏躲躲。魏默深龔定盦都很講佛。不過沒有實行。羅彭汪等有純潔的信仰。言行又能一致。所以在社會上很能站得住脚。龔魏等雖是佛徒。但沒有他們的純粹。不能編入此派。淸末常佛兩派。結合得很堅固。我的朋友中。如戊戌死難的譚嗣同。卽由常州派及佛派的結合。再加上一點王船山的思想。以自成其學問。淸代主要的學派及潮流。大致如此。

第六章　儒家哲學的重要問題

從前講研究法有三種。時代的研究法。宗派的研究法。問題的研究法。本講義以時代為主。一時代中講可以代表全部學術的人物同潮流。但是問題散在各處。一個一個的講去。幾千年重要學說的變遷。重要問題的討論。先後的時代完全隔開了。很不容易看淸楚。添這一章。說明儒家道術究竟有多少問題。各家對於某問題抱定何種主張。某個問題討論到什麼程度。還有討論的餘地沒有。先得一個簡明的概念。往後要容易懂些。以後各家對於某問題討論得詳細的。特別提出來講。討論得略的。可以省掉了去。

眞講儒家道術。實在沒有多少問題。因為儒家精神不重知識。——問題多屬於知識方面的。儒家精神重在力行。最忌諱說空話。提出幾個問題。彼此互相辯論。這是後來的事。孔子時代原始的儒家根本沒有這種東西。近人批評西洋哲學說。「哲學這門學問不過播弄名詞而已」。語雖過火。但事實確是如此。哲學書籍雖多。要之僅是解釋名詞的不同。標出幾個名詞來。甲看見這部分。乙看見那部分。甲如此解釋。乙如彼解釋。所以攪作一團。無法分辨。專就這一點看。問題固不必多。多之徒亂人意。許多過去大師都不願討論問題。卽如陸象山顧亭林乃至顏習齋。大概少談此類事。以為彼此爭辯。究竟有什麼用處呢。顏習齋有個很好的譬喻。譬如事父母曰孝。應該研究如何去冬溫夏凊昏定晨省。才算是孝。乃歷代談孝的人。都不如此研究。以為細謹小節。反而追問男女如何媾精。母親如何懷胎。離去孝道不知幾萬里。像這類問題。不但無益。而且妨害實行的功夫。

理論上雖以不談問題為佳。實際上大凡建立一門學說。總有根本所在。為什麼會發生這種學說。如何才有存在的價值。當然有多少原理藏在裏邊。所以不討論學說則已。討論學說便有問題。無論何國。無論何派。都是一樣。中國儒家哲學所討論的問題雖然很少。但比外國的古代或近代。乃至本國的道家或墨家。都不相同。卽如希臘哲學由於愛智由於好奇心如何解釋宇宙如何說明萬象完全爲是一種高尙娛樂爲滿足自己的慾望至於實際上有益無益在所不管西洋哲學大抵同實際發生關係很少古代如此近代亦復如此中國的道家和墨家認爲現實的事物都很粗俗沒有研究的價值要離開社會找一個超現實的地方以爲安身立命之所雖比專求知識較切近些但離日常生活還是去得很遠惟有儒家或爲自己修養的應用或爲改良社會的應用對於處世接物的方法要在學理上求出一個根據來研究問題已陷於空不過比各國及各家終歸要切實點儒家問題與其他哲學問題不同就在於此儒家的問題別家也許不注重別家的問題儒家或不注重或研究而未精看明了這一點才能認識他的價值

現在把幾個重要問題分別來講

一 性善惡的問題

「性」字在孔子以前乃至孔子本身都講得很少孔子以前的在書經上除僞古文講得很多可以不管外眞的祇有兩處西伯戡黎有『不虞天性不迪率典』召誥有『節性惟日其邁』不虞天性的「虞」字鄭康成釋爲「審度」說紂王不審度天性卽不節制天性之謂我們看節性惟日其邁意思就很清楚依鄭氏的說法虞字當作節字解那末書經上所說的性都不是一個好東西應當節制牠才不會生出亂子來詩經卷阿篇『豈弟君子俾爾彌爾性』語凡三見朱詩集傳根據鄭箋說『彌終也性猶命也』然則性卽生命可以勉强作爲性善解其實「性」字造字的本意原來如此性卽「生」加「忄」表示生命的心理照這

樣。講詩經所說性字。絕對不含好壞的意思。書經所說「性」字亦屬中性。比較偏惡一點。

孔子以前對於性字的觀念如此。至於孔子本身亦講得很少。子貢嘗說。『夫子之言性與天道。不可得而聞也。』論語算是可靠了。裏邊有很簡的兩句『性相近也習相遠也』下面緊跟着是『惟上智與下愚不移。』分開來講。各皆成理。可以說得通。補上去講。就是說中人之性可以往上往下。上智下愚生出來便固定的。亦可以說得通。賈誼陳政事疏引孔子語。『少成若天性。習慣成自然。』這兩句話好像性相近習相遠的註脚。賈誼用漢人語。翻譯出來的意味稍為不同一點。

假使周易的繫辭文言是孔子作。裏面講性的地方到很多。乾彖傳說。『乾道變化。各盡性命。』乾卦文言傳說。『乾元者。始而亨者也。利貞者。性情也。』繫辭上傳說。『一陰一陽之謂道。繼之者善也。成之者性也。』又說。『成性存存。道義之門。』說卦傳說。『和順於道德而理於義。窮理盡性以至於命。』諸如此類很多。但是繫辭裏邊互相衝突的地方亦不少。第三句與第四句衝突。第四句與第五句亦不一樣。我們祇能用作參考。假使拿他們當根據。反把性相近習相遠的本義。弄不清楚了。

子貢說。『性與天道。不可得而聞。』可見得孔子乃至孔子以前。談性的很少。以後為什麼特別重要了呢。因為性的問題。偏於教育方面。為什麼要教育。為的是人性可以受教育。如何實施教育。以人性善惡作標準。無論教人或教自己。非先把人性問題解決。教育問題沒有法子進行。一個人意志自由的有無。以及為善為惡的責任。是否自己擔負。都與性有關係。性的問題解決。旁的就好辦了。孔子教人以身作則。門弟子把他當作模範人格。一言一動都依他的榜樣。但是孔子死後。沒有人及得他的偉大。教育的規範。不能不在性字方面下手。性的問題因此發生。我看發生的時候。一定去孔子之死不久。

王充論衡的本性篇說。『……周人世碩以爲人性有善有惡。舉人之善性。養而致之則善長。性惡。養而致之則惡長。如此性各有陰陽善惡在所養焉故世子作養性書一篇。宓子賤。漆雕開。公孫尼子之徒亦論情性與世子相出入皆言性有善有惡……』世子。王充以爲周人。漢書藝文志以爲孔子再傳弟子。主張性有善惡有陰陽。要去養他所以作養性書可惜現在沒有了。宓子賤漆雕開公孫尼子俱仲尼弟子。其著作具載於漢書藝文志。王充曾看見過。

宓子賤。漆雕開以後釋性的著作有中庸。中庸這篇東西究竟在孟子之前。還是在孟子之後。尚未十分決定。崔東壁認爲出在孟子之後。而向來學者都認爲子思所作。子思是孔子之孫。曾子弟子。屬於七十子後學者。如中庸眞爲子思所作。應在宓漆之後。孟子之前。而性善一說。中庸實開其端。中庸起首幾句便說。『天命之謂性。率性之謂道。修道之謂敎。』率性另有旁的解法。若專從字面看。朱子釋爲率循也。率與節不同。節講抑制。含有性惡的意味。率講順從。含有性善的意味。又說。『唯天下至誠爲能盡其性。能盡其性則能盡人之性。能盡人之性。則能盡物之性。能盡物之性。則可以贊天地之化育。可以贊天地之化育則可以與天地參矣。』這段話。可以作「率性之謂道」。的解釋。「率性」。爲孟子性善說的導端。「盡性」。成爲孟子擴充說的根據。就是依照我們本來的性。放大之充滿之。中庸思想很有點同孟子相近。荀子非十二子篇。把子思孟子一塊駡。說道。『略法先王。而不知其統。猶然而材劇志大。聞見雜博。……子思唱之。孟子和之。世俗之溝猶瞀儒嚾嚾然不知其所非也。』這個話。不爲無因。孟子學說造端於中庸地方。總不會少。

一面看中庸的主張。頗有趨於性善說的傾向。一面看繫辭說卦說『一陰一陽之謂道。繼之者善也。成之者性也。』『窮理盡性以至於命。』亦是近於性善說的話。如繫辭爲七十子後學者所作。至少當爲子思一派。或者子思的學說。與孟子確有很大的影響。繫辭文言非孔子所作。因爲裏面稱「子曰」的地方很多。前回已經說過了。象辭彖辭先儒以爲孔子所作。更無異論。其中所謂『乾道變化。各盡性命。』與繫辭中所講性。很有點不同。不過生之謂性的意思。此外象辭彖辭不知道還有論性的地方沒有。應該聚起來。細細加以研究。

大概孔子死後。弟子及再傳弟子。俱討論性的問題。主張有善有惡。在於所養。拿來解釋孔子的性相近習相遠。兩句話。自孔子以後。至孟子以前。儒家的見解都是如此。到孟子時代。性的問題。愈見重要。與孟子同時。比較稍早一點的有告子。告子上下篇。記告孟辯論的話很多。告子生在孟前。孟子書中有『告子先我不動心。』的話。墨子書中亦有告子。不知祇是一人抑是二人。勉强湊合。可以說上見墨子。下見孟子。

這種考據的話。暫且不講。單講告子論性。主張頗與宓子賤及世子相同。告子說『生之謂性。』造字的本義。性就是人所以生者。既承認生之謂性。那末善惡都說不上。不過人所以生而已。又說『食色性也。』這個性完全講人專從血氣身體上看。性更沒有多少玄妙的地方。赤顆顆的一點不帶色彩。他的結論是『性無善無不善也。』由告子看來。性完全屬於中性。這是一說。

同時公都子所問。還有兩說。或曰『性可以爲善。可以爲不善。』或曰『有性善有性不善。』第一說同告子之說。可以會通。因爲性無善無不善。所以性可以爲善。可以爲不善。再切實一點講。因爲性有善有不善。所以可以爲善。可以爲不善。第二說。有性善有性不善。與性有善有不善不同。前者爲人的差異。後者爲同在一人身中。部分的差異所以說『文武興則民好善幽厲興則民好暴』祇要有人領着羣衆往善方面走全社會都跟着往善走又說『以堯爲君而有象以瞽瞍爲父而有舜』瞽瞍的性惡不礙於舜的性善這三說都可以謂之離孔子原意最近拿去解釋性相近習相遠的話都可以說得通

孔子所說的話極概括極含渾後來偏到兩極端是孟子與荀子孟子極力主張性善公都子說他『今曰性善然則彼皆非歟』孟子所主的性善乃是說『君子所性仁義禮智根於心』這句話如何解釋呢公孫丑上說『惻隱之心仁之端也羞惡之心義之端也辭讓之心禮之端也是非之心智之端也人之有是四端也猶其有四體也』這幾種心都是隨着有生以後來的告子上又說『口之於味也有同耆焉耳之於聲也有同聽焉目之於色也有同美焉至於心獨無所同然乎心之所同然者何也謂禮也義也聖人先得我心之所同然耳故理義之悅我心猶芻豢之悅我口』這類話講得很多他說仁義禮智或說性是隨着有生就來的人的善性本來就有好像口之於美味目之於美色一樣堯舜與吾同耳

人性本善然則惡是如何來的呢孟子說是習慣是人爲不是原來面目凡儒家總有解釋孔子的話『心之所同然』『聖人與我同類』這是善是性相近爲什麼有惡是習相遠告子上又說『牛山之木嘗美矣以其郊於大國也斧斤伐之可以爲美乎是其日夜之所息雨露之所潤非無萌櫱之生焉牛羊又從而牧之是以若彼濯濯也人見其濯濯也以爲未嘗有材焉此豈山之性也哉雖存乎人者豈無仁義之心哉其所以放其良心者亦猶斧斤之於木也旦旦而伐之可以爲美乎其日夜之所息平旦之氣其好惡與人相近也者幾希則其旦晝之所爲有梏亡之矣梏之反覆則其夜氣不足以存夜氣不足以存則其違禽獸不遠矣人見其禽獸也而以爲

未嘗有才焉者。是豈人之情也哉。』這是用樹林譬喻到人。樹林所以濯濯。因爲斬伐過甚。人所以惡。因爲失其本性。所以說『若夫爲不善。非才之罪也。』人性。本是善的。失去本性。爲習染所誤。才會作惡。好像水本是清的。流入許多泥沙。這才逐漸轉濁。水把泥沙淘淨。便淸了。人把壞習慣去掉。便好了。自己修養的功夫。以此爲極點。教育旁人的方法。亦以此爲極點。

孟子本身對於性字。沒有簡單的定義。從全部看來。絕對主張性善。性善的本原。祇在人身上。有仁義禮智四端。而且四端亦就是四本。公孫丑上講『無惻隱之心非人也。無羞惡之心非人也。無辭讓之心非人也。無是非之心非人也。』說明人皆有惻隱之心。以乍見孺子將入於井爲例。下面說『非所以內交於孺子之父母也。非所以要譽於鄉黨朋友也。非惡其聲而然也。』赤顆顆的。祇是惻隱。不雜一點私見。這個例確是引得好。令我們不能不承認惻隱之心。人皆有之。可惜羞惡之心。恭敬之心。是非之心。就沒有舉出例來。我們覺得有些地方。即如辭讓之心。便很難解答。若能起孟子而問之。到是一件很有趣的事情。孟子專看見善的方面。沒有看見惡的方面。似乎不大圓滿。荀子主張與之相反。要說爭奪之心。人皆有之。到還對些。那時的人如此。現在的人亦然。後來王充本性篇所引如商紂羊舌食我一般人。髫髴生來就是惡的。不能不承認他們有一部分的理由。孟子主張無論什麼人。生來都是善的。要靠這種絕對的性善論。作後盾。才樹得起這派普遍廣大的教育原理。不過單作爲教育手段。那是對的。離開教育方面。旁的地方。有的說不通。無論何人。亦不能爲他作辯護。

因爲孟子太高調。太極端。引起反動。所以有荀子出來。主張性惡。性惡篇起頭一句便說『人之性惡。其善者僞也。』要是不通訓詁。這兩句話很有點駭人聽聞。後人攻擊他。就因爲這兩句。荀子比孟子晚百多年。學風變得很利害．講性不能籠統地發議論．要根據論理學．先把名詞的定義弄清楚．在這個定義的範圍內．再討論其性質若何．「性惡」是荀子的結論．為什麼得這個結論．必先分析「性」是什麼東西．再分析「偽」是什麼東西．「性」「偽」都弄明白了．自然結論也就明白了．什麼是性．正名篇說．『生之所以然者謂之性．』與告子『生之謂性．』含義正同．底下一句說．『性之和所生．精合感應．不事而自然謂之性．』便是說自然而然．如此．一點不加人力．性之外．還講情．緊跟着說．「性之好惡喜怒哀樂謂之情．」這是說情是性之發動出來的．不是另外一個東西．即性中所含的喜怒哀樂．往外發洩出來的一種表現．什麼是偽．下面又說．『情然而心為之擇謂之慮．心慮而能為之動．謂之偽．』能字荀子用作態字．由思想表現到耳目手足．緊跟着說．『慮積焉．能習焉而後成．謂之偽．』這幾段話簡單的說．就是天生之謂性．人為之謂偽．天生本質是惡的．人為陶冶．逐漸變善．所以他的結論是．『人之性惡．其善者偽也．』

荀子對於性解釋的方法．與孟子相同．惟意義正相反．性惡篇說．『今人之性．生而有好利焉．順是．故爭奪生而辭讓亡焉．生而有疾惡焉．順是．故殘賊生而忠信亡焉．生而有耳目之欲．有好聲色焉．順是．故淫亂生而禮義文理亡焉．然則從人之性．順人之情．必出於爭奪．合於犯分亂理．而歸於暴．故必將有師法之化．禮義之道．然後出於辭讓．合於文理．而歸於治．用此觀之．然則人之性惡明矣．其善者偽也．故枸木必將待檃括烝矯然後直．鈍金必將待礱厲然後利．人之性惡．必將待師法然後正．得禮義然後治．』這段話是說順着人的本性．祇有爭奪殘賊．淫亂．應當用師法禮義去矯正他．猶之乎以樹木作器具．要經過一番人力一樣．性惡篇還有兩句說．『不可學不可事之在天者．謂之性．可學而能．可事而成之在人者．謂之偽．是性偽之分也．』這兩句話．說得好極了．性僞所以不同之點講得淸淸楚楚的。禮論篇還有兩句說。『性者。本始材朴也。僞者。文理隆盛也。無性則僞之無所加。無僞則性不能自美。』這是說專靠原來的樣子。一定是惡的。要經過人爲。才變得好。

荀子爲什麼主張性惡。亦是拿來作教育的手段。孟子講教育之可能。荀子講教育之必要。對於人性若不施以教育。聽其自由。一定墮落。好像枸木鈍金。若不施以蒸矯礱厲。一定變壞。因爲提倡教育之必要。所以主張性惡說。一方面如孟子的極端性善論。我們不能認爲眞理。一方面如荀子的極端性惡論。我們亦不完全滿意。不過他們二人。都從教育方面着眼。或主性善。或主性惡。都是拿來作教育的手段。所以都是對的。孟子以水爲喩。荀子以礦爲喩。採得一種礦苗。如果不淘不鍊不鑄。斷不能成爲美的金器。要認性是善的。不須教育。好像認礦是純粹的。不須鍛鍊。這個話一定說不通。對於礦要加工夫。對於人亦要加工夫。非但加工夫。而且要常常加工夫。這種主張。在教育上有極大的價値。但是離開教育。專門講性。不見得全是眞理。我們開礦的時候。本來是金鑛。才可以得金。本來是錫礦。絕對不能成金。

孟荀以前。論性的意義。大概包括情性並講。把情認爲性的一部分。孟子主性善。告子上論情說。『乃若其情。則可以爲善矣。乃所謂善也。』性善所包括的情亦善。荀子主性惡。正名篇論情說。『不事而自然謂之性。性之好惡喜怒哀樂。謂之情。』性惡所包括的情亦惡。籠統地兼言性情。把情作爲性的附屬品。漢以前學者如此。

至漢。學者主張分析較爲精密。一面講性的善惡。一面講情的善惡。頭一個是董仲舒。最先提出情性問題。春秋繁露深察名號篇說。『……天地之所生。謂之性情。性情相與爲一瞑。情亦性也。謂性已善。奈其情何。故聖人莫謂性善。累其名也。身之有性情也。若天之有陰陽也。言人之質而無其情。猶言天之陽而無其陰也。』董子於性以外專提情講雖未把情撇在性外然漸定性情對立的趨勢王充論衡本性篇說『董仲舒覽孫孟之書作性情之說曰「天之大經一陰一陽人之大經一情一性性生於陽情生於陰陰氣鄙陽氣仁曰性善者是見其陽也謂惡者是見其陰者也……」』人有性同情與天地的陰陽相配頗近於玄學的色彩而謂情是不好的東西這幾句話春秋繁露上沒有想系節其大意董子雖以陰陽對舉而陽可包陰好像易以乾坤對舉而乾可包坤一樣春秋繁露的話情不離性而獨立論衡加以解釋便截然離爲二事了大概董子論性有善有惡深察名號篇說『人之誠有貪有仁仁貪之氣兩在一身』這個話比較近於眞相孟子見仁而不見貪謂之善荀子見貪不見仁謂之惡董子調和兩說謂『仁貪之氣兩在一身』所以有善有惡王充批評董子說他『覽孫孟之書作性情之說』這個話有語病他並不是祖述那一個的學說不過他的結論與荀子大致相同深察名號篇說『天生民性有善質而未能善』『今萬民之性待外敎然後能善』實性篇又說『名性者中民之性中民之性如繭如卵卵待覆二十日而後能爲雛繭待繅以涫湯而後能爲絲性待漸於敎訓而後能爲善善敎訓之所然也』孟子主張性無有不善他不贊成荀子主張人之性惡他亦不贊成但是他的結論偏於荀子方面居多董子雖主情包括於性中說『情亦性也』但情性二者幾乎立於對等的地位後來情性分陰陽陰陽分善惡逐漸變爲善惡二元論了漢朝一代的學者大概都如此主張白虎通乃東漢聚集許多學者討論經典問題將其結果編撰而成一部書其中許多話可以代表當時大部分人的思想白虎通情性篇說『情性者何謂也性者陽之施情者陰之化也人稟陰陽氣而生故內懷五性六情情者靜也性者生也此人所稟天氣以生者也故鈎命決曰「情生於陰欲以時念也性生於陽以理也陽氣者仁陰氣者貪故情有利欲性有仁也」』這些話

祖述董仲舒之說。董未劃分。白虎通已分爲二。王充時。已全部對立了。許愼說文說。『性。人之陽氣。性善者也。』『情。人之陰氣。有欲者。』此書成於東漢中葉。以陰陽分配性情。性是善的。情是惡的。此種見地。在當時已成定論。王充羅列各家學說。歸納到情性二元。善惡對立。爲論性者。樹立一種新見解。

情性分家。東漢如此。到了三國。討論得更爲熱烈。前回講儒學變遷。說鍾會作四本論。討論才性同。才性異。才性合。才性離的問題。才大概卽所謂情。孟子說『乃若其情。則可以爲善矣。乃所謂善也。若夫爲不善。非才之罪也。』情才有密切關係。情指喜怒哀樂。才指耳目心思。都是人的器官。四本論這部書。可惜喪失了。內中所說的才是否卽情。尙是問題。亦許才卽是情。董尙以爲附屬。東漢時已對立。三國時。更有同異離合之辯。後來程朱顏戴所講。亦許他們早說過了。大家對於情的觀念。認爲才是好東西。這種思想的發生。與道家有關係。與佛敎亦有關係。何晏著聖人無喜怒哀樂論。主張把情去乾淨了。便可以成聖人。這完全受漢儒以陰陽善惡分性情的影響。

到唐朝。韓昌黎出。又重新恢復到董仲舒原性說。『性也者。與生俱生者也。情也者。接於物而生也。性之品有三。而其所以爲性者五。情之品有三。而其所以爲情者七。……性之品有上中下三。……其所以爲性者有五。曰仁。曰禮。曰信。曰義。曰智。性之於情視其品。情之品有上中下三。其所以爲情者七。曰喜。曰怒。曰哀。曰懼。曰愛。曰惡。曰欲。……情之於性視其品』這是性有善中惡的區別。情亦有善中惡的區別。韓愈的意思。亦想調和孟荀。能直接追到董仲舒。祇是發揮未透。在學界上地位不高。他的學生李翺。就比他說得透徹多了。李翺這個人。與其謂之爲儒家。毋寧謂之爲佛徒。他用佛敎敎義。拿來解釋儒書。並且明目張膽的把情劃在性之外。認情是絕對惡的復性書上說『人之所以爲聖人者性也人之所以惑其性者情也喜怒哀樂愛惡欲七者皆情之所爲也情既昏性斯匿矣非性之過也七者循環而交來故性不能充也……性之動靜弗息則不能復其性』這是說要保持本性須得把情去掉了若讓情盡量發揮本性便要喪失復性書中緊跟着說『將復其性者必有漸也敢問其方曰「弗慮弗思情則不生情既不生乃爲正思正思者無慮無思也」』照習之的說法完全成爲聖人要沒有喜怒哀樂愛惡欲眞是同槁木死灰一樣他所主張的復性是把情欲剷除乾淨恢復性的本原可謂儒家情性論的一種大革命從前講節性率性盡性是把性的本身抑制他順從他或者擴充他沒有人講復性復性含有光復之意如像打倒滿清恢復漢人的天下這就叫復假使沒有李翺這篇一般人論性都讓情字佔領了去反爲失却原樣如何恢復就是去情習之這派話不是孔子不是孟子不是荀子不是董子更不是漢代各家學說完全用佛教的思想和方法拿來解釋儒家的問題自從復性書起後來許多宋儒的主張無形之中受了此篇的暗示所以宋儒的論性起一種很大的變化與從前的性論完全不同

宋儒論性最初的是王荊公他不是周程朱張一派理學家他排斥在外荊公講性見於本集性情論中他說『性情一也七情之未發於外而存於心者性也七情之發於外者情也性者情之本情者性之用情而當於理則聖賢不當於理則小人』此說在古代中頗有點像告子告子講『生之謂性』『食色性也』『性可以爲善可以爲不善』與當於理則君子不當於理則小人之說相同荊公在宋儒中最爲特別極力反對李翺一派的學說

以下就到周濂溪張載程顥程頤朱熹算是一個系統他們幾個人雖然根本的主張出自李翺不過亦有多少

變化。其始甚粗。其後甚精。自孔子至李翺。論性的人。都沒有用玄學作根據。中間祇有董仲舒以天的陰陽。配人的性情。講頗帶玄學氣味。到周程張朱一派。玄學氣味更濃。濂溪的話。簡單而費解。通書誠幾德章說『誠無爲幾善惡。』這是解性的話。他主張人性二元。有善有惡。太極圖說又云『無極而太極。太極動而生陽。動極而靜。靜而生陰。』他以爲有一個超絕的東西。無善無惡。卽誠無爲。動而生陰。卽幾善惡。幾者。動之微也。動了過後。由超絕的一元。變爲陰陽善惡的二元。董子所謂天。卽周子所謂太極。周子這種誠無爲。幾善惡的話。很簡單。究竟對不對。另是一個問題。我們應知道的。就是二程張朱。後來都走的這條路。張橫渠的正蒙誠明篇說『形而後有氣質之性。善反之。則天地之性存焉。故氣質之性。君子有弗性者。』形狀尚未顯著以前。爲天理之性。形狀顯著以後。成爲氣質之性。天理之性。是一個超絕的東西。氣質之性。便有着落。有邊際。李翺以前。情性對舉。是兩個分別的東西。橫渠知道割開來說不通。要把喜怒哀樂去掉。萬難自圓其說。所以在性的本身分成兩種。一善一惡。並且承認氣質之性是惡的。比李翺又進一步了。

明道亦是個善惡二元論者。二程全書卷二說『論性不論氣。不備。論氣不論性。不明。』他所謂氣。到底與孟子所謂情和才。是全相合。或小有不同。應當另外研究。他所謂性。大概卽董子所謂情。論情要帶着氣講。又說『生之謂性。性卽氣。氣卽性。人生氣禀。理有善惡。然不是性中元有此兩兩相對而生。有自幼而善。有自幼而惡。氣禀有然也。善固性也。然惡亦不可不謂之性。』他一面主張孟子的性善說——宋儒多自命爲孟子之徒——一面又主張告子的性有善有惡說。生之謂性一語。卽出自告子。最少他是承認人之性善惡混。如像董仲舒楊雄一樣。後來覺得不能自圓其說了。所以發爲遁詞。又說『人生而靜以上不容說。才說性時。便已不是性也。』這好像禪宗的派頭。才一開口。便喝住。從前儒家論性。極其平實。到明道時。變成不可捉摸。持論異常玄妙。結果生之謂性是善。不用說。有了形體以後。到底怎麼樣。他又不曾說淸楚。弄得莫明其妙了。伊川的論調。又自不同。雖亦主張二元。但比周張大程都具體得多。近思錄道體類說『性出於天。才出於氣。氣淸則才淸。氣濁則才濁。氣則有善有不善。才則無善無不善。』這種話與橫渠所謂天理之性。氣質之性。立論的根據。很相接近。全書卷十九又說。『性無不善。而有善有不善者才也。性卽是理。理則自堯舜至於途人一也。才禀於氣。氣有淸濁。淸者爲賢。濁者爲愚。』名義上說是宗法孟子。實際上同孟子不一樣。孟子說。『若夫爲不善。非才之罪也。』主張性情才全是善的。伊川說。『有善有不善者。才也。』兩人對於才的見解。相差多了。伊川看見絕對一元論講不通。所以主張二元。但他同習之不一樣。習之很極端。完全認定情爲惡的。他認定性全善。情有善有不善。才。卽孟荀所謂性。性才並舉。性卽是理。理是形而上物。這是言性的一大革命。人生而近於善。在娘胎的時候。未有形式之前。爲性。那是善的。一落到形而下。爲才。便有善有不善。二程對於性的見解。實主性有善有不善。不過在上面加上一頂帽子。叫做性之理。他們所謂性。與漢代以前所謂性不同。另外是一個超絕的東西。

朱熹的學問。完全出於伊川橫渠。他論性。卽由伊川橫渠的性論引伸出來。學的上說。『論天地之性。則專主理。論氣質之性。則以理與氣雜而言之。』這完全是解釋張橫渠的話。語類一又說。『性者人之所得於天之理。生者人之所得於天之氣。』他把性同生分爲兩件事。與從前生之謂性的論調不一樣。從大體看。晦翁與二程主張相似。一面講天之理。一面講天之氣。單就氣質看。則又微有不同。二程謂氣質之性。有善有不善。屬於董子一派。晦翁以爲純粹是惡的。屬於荀子一派。因爲天地之性是超絕的。另外是一件事。可以不講。氣質之性。是惡的。

所以主張變化氣質。朱子與李翺差不多。朱主變化氣質。李主消滅情欲。朱子與張載差不多。張分天地之性。氣質之性。朱亦分天地之性。氣質之性。氣質是不好的。要設法變化他。以復本來之性。大學章句說。『明德者。人之所得乎天而虛靈不昧。以具衆理而應萬事者也。但爲氣稟所拘。人欲所蔽。則有時而昏。然本體之明。則有未嘗息者。故學者當因其所發而遂明之。以復其初也。』恢復從前的樣子。這完全是李翺的話。亦即荀子的話。周程張朱這派。其主張都從李翺脫胎出來。不過理論更較完善精密而已。

與朱熹同時的陸象山。就不大十分講性。象山語錄及文集。講性的地方很少。朱子語錄有這樣一段。『問子靜不喜人論性。曰。怕只是自己理會不曾分曉。怕人問難。又長大了。不肯與人商量。故一截截斷。然學而不論性。不知所學何事。』朱子以爲陸子不講這個問題。祇是學問空疏。陸子以爲朱子常講這個問題。祇是方法支離。不單訓詁考據。認爲支離。形而上學。亦認爲支離。朱陸辯太極圖說。朱子抵死說是眞的。陸子絕對指爲僞的。可見九淵生平不喜談玄。平常人說陸派談玄。近於狂禪。這個話很冤枉。其實朱派才談玄。才近於狂禪。性的問題。陸子以爲根本上用不着講。這種主張。固然有相當的理由。不過我們認爲還有商酌的餘地。如像大程子所謂『才說性時。便已不是性。』那眞不必討論。但是孟荀的性善性惡說。確有討論的必要。在教育方面。其他方面。俱有必要。總之。宋代的人性論。是程朱一派的問題。陸派不大理會。永嘉派亦不大理會。

明人論性。不如宋人熱鬧。陽明雖不像子靜絕對不講。但所講並不甚多。最簡單的。是他的四句之教。『無善無惡性之體。有善有惡意之動。知善知惡是良知。爲善去惡是格物。』據我們看。陽明這個話說得很對。從前講性善性惡。都沒有定範圍。所以說來說去。莫衷一是。認眞說。所討論的那麼多。祇能以「無善無惡性之體」七字。

了。之程朱講性。形而上是善。形而下是惡。陽明講性。祇是中性。無善無惡。其他才、情、氣、都是一樣。本身沒有善惡。用功的方法。在末後二句。孟荀論性很平易切實。不帶玄味。程朱論性。說得玄妙超脫。令人糊塗。陸王這派。根本上不大十分講性。所以明朝關於這個問題的論調很少。可以從略。

淸代學者對於程朱起反動。以爲人性的解釋。要恢復到董仲舒以前。更進一步。要恢復到孟荀以前。最大膽最爽快的推倒程朱自立一說。要算顏習齋了。習齋以爲宋儒論性。分義理氣質二種。義理之性與人無關。氣質之性。又全是惡。這種講法。在道理上說不通。他在顏氏學記中主張『不惟氣質非吾性之累。而且捨氣質無以存養心性。』他不惟反對程朱。而且連孟子杞柳桮棬之喻。亦認爲不對。又說『孔孟以前責之習。使人去其所本無。程朱以後責之氣。使人憎其所本有。』他以爲歷來論性都不對。特別是程朱尤其不對。程子分性氣爲二。朱子主氣惡。都是受佛氏六賊之說的影響。顏氏學記卷二說。『……若謂氣惡。則理亦惡。若謂理善。則氣亦善。蓋氣卽理之氣。理卽氣之理。烏得謂理純一善。而氣質偏有惡哉。譬之目矣。眶皰睛氣質也。其中光明能見物者性也。將謂光明之理專視正色。眶皰睛乃視邪色乎。余謂光明之理。固是天命。眶皰睛皆是天命。更不必分何者是天命之性。何者是氣質之性。祇宜言天命人以目之性。光明能視。卽目之性善。其視之也。則情之善。其視之詳略遠近。則才之强弱。皆不可以惡言。蓋詳且遠者固善。卽略且近亦善。第不精耳。惡於何加。惟因有邪色引動。障蔽其明。然後有淫視而惡始名焉。然其爲之引動者。性之咎乎。氣質之咎乎。若歸咎於氣質。是必無此目而後可全目之性矣。非佛氏六賊之說而何。』他極力攻擊李習之的話亦很多。不過沒有攻擊程朱的話那樣明顯。以爲依李之說。要不發動才算是性。依程朱之說。非捐目不可了。這種攻擊法。未免過火。但是程朱末流流弊所及。最少有這種可能性.他根本反對程朱把性分爲兩橛.想恢復到孟子的原樣.這是他中心的主張.所有議論俱不過反覆闡明此理而已.

戴東原受顏氏的影響很深.他的議論與顏氏多相脗合.最攻擊宋儒的理欲二元說.以爲理是條理.卽存於欲中.無欲也就無由見理.他說『理者.察之而幾微.必區以別之名也.是故謂之「分理.」在物之質曰「肌理.」曰「腠理.」曰「文理.」得其分有條而不紊謂之「條理.」』理存於欲.宋儒雖開人生緲緲茫茫的另找一個超絕的理.把人性變成超絕的東西.這是一大錯誤.東原所謂性.根據樂記幾句話.『人生而靜.天之性也.感於物而動.性之欲也.不能反躬.天理滅矣.』由這幾句話引伸出來.以成立他的理欲一元.性氣一元說.孟子字義疏證說『人之精爽.能進於神明.豈求諸氣稟之外哉.』又說『理也者.情之不爽失者也.無過情.無不及情.謂之性.』答彭進士書又說『情欲未動.湛然無失.是爲天性.非天性自天性.情欲自情欲.天理自天理也.』大概東原論性.一部分是心理.一部分是血氣.吾人做學問要把這兩部分同時發展.所謂存性盡性.不外乎此.習齋東原都替孟子作辯護.打倒程朱.習齋已經很爽快了.而東原更爲完密.

中國幾千年來關於性的討論.其前後變遷.大致如此.以前沒有拿生性學心理學作根據.不免有懸空膚泛的毛病.東原以後.多少受了心理學的影響.主張又自不同.往後再研究這個問題.必定更要精密得多.變遷一定是很大的.這就在後人的努力了.

參考書目.

一 孟子.告子盡心兩篇.

二　荀子性惡正名勸學三篇。
三　董仲舒春秋繁露深察名號及實性兩篇。
四　王充論衡率性不性兩篇。
五　韓愈原性一篇。
六　白虎通義情性篇。
七　李翺復性書。
八　朱子語錄講性的一章。
九　近思錄心性兩條。
十　顏習齋存性篇。
十一　戴東原孟子字義疏證。
十二　孫星衍原性一篇。

二　天命的問題

前次所講。不過把研究的方法。說一個大概。認眞說儒家哲學到底有多少問題。每個問題的始末何如。要詳細講話就長了。一則講義體。不能適用。再則養病中預備很難充分。所以祇得從略。不過這種方法。我認爲很好。大家來着手研究。一定更有心得。要不研究。專門批評亦可以。現在接續着講幾個問題。因時間關係。不能十分詳細僅略引端緒而已。

今天講天同命的問題。這兩個問題。有密切的關係。爲便利起見。略分先後。先講天。後講命。天之一字。見於書經詩經中者頗多如果一一細加考察。覺得孔子以前的人對於天的觀念與孔子以後的人對於天的觀念不同。

古代的天。純爲「有意識的人格神」直接監督一切政治如商書湯誓『非台小子敢行稱亂有夏多罪天命殛之。』盤庚『先王有命恪謹天服。』『予迓續乃命於天。』高宗肜日『惟天監下民。典厥義。降年有永有不永非天夭民民中絕命。』西伯戡黎『天既訖我殷命……故天棄我不有康食不虞天命不迪率典。』微子『天毒降災荒殷邦。』這幾處都講天是超越的。另爲主宰有知覺情感與人同。但是祇有一個大致愈古這種觀念愈發達。稍近則漸變爲抽象的。

夏書幾篇大致不能信爲很古其中講天的。譬如堯典。『乃命羲和欽若昊天。……敬授民時。』『欽哉惟時亮天功。』皋陶謨。『天工人其代之天敍有典勑我五典。五惇哉。天秩有禮。自我五禮有庸哉。……天命有德五服五章哉。天討有罪。五刑五用哉。……』益稷。『惟動丕應徯志。以昭受上帝天其申命用休。』假使這幾篇是唐虞時代所作。則那時對於天的觀念與孔子很接近了。我們認爲周代作品在孔子之前。不多可以與孔子銜接。其中的話。雖然比較抽象。但仍認爲有主宰能視聽言動與基督教所謂上帝相同。

周初見於書經的。有康誥。『我西土惟時怙冒聞於上帝。帝休天乃大命文王殪戎殷。』酒誥。『惟天降命。肇我民。』梓材。『皇天既付中國民越厥疆土於先王。』洛誥。『王如弗敢及天。基命定命。……公不敢不敬天之休。』君奭。『在昔上帝割申勸寧王之德。其集大命於厥功。……乃惟時昭文王迪見冒聞於上帝。惟時受有殷命哉。』見於詩經的有節南山。『昊天不傭。降此鞠凶。昊天不惠。降此大戾。』小明。『明明上天。照臨下土。』文王。『上天之載。無聲無臭。儀刑文王。萬邦作孚。』『文王在上。於昭於天。』維天之命。『維天之命。於穆不已。於乎丕顯。文王之德之純。』這個時代的天道觀念已經很抽象。不像基督教所謂全知全能的上帝了。天命是有的。不過不具體而已。把天敍天秩天命天討。那種超自然觀念。變為於穆不已無聲無臭的自然法則。在周初已經成熟。至孔子而大進步。離開了擬人的觀念。而為自然的觀念。

孔子少有說天。子貢說『夫子之言性與天道。不可得而聞也。』但是孔子曾經講過這個話。『天何言哉。四時行焉。百物生焉。天何言哉。』這是把天認為自然界一種運動流行。並不是超人以外另有主宰。不惟如此。易經彖辭象辭也有。乾卦彖說。『大哉乾元。萬物資始。乃統天。……』象曰「天行健。君子以自強不息。』乾元是行健自強的體。這個東西可以統天。天在其下。文言是否孔子所作。雖說尚有疑問。但不失為孔門重要的著作。乾卦的文言說。『……先天而天弗違。後天而奉天時。而況於人乎。而況於鬼神乎。』能自強不息。便可以統天。可見得孔子時代。對於天的觀念。已不認為超絕萬物的人。按照易經的解釋。不過是自然界的運動流行。人可以主宰自然界。

這種觀念。後來儒家發揮得最透徹的。要算荀子。荀子天論篇說。『天行有常。不為堯存。不為桀亡。』天按照一定的自然法則運行。沒有知覺感情。我們人對於天的態度。應當拿作萬物之一。設法制他。所以天論篇又說。『大天而思之。孰與物畜而制之。從天而頌之。孰與制天命而用之。』荀子認天不是另有主宰。不過一種自然現象。而且人能左右他。這些話。從「乾元統天」「先天而天弗違」推衍出來的。但是比較更說得透徹些。儒家對於天的正統思想，本來如此。中間有墨子一派，比儒家後起，而與儒家相對抗，對於天道，另外是一種主張。墨子的天志篇，主張天有意志，知覺，能觀察人的行爲，是萬物的主宰。當時儒家的話，一部分太玄妙，對於一般人的刺激，不如墨家之深，所以墨家舊觀念大大的發揮，在社會上很有勢力。此外還有陰陽家，爲儒家的別派，深感覺自然界力量的偉大，人類無如之何，他們專講陰陽五行，終始五德之運，在社會上亦有相當的勢力，雖不如墨家之大，亦能左右人心。此兩種思想，後來互相結合，在社會上根深蒂固，一般學者很受影響。漢代大儒董仲舒、他就是受影響極深的一個人。春秋繁露中以天名篇的，有天容、天辨、循天之道、天地之行、如天之爲、天地陰陽、天地施共七處，爲人者天第四十一說『爲生不能爲人，爲人者天也。人之人本於天，天亦人之曾祖父也。此人之所以乃上類天也。人之形體，化天數而成，人之血氣，化天志而行，人之德行，化天理而義，人之好惡，化天之暖清，人之喜怒，化天之寒暑，人之受命，化天之四時，人生有喜怒哀樂之答，春秋冬夏之類也』。這種主張，說人是本於天而生，與舊約創世記所稱上帝於七天之中造就萬物，最後一天造人一樣，推就其來源，確是受墨家的影響。董子是西漢時代的學者，他的學說影響到全部分，全部分的思想亦影響到他，可見漢人的天道觀念，退化到周秦以上。董子講天人之道，賢良對說『……春秋之中，視前世已行之事，以觀天人相與之際，甚可畏也』。又講五行災異，漢書本傳稱『……以春秋災異之變，推陰陽所以錯行，故求雨閉諸陽，縱諸陰，其止雨則反是』。漢儒講災異的人很多，朝野上下，都異常重視，因不僅仲舒爲然，劉向是魯派正宗，亦講五行災異，洪範五行傳，差不多全部都是董子天人三策，句句像墨家的話，春秋繁露所講更多，其他漢儒，大半如此。孔子講天道，即自然界，是一個抽象的東西。董子講天道，有主宰，一切都由他命令出來。天人三策說『道之大原出於天。天不變。道亦不變。』這種說法同基督所謂上帝一樣了。眞正的儒家不是董子這種說法。儒家講『人能弘道非道弘人。』此類主張。就是乾元統天。先天而天弗違的思想。道之大原出於天。那另外是一種思想。漢人很失掉儒家的本意。宋代以後。漸漸恢復到原樣。惟太支離玄妙一些。如濂溪的太極圖說。橫渠的氣一元論。明道的乾元一氣論。伊川的天地化育論。晦翁的理氣二元論。大概以天爲自然法則。與孔子的見解。尚不十分背謬。明代王陽明所講。更爲機械。先講心物一元。天不過物中之一。一切萬物皆由心造。各種自然法則。全由心出。可謂純粹的唯心論。陽明對天的觀念。恢復到荀子。孔子。他說。『天若是沒有我。誰去仰他的高。地若是沒有我。誰去看他的深。』這無異說是沒有我。就沒有天。天地存在。依我而存在。王學末流。擴充得更利害。王心齋說。『天我亦不做他。地我亦不做他。聖人我亦不做他。』把自我看很清潔。一切事物。都沒有到我的觀念下面。宋元明對於儒家的觀念。大概是恢復到孔門思想。比較上宋儒稍爲支離。明儒稍爲簡切。幾千年來。對於天的主張和學說。大概如此。

現在再講命的問題。命之一字。最早見於書經的。有高宗肜日。『降年有永有不永。非天夭民。民中絕命。』西伯戡黎。『天既訖我殷命。……王曰我生不有命在天。』召誥。『天既遐終大邦殷之命。茲殷多先哲王在天。』『若生子。罔不在厥初生。自貽哲命。……王其德之用。祈天永命。』洛誥。『王如弗敢及天基命定命。』見於詩經的有文王。『周雖舊邦。其命維新。有周不顯。帝命不時。』蕩。『疾威上帝。其命多辟。天生烝民。其命匪諶。』維天之命。『維天之命。於穆不已。』思文。『貽我來牟。帝命率育。』敬之。『敬之敬之。天維顯思。命不易哉。』其他散見於各處的還很多。大致都說天有命。人民國家。亦都有命。因古代人信天。自然不能不聯帶的信命了。

孔子很少說命，門弟子嘗說『子罕言利與命與仁，』不過論語中亦有幾處，如『五十而知天命』『不知命，無以爲君子也』命是儒家主要觀念，不易知，但又不可不知，墨子在在與儒家立於反對的地位，所以非命，依我們看來，儒家不信天，應亦不信命，墨家講天志，應亦講命定，可是結果適得其反，這是一件很有趣的事情，孔子既然不多講命，要五十然後能知，那末他心目中所謂的命，是怎樣一種東西，沒有法子了解，不過他曾說『道之將行也歟命也，道之將廢也歟亦命也，』這樣看來，人髣髴要受命的支配，命一定了，無如之何，孔子以後，易彖辭講『乾道變化，各正性命，』繫辭講『窮理盡性以至於命，』中庸講『君子居易以俟命，』孟子尤其講得多，『莫非命也，順受其正，』『夭壽不貳，修身以俟之，所以立命也，』『知命者不立乎巖牆之下，』歷來儒家都主張俟命，卽站在合理的地位，等命來，卻不是白白的坐着等，要修身以俟之，最後是立命，卽造出新命來，俟命是靜的，立命便是動的了，

孟子有一章書，向來難解，『孟子曰，口之於味也，目之於色也，耳之於聲也，鼻之於臭也，四肢之於安佚也，性也，有命焉，君子不謂性也，仁之於父子也，義之於君臣也，禮之於賓主也，智之於賢者也，聖人之於天道也，命也，有性焉，君子不謂命也，』這段話各家的解法不同，最後戴東原出，把「不謂」作爲「不藉口」講，他說「君子不藉口於性，以逞欲，不藉口於命之限，而不盡其材，」孟子這章書頭一段的意思，是一個人想吃好的，看好的，聽好的，這是性，不過有分際，沒有力做不到，祇好聽天安命，並不是非吃大菜，非坐汽車不可，肉體的慾望，人世的虛榮，誰都願意，但切不要藉口於性，以縱其慾，第二段的意思，是說有些人生而有父母，有些人生而無父母，從前有君臣，現在無君臣，顏子聞一知十，子貢聞一知二，我們聞一才知一，或聞十才知一，這都是命，天生來就

如此．不過有性．人應該求知識向上進．不可藉口聰明才力不如人．就不往前做．這兩段話．很可以解釋儒家使命立命之說．

命是儒家的重要觀念．這個觀念不大好．墨家很非難之．假使命由前定．人類就無向上心了．八字生來如此．又何必往前努力．這個話於人類進步上．很有妨害．並且使爲惡的人有所假託．吾人生來如此．行爲受命運的支配．很可以不負責任．儒家言命的毛病在此．墨家所以非之亦在此．一個人雖儘管不信命．但是遺傳及環境無論如何擺脫不開．譬如許多同學中．有的身體强．有的身體弱．生來便是如此．身體弱的人．雖不一概放下．仍然講求衞生．但是祇能稍好一點．旁人生來身體好的．沒有法子趕上．

荀子講命．又是一種解釋．他說．『節遇謂之命．』他雖然不多言命．但是講得很好．偶然碰上．就叫節遇．就叫命．遺傳是節遇．環境亦是節遇．生來身體弱不如旁人．生在中國不如外國．無論如何．沒有法子改變．莊子講命很有點像儒家．他說．『知其不可奈何而安之若命．』天下無可奈何的事情很多．身體是一種．教育也是一種．許多人同我們一般年齡．因爲沒有錢念書．早晚在街上拉洋車．又有什麼法子呢．儒家看遺傳及環境很能支配人．但是沒有辦法．祇好逆來順受．聽天安命．身體不好．天天罵老太爺老太太無用．沒有錢唸書．天天罵社會．罵國家．亦沒有用．壞遺傳環境．亦祇好安之．人們受遺傳及環境的支配．無可如何的事情很多．好有好的無可如何．壞有壞的無可如何．貧有貧的無可如何．富有富的無可如何．自己貧．不要羨慕人家富．自己壞．不要羨慕人家好．定命說雖有許多毛病．安命說却有很大的價值．個人的修養．社會的發達．國家的安寧．都有密切關係．若是大家不安命．對於已得限制絕對不安．自己固然不舒服．而社會亦日趨紛亂．

安命這種思想．儒家看很重．不僅如此．儒家還講立命．自己創造出新命來．孟子講『夭壽不貳．修身以俟之．所以立命也』這是說要死祇得死．閻王要你三更死．誰肯留人到五更．但不去尋死．知命者．不立乎巖牆之下．身體有病．就去就醫．自己又講衞生．好一分算一分．不求重病．更不求速死．小之一人一家如此．大之國家社會亦復如此．譬如萬一彗星要與地球相碰．任你有多少英雄豪傑．亦祇得坐而待斃．但是如果可以想法避去．還是要想法子．做一分算一分．做不到沒法子．祇好安之．不把努力工作停了．孔子所謂『知其不可爲而爲之』就是這個意思．孔子知命．所以很快樂．『發憤忘食．樂以忘憂．不知老之將至云耳』一面要安命．君子不怨天．不尤人．一面要立命．知其不可爲而爲之．這是吾人處世應當取的態度．普通講征服自然．其實並沒有征服多少．日本自明治維新以後．幾十年的經營努力．所造成的光華燦爛的東京．前年地震．幾分鐘的工夫．便給毀掉了．所謂文明．所謂征服．又在那裏．不過人的力量雖小．終不能不工作．地震沒有法子止住．然有法可以預防．防一分算一分．儒家言命的眞諦．就是如此．

宋儒明儒都很虛無縹緲．說話不落實際．可以略去不講．清代學者言命的人頗多．祇有兩家最說得好．一個是戴東原孟子字義疏證卷中解釋．『口工作於味也．……』一段說．『……「謂」猶云藉口耳．君子不藉口於性．以逞其欲．不藉口於命之限．而不盡其材．「不謂性」．非不謂之爲性．「不謂命」．非不謂之爲命．』這幾句話．把安命立命的道理．說得異常透徹．而且異常恰當．一個是李穆堂．穆堂初稿卷十之八說『是故有定之命．則居易以俟之．所以息怨尤．無定之命．則修身以立之．所以扶人極也』這是講安命說、立命說的功用．又說『有定之命有四．曰天下之命．曰一國之命．曰一家之命．曰一身之命．……無定之命亦有四．……』這是講小至一身一家大至國家天下其理都是一樣數千年來言命孟荀得其精粹戴李集其大成此外無可說此後亦無可說了。

三　心體問題

這個問題孔子時代不十分講孔子教人根本上就很少離開耳目手足專講心本來心理作用很有許多起於外界的刺激離開耳目手足專講心事實上不可能孔子教人『非禮勿視非禮勿聽非禮勿言非禮勿動』視聽言動還是起於五官的感覺沒有五官又從那裏視聽言動起論語稱顏子『其心三月不違仁』爲儒家後來講心的起點仁爲儒家舊說心爲後起新說心仁合一顏子實開端緒

因爲論語有這個話引起道家的形神論除開體魄以外另有所謂靈魂而附會道家解釋儒家的人漸漸發生一種離五官專講心的學說莊子人間世稱顏子講心齋他說『回之家貧唯不飲酒不茹葷者數月矣若此則可以爲齋乎』孔子說『是祭祀之齋非心齋也』顏子問道『敢問心齋』孔子說『若一志無聽之以耳而聽之以心無聽之以心而聽之以氣聽止於耳心止於符氣也者虛而待物者也唯道集虛虛者心齋也』這類話都是由於『其心三月不違仁』而起離開耳目口鼻之官專門講心

孔子之後孟子之前有繫辭及大學繫辭究竟是否孔子作大學是否在孟子前尙是問題現在姑且作爲中間的過渡學說繫辭說『寂然不動感而遂通天下之故』大學說『欲修其身者先正其心欲正其心者先誠其意欲誠其意者先致其知致知在格物』這還單注重動機沒有講到心的作用

至孟子便大講其心學了。孟子有一段話說。『耳目之官。不思而蔽於物。物交物。則引之而已矣。心之官則思。思則得之。不思則不得也。』這幾句話。從心理學上看不甚通。他離開耳目之官。專門講心。謂耳目不好。受外界的引誘。因爲耳目不能思。心是好的。能够辨別是非。因心能思。孔子沒有這類的話。雖孔子亦曾說。『學而不思則罔。思而不學則殆。』但非把心同耳目離開來講。與孟子大不相同。我們覺得旣然肉體的耳目不能思。難道肉體的心臟。又能思嗎。佛家講六識。眼識。耳識。心識。……心所以能識。還是靠有肉體的器官呀。

上面那段話。從科學眼光看是不對的。但孟子在性善說中立了一個系統。自然會有這種推論。孟子既經主張性善。不能不於四肢五官以外另求一種超然的東西。所以他說。四肢五官。冥頑不靈。或者是惡。或者是可善可惡。惟中間一點心。虛靈不昧。超然而善。告子章說。『口之於味也。有同嗜焉。耳之於聲也。有同聽焉。目之於色也。有同美焉。至於心。獨無所同然乎。心之所同然者。何也。謂理也。義也。聖人先得我心之所同然耳。……』又說。『君子所性。仁義禮智根於心。』這都是在肉體的四肢五官以外。另有一種超然的善的心。人與動物不同。就在這種地方。所以他說。『人之所以異於禽獸者幾希。庶民去之。君子存之。』大概的意思。是說四肢五官。人與動物所同。惟心靈爲人所獨有。所以人性是善的。何以有惡。由於物交物。則引之而已矣。

因爲物交物的引誘。所以人性一天天的變惡。孟子名之爲失其本心。他說。『……是亦不可以已乎。此之謂失其本心。』並以牛山之木爲喩。說道。『雖存乎人者。豈無仁義之心哉。其所以放其良心者。亦猶斧斤之於木也。旦旦而伐之。可以爲美乎。』結果他教人用功下手的方法。就是求其放心。他說。『學問之道無他。求其放心而已矣。』人類的心。本來是良的。一經放出去。就不好了。做學問的方法。要把爲物交物所引出的心收回來。並且

時時操存他孟子引孔子的話說『操則存舍則亡出入無時莫知其鄉惟心之謂與』專從心一方面拿來作學問的基礎從孟子起

後來陸象山講『聖賢之學心學而已』這個話指孟子學說是對的謂孟本於孔亦對的不過孔子那個時代原始儒家不是這個樣子孟子除講放心操心以外還講養心他說『養心莫善於寡欲』又講存心他說『君子以仁存心以禮存心』以養存的功夫擴大自己人格這是儒家得力處孟子全書講心的地方極多可謂心學鼻祖陸象山解釋孟子以爲祇是「求放心」一句話後來宋儒大談心學都是宗法孟子

荀子雖主性惡反對孟子學說然亦注重心學惟兩家所走的道路不同而已荀子全書講心學的有好幾篇最前修身篇講治氣養心之術他說『血氣剛强則柔之以調和知慮漸深則一之以易良勇膽猛戾則輔之以道順齊給便利則節之以動止狹隘褊小則廓之以廣大卑溼重遲貪利則抗之以高志庸衆駑散則刦之以師友怠慢僄棄則炤之以禍災愚款端慤則合之以禮樂凡治氣養心之術莫徑由禮莫要得師莫神一好夫是之謂治氣養心之術也』這一套完全是變化氣質校正各人的弱點與孟子所謂將良心存養起來再下擴大功夫不同孟子主性善故要「求其放心」荀子主性惡故要「化性起僞」

上面所說還不是荀子最重要的話重要的話在解蔽及正名兩篇中荀子的主張比孟子毛病少點孟子把心與耳目之官分爲二荀子則把牠們連合起來正名篇說『然則何緣而有同異曰緣天官凡同類同情者其天官之異物也同故比方之疑似而通是所以共其約名以相期也』一個人爲什麼能分別客觀事物由於天與我們的五官下面緊跟着說『形體色理以目異聲音清濁調竽奇聲以耳異甘苦鹹淡辛酸奇味以口異香臭

芬鬱腥臊洒酸奇臭以鼻異。疾癢瘡熱滑鈹輕重以形體異。說故喜怒哀樂愛惡欲以心異。』他把目、耳、口、鼻、形體、加上心爲六官。不曾把心提在外面。與佛家六根、六塵正同。但是心亦有點特別的地方。『心有徵知。徵知則緣耳而知聲可也。緣目而知形可也。』心與其他五官稍不同。除自外界得來感覺分別之外。自己能動。可以徵求東西。下面一大段。講心的作用。比孟子稍爲合理。孟子注重內發。對於知識。不十分講。荀子注重外範。對於知識十分注重。但是要得健全知識。又須在養心上用功夫。

解蔽篇說得更透徹。他問『人何以知道。曰心。心何以知。曰虛壹而靜。』這是講人類就靠這虛一而靜的心。可以知道。可以周察一切事物。底下解釋心的性質。他說『心未嘗不藏也。然而有所謂虛。心未嘗不兩也。然而有所謂一。心未嘗不動也。然而有所謂靜。』這是講心之爲物。極有伸縮餘地。儘管收藏。儘管複雜。儘管活動。仍無害於其虛一而靜的本來面目。又精密。又周到。中國最早講心理學的人。沒有及得上他的了。下面說『人生而有知。知而有志。志也者臧也。然而有所謂虛。不以所已臧害所將受。謂之虛。』這是講養心的目的。要做到虛一而靜。而用功的方法。在不以所已臧害所將受。緊跟着又說『心生而有知。知而有異。異也者。同時兼知之。同時兼知之。兩也。然有所謂一。不以夫一害此一。謂之壹。』這是講人類的心。同時發幾種感想。有幾種動作。但養心求一。祇要不以夫一害此一。縱然一面聽講。一心以爲鴻鵠將至。亦無不可。又說『心臥則夢。偷則自行。使之則謀。故心未嘗不動也。然而有所謂靜。不以夢劇亂知。謂之靜。』這是講心之爲物。變化萬端。不可端倪。但治心求靜。祇要能靜。就是夢亦好。行亦好。謀亦好。都沒有妨礙。荀子的養心治心。其目的大半爲求得知識。不虛。不一。不靜。便不能求得知識。孟子專重內部的修養。求其放心。操之則存。祇須一點便醒。荀子專重外部的陶冶。養心治心。非下刻苦工夫不可。兩家不同之點在此。然兩家俱注重心體的研究。認爲做學問的主要階級。最初儒家兩大師皆講心。後來一派的宋學。以爲聖學卽心學。此話確有一部分眞理。我們也相當的承認他。

漢以後的儒者。對於這類問題。不大講。就講亦不十分清楚。董仲舒深察名號篇說『栣衆惡於內弗使得發於外者。心也。故心之爲名栣也』。董子全部學說。雖調和孟荀。實則偏於荀。他對於心的解釋。至少與孟子不同。六朝時徐遵明主張『本心是我師』。上面追到孟荀。下面開出陸王。可以說陸王這派的主要點。六朝時已經有了。不過董仲舒徐遵明的主張。不十分精深光大而已。

隋唐以後。禪宗大盛。禪宗有一句很有名的口號『卽心是佛』。可謂對於心學。發揮得透徹極了。禪宗論心與唯識宗論不同。唯識宗主張『三界唯心萬法唯識』。這類話不承認心是好的。所謂八識。一、眼識二、耳識三、鼻識四、舌識五、身識六、意識七、末那識八、阿賴耶識。末那卽意根。阿賴耶卽心亡。兩樣都不好。佛家要銷滅他。唯識宗認爲世界種種罪惡。都由七八兩識而出。所以主張轉識成智。完全不把心當作好東西。禪宗主張『卽心是佛』。這都是承認心是好的。一點醒立刻與旁人不同。與孟子所謂『萬物皆備於我。反身而誠。樂莫大焉』。立論的根據相同。

禪宗的思想。影響到儒家。後來宋儒卽根據『卽心是佛』的主張。解釋孔孟的話。研究的對象。就是身體狀況。修養的功夫。首在弄明白心的本體。心明白了。什麼都明白了。宋儒喜歡拿佛家的話。解釋繫詞大學及孟子程子定性書說『所謂定者。動亦定。靜亦定。無將近乎內外。……故君子學莫若廓然大公物來順應』。這類話與禪宗同一鼻孔出氣。禪宗五祖弘忍傳衣鉢時。叫門下把各人見解寫出來。神秀上座提筆在牆上寫道。『身是菩提樹。心如明鏡臺。時時勤拂拭。莫使惹塵埃。』大家都稱贊不絕。不敢再寫。六祖慧能不識字。請旁人唸給他聽。聽罷作倡和之曰『菩提不無樹。心鏡亦非台。本來無一物。何處有塵埃。』晚上五祖把他叫進去。就把衣鉢傳給他了。這類神話眞否可以不管。但實開後來心學的路徑。我們把他內容分拆起來。已非孟荀之舊了。程子講『物來順應』禪宗講『心如明鏡。』這豈不是一鼻孔出氣嗎。

朱陸兩家。都受禪宗影響。朱子釋明德說。『明德者人之所得乎天而虛靈不昧。以具衆理而應萬事者也。』所謂虛靈。不昧。以應萬事。卽明鏡拂拭之說。陸子稱。『聖賢之學。心學而已矣。』又卽禪宗『卽心是佛』之說。據我看來。禪宗氣味。陸子免不了。不過朱子更多。陸子嘗說『心卽理』『明本心』『立其大者』大部分還是祖述孟子『求其本心』『放其良心』的話。所以說孟子同孔子相近。象山是孟子嫡傳。象山不談玄。講實行。沒有多少哲學上的根據。

陽明路數同象山一樣。而哲學上的根據比較多些。陽明「知行合一」之說在心理學上很有根據。他解釋大學。根本和朱子不同。大學的講格物致知誠意正心修身五事。朱子以爲古人爲學次第。先格物再致知三誠意四正心五修身。循序漸進。陽明以爲這些都是一件事。內容雖有區別。實際確不可分。陽明最主要的解釋見語錄卷二。他說。『只要知身心意知物是一件。九川疑曰「物在外。如何與身心意知是一件。」先生曰「耳目口鼻四肢」亦不能。故無心則無身。無身則無心。但指其充塞處言之謂之身。指其主宰處言之謂之心。指心之發動處。謂之意。指意之靈明處。謂之知。指意之涉着處。謂之物。只是一件。意未有懸空的。必着事物。』這是絕對的唯心論。心物相對。物若無心。不可以外心求物。物又在那裏哩。

陽明文集答羅整菴書又說『……理一而已以其理之凝聚而言則謂之性以其凝聚之主宰而言則謂之心以其主宰之發動而言則謂之意以其發動之明覺而言則謂之知以其明覺之感應而言則謂之物』陽明一生最講心外無理心外無事心外無物物外無心他的知行合一說卽由心物合一說而出致良知就是孟子所謂良心不過要把心應用到事物上去陽明這種主張確是心學他下手的功夫同象山差不多主要之點不外誠意不外服從良心的第一命令下手的功夫既然平易切實不涉玄妙又有哲學上的心物合一說以爲根據所以陽明的知行合一說能够成立能够實行而知行合一說又是陽明學說的中心點他思想接近原始儒家比程朱好他根據十分踏實圓滿比象山素樸但祇講方法而已後面缺少哲學的根據

心體問題到王陽明眞到發揮透徹成一家言可謂集大成的學者以前的議論沒有他精闢以後的議論沒有他中肯清代學者不是無聊攻擊便是委靡敷衍大師中如顏習齋戴東原旁的問題雖有極妥洽的地方這個問題則沒有特殊見解可以略去不講幾千年來對於心體問題主張大致如此

附　讀書示例——荀子——

梁任公先生講　　吳其昌記

吾人讀書，當分所讀之書爲兩種：一「涉獵的」，一「專精的」。讀書示例，其所舉當然爲專精的，然專精的書，亦不限於古書，如近人著作有專精的價值者，亦可取而專精之。而欲舉例以講，則所舉當然必須屬於古書一類。今試述之如下。

(一)欲讀古書，當先明選擇之標準。選擇標準之法，約有下列各端——

(1)須求眞書　如專精一書，而其書爲僞書，則枉費一番工力，太不值得矣。如孔子家語，若以爲孔子微言大義之所在而專研之，不知其書乃西晉王肅所僞造。如關尹子，若以爲老子之友所著，其書可貴而研究之，不知全是唐以後掇拾佛老之餘緒者爲之。又如史部之晏子春秋，不可據以考春秋時事。今本竹書紀年，不可據以考上古時事，以其皆爲僞書故也。

(2)須求特別有價値者　眞書之中，又必須求其特別有價値者。如揚雄太玄經、法言，其書眞爲揚雄所作，無疑也，而其書除專除模倣外，更無價値之可言。又如王通文中子，王通是否有其人，文中子是否王通所作，皆是疑問。卽眞有王通其人，文中子眞爲王通所作，亦無價値可言。其他比較的稍有價値，而非有特別價値者，如劉向說苑、新序、韓詩外傳等，則亦不必費全副精力以致力此一書也。

(3)須求其書較普通者　書既眞矣。書既有特別價値矣。然因其書太專門。但能俟專門學者研究之。或其書太簡奧。但能俟性相近者研究之。如老子。其書眞也有特別價値也。然因其書太簡古太深奧。非專門學者。必不能引出趣味。又如儀禮。古六藝之一。其書既眞而其重要。亦人人所知。然除三禮專門家外。則研究此書者甚少。亦以其書太不普通故也。

(4)須求其書有研究之必要及研究之可能者　所謂有研究之必要者。謂其書必須下一番苦功。方能了解。而了解以後。可觸類旁通一切書也。如孟子與荀子二書。其價値相同。其篇幅亦略等。然以文義論之。卽讀孟子易。讀荀子難。必須下一番苦工以研究之。而通荀卽可通孟。此所謂必要也。所謂研究之可能者。蓋古書中眞有不可研究者。如管子輕重篇。簡直無研究之可能。又如墨子之經上經下篇。在畢秋帆時代。亦幾無研究之可能。自孫仲容墨子閒詁出。而始有研究之可能。

(一)研究一書。必須先將此書之宗旨。綱領。完全了解。其關於此書之序文。凡例。目錄。等。必須一一細讀。

(二)研究一書。必須將明白著書之人。歷史環境。學問淵源等。及此書之解題。流傳。源委等。如研究荀子一書。至少必須參考史記荀卿列傳。及劉向荀子校錄序。及近世胡元儀荀子列傳等。以明荀子歷史。此外如漢書藝文志。隋書經籍志。……以上各史志。旁及郡齋讀書志。直齋書錄解題等。以考此書之類別部居。及關於此類書籍之淵源流別。

(四)後世名人之批評。如韓昌黎評荀子之語。雖亦未盡中肯綮。而韓昌黎在中國學術界上。當然有相當位置。其後如朱子。其語類中論荀子之語。雖亦不甚詳細。然朱子影響於中國學術界之勢力最大。其批評必須注意。近世如汪中荀子通論。爲近世提倡荀學者之先輩亦不可不注意及之。又如陳澧議論精當。心氣和平。其批評亦須兼顧。

(五)須求善本古書流傳愈久。訛誤愈多。故必須求善本。不然其文字既訛。尙何學說可求。我人幸生乾嘉之後。關於古書之校勘。訓詁音釋。句讀。皆已爲諸先輩整理粗畢。此層工作省力不少。諸先輩當時本意。蓋欲此層工作完畢之後。再進而求其義理。然用力數十年之後。人亦老死而不及爲。我人今日得食其賜。此最幸事。即以荀子而言。若我人生當乾嘉以前。得一明刊世德堂本荀子。已爲大幸。其後浙江書局刊盧抱經校本荀子。則便利學者多矣。直至近時王益吾荀子集解出。而此第一層工作乃粗告完畢。然亦有三四家校本未入。如洪飴孫校本。孫仲容校本。劉師培校本。章太炎校本及余（先生自稱）歷年來零星著作之關於荀子者。

前言讀書當分三部。最初一部爲「鳥瞰的」。在「鳥瞰的」研究期內。至少須能了解其大綱。第二部爲「解剖的」。在此期工作之時。必須將此書之特別幾要點解剖而提出之。今以荀子言之。其重要之點可解剖成下列四部。

(一)哲學之要理及求知之方法　此點亦可名爲「認識論」。凡書中性惡。天論。正名。解蔽。各篇所云皆是也。此爲荀子之本論。

(二)教育論及修養論　荀子一書。全以教人爲目的。故此點亦極重要。如修身。勸學。不苟等篇所云是也。

(三)政治論　儒家皆講政治。孟荀皆然。荀子書中如王制及道王等篇是也。

(四)批評　荀子好批評。雖其批評不能稱爲盡當。然有極尊嚴及極嚴厲的態度。非十二子篇可爲其代表。

此四部分固爲荀子學說之重要部分。然更有極重要之點。當特別注意者。則性惡論是也。蓋荀子施學。全從經驗中來。故以人性爲皆惡。此正與西洋之經驗哲學一派相近也。

然此皆爲客觀的見解。尚有主觀的見解。如荀子文章亦甚瑋麗。其後有賦篇等。則全爲文學上原料。如有文學出而研究「荀子之文學」。則凡所謂認識論敎育論政治論等。一概可置之不理。而專從事於賦篇等可也。蓋其主觀之立足點不同也。

此以主觀的見解以研究其文字也。若以主觀的見解以研究荀子之學說。亦何嘗不當如此。亦必須先立定吾之立足點。先認淸吾之觀察點。以研究之。如荀子之認識論。卽根據於敎育論。其敎育論。卽根據於認識論。究竟以何者爲因。何者爲果乎。則全視乎研究者之立足點觀察點矣。

總而言之。則第一層工夫。貴在能總攬其大體。第二層工夫。貴在應用精密的眼光。堅苦的工夫以研求之。然此皆屬於智識一方面者。我謂學問正不特智識一方面而已。尚有修養一方面在後。如研究荀子者。於荀子哲理學說。固須了解。而其道德精神。我人亦當拳拳服膺而效法者也。

荀子一書。可惜無善注本。惟唐楊倞注。已可推爲第一。竟無有再出其右者。可慨也。如孟子一書。尚有趙岐注。淮南呂覽。尚有高誘注。皆漢末大儒。去古未遠。高於荀注遠矣。且荀子一書。其難解更甚於孟子。故更不易知。雖然。惟其無善注本。而須我人之自行研究。吾人讀荀子時。除能了解其學說外。更可有校讀古書之練習。亦計之得也。今任擇重要者一二篇講之。

解蔽——

解蔽一篇。在荀子一書中。極爲重要。除正名性惡篇外。更無重要於是篇者。此荀子之心理學也。東方哲學。無論儒學。佛學。皆與西方哲學『爲哲學而求哲學』之旨相反。吾前講佛學已言之。蓋佛學以救世爲主。而講佛學。非『爲佛學而講佛學』也。此種精神。儒家較佛家尤甚。故解蔽篇雖爲荀子之心理學。然與西洋之『爲心理學而求心理學』之宗旨。迥不相侔。蓋此篇殆可名爲『應用心理學』也。推荀子之意。欲從心理學中求得下列之二項用處。

（一）心靈之修養。

（二）求學問之眞正方法。

其重要主旨。在教學者如何而可至於求學問之路。戴東原謂『不以人蔽己。不以己自蔽。』其言最足以盡此篇之意。蓋人之蔽。不外二端。由人而蔽。由己而蔽。由人者。解脫尚易。由己而蔽者。解脫最難。荀子此篇之意。正示人以釋脫種種矇蔽之方法。亦卽示人以求眞正學問之方法也。

解蔽篇之句讀

『蔽於一曲』楊注云。『一端之曲說』未確。蓋荀子之意。謂不見全體而但見一偏之謂。略如佛家『盲人捫象』之喻。

『兩疑則惑矣』——疑字俞蔭甫引管子『疑妻之妾』之『疑』以解之。固是然亦未盡。此『疑』字當作擬解。易文言『陰疑於陽必戰』。禮記檀弓『使西河之人疑汝於夫子』。皆『擬』之意也。

『昔賓孟之蔽者』——『賓孟』非人名。楊注極無謂。俞校近是。蓋『賓孟』與『賓萌』『編氓』聲相近。

且亦與『平民』聲相近．

『亂家是也』——『家』荀子中有特義．皆可作諸子百家之『家』．亂家猶言亂道之家．『墨子蔽於用而不知文』——此語極得墨子之癥結．蓋墨子爲絕對的致用主義．極端反對文飾．其蔽在但知狹義的應用．而不知涵養休息之間接有益於人心之功莫大也．

『宋子蔽於欲而不知得』——宋子學說．今無書籍傳世．不易了解．惟正名篇引之云．宋子云．『人之情欲寡．而皆以己之情欲爲多．是過也．』之語．其文義不易了解．以意度之．宋子之意．但求適可而止．如一衣已可禦寒．則更不必求盈箱溢篋之衣．荀子所謂『欲』非謂宋子有『貪慾』之『欲．』言宋子但求之內心之『欲望』一方面．而更不求之外界供給之一方面也．

『申子蔽於勢而不知知』——勢猶言『權力．』『實力．』『知』字或有誤．但爲何字所誤不能詳考．或『和』字之誤也．

『由俗謂之道嗛也』——俗字必有誤．但不可考．

『體常而盡變』——楊注非是．『體』非體用之『體．』蓋猶中庸『體物而不可遺』之體．動詞也．猶言『體認』『體諒』．盡亦動字．亦猶中庸『盡人之性盡物之性』之盡

『一家得周道』——此疑有脫文．然不可考．周道非謂『周代之道』蓋言『周徧之道．』

『則不可道而可非道』——猶言『不以道爲可．而以非道爲可．』

『以其不可道之心．與不道人論道人．』——猶言『以「不以道爲可」之心．與「不以道爲可」之人．論「

以道爲可」之人。』

『知而有志』——楊注甚荒唐。此志字卽誌字，卽識字，猶言『記憶』。

『人生而有知』——人字疑當作心字，方與下文一一脗口。

『不以夫一害此一』——此段文義可以譬喻明之。猶吾人讀孟子讀荀子，可同時兼知兩也。然不可讀荀子時以孟子以見解雜之，讀孟子時亦不可以荀子之學說雜之。又如講天文星辰之躔度可也，講地理州邑之位置可也，必欲率而一之，創爲『分野』之說，卽所謂『以夫一害此一』也。

『心容』——楊注容爲受，非是。莊子天下篇言「心之容」，與此相類，猶今人言『心靈狀態』。

『虛一而靜』——道家最提倡「虛」「靜」「一」等，而荀子此處亦言「虛」「一」「靜」。吾人當研究二家所言之同一名詞，其函義是否亦同。道家所言，如云『虛室生白，吉祥止止』，其所云「虛」爲「虛空」之「虛」，猶宋儒所云『虛靈不昧』，而荀子所謂「虛」則爲「虛心」之「虛」。又如道家所云『一』字之義，其意蓋暗指『視之不見名曰希，聽之不聞名曰夷』之意（其昌按：先生此處偶未舉例，今按老子所云『載魂魄抱一』『道生一』，莊子所云『乃復歸於寥天一』，皆可爲例）。而荀子所云之「一」，爲不以『夫一害此一』之「一」，與道家之「一」意義亦異。至於「靜」字，亦與道家全異。道家之意蓋指『無勞爾形，無搖爾精，乃可以長生』，而荀子則代表儒家思想，當時儒家思想則不然。孔子云『言天下之至賾而不可亂也，言天下之至動而不可惡也』，所謂「靜」者，欲從至賾之中至動之中而不至於亂，不至於惡（其昌按：朱子語云『惡』之意猶俗言「不耐煩」）。其後如朱子云『只是一片懶散精神，漫無着落，便是萬惡淵數』曾文正云『精神愈用則愈出』荀子一派儒家之見解正是如此不如道家之摒棄一切以求靜正欲從事務紛繁之中力求此心『虛一而靜』也

『凡以知人之性也可以知物之理也』此段有誤字楊注云『以知人之性推之則可知物理也』是所謂求其說而不得又從而爲之辭也今詳味文義當作『凡可知人之性也可以知物之理也』其意若謂『凡可知者人之性也此可知之性可以知物之理也』此即佛家所謂『能』『所』之理人之性爲『能知』物之理爲『所知』蓋人有能知之性物有可知之理也荀子之意如此

『以可以知人之性求可以知物之理』——『以可以』下『以』字衍文

（未完）

飲冰室專集之一百四

古書眞僞及其年代（卷一）

梁任公教授講
周傳儒
姚名達
吳其昌 筆記

總論

本講演預備半年的時間。題目是古書眞僞及其年代。全部分總論分論二篇。分論是分別辯論古書的眞僞和年代問題。一部書一部書挨次序講下去。總論共有五章。第一章講辨僞及考證年代的必要。第二章講僞書的種類及作僞的來歷。附帶講年代錯亂的原因。第三章講辨僞學的發達。第四章講辨僞及考證年代的方法。第五章講僞書的分別評價。現在就先講總論。

第一章　辨僞及考證年代的必要

書籍有假。各國所同。不祇中國爲然。文化發達愈久。好古的心事愈强。代遠年湮。自然有許多後人僞造古書以應當時的需要。這也許是人類的通性。免不了的。不過中國人造僞的本事特別大。而且發現得特別早。無論那門學問都有許多僞書。經學有經學的僞書。史學有史學的僞書。佛學有佛學的僞書。文學有文學的僞書。到處都可以遇見．因為有許多偽書足令從事研究的人擾亂迷惑．許多好古深思之士．往往為偽書所誤．研究的基礎．先不穩固．往後的推論結論更不用說了．即如研究歷史當然憑藉事實考求牠的原因結果．假使根本沒有這回事實．考求的工夫．豈非枉用．或者事實是有的．而真相則不然．考求的工夫．亦屬枉用．幾千年來．許多學問．都在模糊影響之中．不能得忠實的科學根據．固然旁的另有關係．而為偽書所誤．實為最大原因．所以要先講辨偽及考證年代之必要．約可分三方面觀察．

甲　史蹟方面

研究歷史最主要的對象專在史蹟方面．因為書籍參雜．遂令史蹟發生下列四種不良現象．很難一一改正．把研究的人弄得頭昏．

一．進化系統紊亂　我們打開馬繡繹史一看．裏面講遠古的事蹟很多．材料亦搜得異常豐富．假使馬繡所根據那些無窮資料．全是真的．那末中國在盤古時代．業已有文明的曙光．下至天皇地皇人皇伏羲神農軒轅典章文物．燦然大備．衣服器物．應有盡有．文化真是發達極了．許比別的古代文明還高得多．不說繹史．就打開最可靠的漢書藝文志．裏面載神農黃帝時代的著作．不知道有多少．至於伊尹太公的著作．更是指不勝屈．要是那些書都是真的．則中國文明與世界文明的進化原則．剛剛相反．所謂「黃金時代」．他人在近世．我們在遠古．中國文明．萬年前是黃金．千年前是銀．以後是銅．漸漸地變成為白鐵．若相信神農黃帝許多著作．則殷墟甲骨．全屬假造．不然．就是中國文明特別的往後退化．否則為什麼神農黃帝時代已經典章文物。燦然大備。到商朝乃如彼簡陋低下呢。

繹史。所根據各書與漢志所載神農黃帝著作。皆本無其書。由後人僞造假託。諸君在小學中學所唸中國歷史教科書裏面所載神農黃帝的事很多（最近出版的教科書許改變了。）其時程度極高世界所有文物大體俱已齊備。我們覺得眞可以自豪了不過古代那樣發達。爲什麼老不長進旁人天天進步自己天天很退。我們又覺得非常慚愧。其實原本不是這回事。是書籍參雜。把進化系統紊亂了。

姑且放下古書不講稍近點。的如周禮向來的人都說是周公所作。不過其中所講地理民情。全爲戰國時。秦漢間的事物。如果相信周禮。則周朝聲教所及與戰國及秦漢差不多然事實不如此。民族是慢慢地漲起初佔據一小部分。後來擴充得很寬。造周禮的人。看見當時文化如此。依榜現實的社會構成理想的社會所以把一千年後的戰國或秦漢同一千年前的周公時代。弄成一樣。如果周禮是眞。周朝八百年。可謂毫無進步。自春秋經戰國。及秦到西漢中間一千多年。一點亦沒有進步。然事實不如此因書籍年代不分明。歷史進化系統。全給攪亂了。我們讀史的人。得這種不正確的觀念。對於民族的努力上大有妨害

二。社會背景混淆。　這一條與前一條所講。內容差不多。稍微有點不同。我們讀古書。不單看人看事。還要看時代背景。一般的社會狀況。究竟是怎麼樣。因爲書籍是假的。讀書的人往往把社會背景弄錯了。即如西京雜記。分明是晉人葛洪所作。後人誤認爲西漢時劉歆所作葛洪同劉歆相距三百多年。葛講東晉時事劉講西漢時事。若以西京雜記。作爲東晉時的資料。那就非常正確。若以此書作爲西漢時的資料。說西京即是長安。那便大錯特錯了。

又有一部小品小說，名爲雜事秘辛，此書疑卽晚明時楊愼用修所作，楊老先生文章很好，手脚有點不干淨，喜歡造假，據他說由一處舊書攤中得來，內容講東漢時梁冀家事，其時皇帝選妃，看中了梁大將軍的小姐，由皇太后派一個保姆去檢查梁小姐的身體，文章描寫得異常優美，但是全非事實，係楊老先生自掩筆墨，假託爲漢人作品。

假如楊用修坦白地承認是自己作的明人小說，已曾能够有此著作，在文學界價值不小，但是他不肯吐露眞相，偏要說是漢人作的，後來的人不知底細，把他當作寶貝，以爲研究漢代風俗典禮衣服首飾的絕好資料，那就錯了，我自己許多年前曾上這個當，把他當作漢代野史看待，其中有講纏脚的地方，本是作者自不檢點，所留下來的破綻，明時纏脚，因而想到漢人纏脚，若相信這部書是漢人作品，因無斷定纏脚起自漢朝，不起自五代，豈非笑話。

三、事實是非倒置。　現存的有兩部書，因爲其中有假，很足以淆亂是非，一部是涑水記聞，一部是幸存錄，都是野史，涑水記聞，向稱宋時司馬光作，原書雖是眞的，許是未定稿，後代的人，因爲司馬光聲名大，易於欺世駭俗，於是抽些出來，加些進去，以爲攻擊造謠的工具，其中對王安石造謠特別多，攻擊得特別利害，平常人罵王安石，無足重輕，若是司馬光罵王安石，那就很有力量了，實則光書雖有，已非原物，光之孫司馬伋曾上奏書，稱非其祖父所作，其故可以想見，現存的涑水記聞，攻擊陰私之處頗多，司馬光與王安石，政見雖不相合，最少他的人格不會攻人陰私，這是我們可以當保的，後人利用他的聲名，把攻人陰私的話，硬派到他身上，這就是因爲造假，使得是非錯亂。

幸存錄。一向都說是明末夏允彝作。夏是東林黨人。人格極其高尚。我們看他不會作幸存錄那種作品。書中一面罵魏忠賢。一面罵東林黨。造僞的人手段很好。使人看去覺得公道。忠賢固非。東林亦未必是。還是自家人出來說公道話。黃宗羲曾講過幸存錄眞是「不幸存錄。」並且說原書非夏允彝作。夏不會說那種話。雖然如此。幸存錄至今尚在。我們要研究明末政治。不能不以此書作爲參考。假使是栽贓。並不是夏作。亦許早佚。亦許無人過問。因爲尊重這個人。遂保存了這部書。這是史蹟上最可痛恨的事情。

四 由事實影響於道德及政治。 有許多史蹟本無其事。因爲僞託的人物偉大。遂留下很多不良的影響。譬如孔子誅少正卯。何嘗有這回事。但是孔子家語。言之綦詳。家語以前的著作及周秦諸子。亦有一部分講這件事。稱孔子與少正卯。同時招生講學。二人相距不遠。好像燕大和清華一樣。孔子的學生都跑到少正卯那兒去了。孔子異常生氣。得政後三天。就把少正卯捉來殺了。後來儒家矜矜樂道。以爲孔子有手段。通權達變。還有許多人想去學他。

我們看誅少正卯的罪名。是『言僞而辯。行僻而堅。潤澤而非。記醜而博』四句話。這分明出於戰國末年。刻薄寡恩的法家。他們想厲行專制政體。就替孔子捏造事實。以爲不祗法家刻薄。儒家的老祖宗。早就如此呢。其實孔子生在春秋時代。完全是貴族政治。殺一貴族。很不容易。孔子是大夫。少正卯亦大夫。又安能以大夫殺大夫。最妙是那個時代前後三事。完全一樣。最早是齊太公殺華士。其次是鄭子產殺鄧析。又後才是魯孔子誅少正卯。都是執政後三天殺人。同一題目。同一罪名。同一手段。天下萬無幾百年間同樣事實前後三見一點不改之理。這明是戰國末年的法家。依附孔子。捏造事實。後代佩服孔子的人。以爲有手腕。攻擊孔子的人。以爲太專制。

其實眞相不然。若冒昧相信。豈不誤事。

家語是僞書。且不用說。論語算是最可靠了。但依崔東壁的考證。眞的佔十之八九。最後幾篇。還是有假。陽貨第十七說。『公山弗擾以費畔。召子欲往。子路不悅曰。「末之也已。何必公山氏之之也。」子曰。夫召我者而豈徒哉。如有用我者。吾其爲東周乎。」』下面一段。又說。『佛肸召。子欲往。子路曰。「昔者由也聞諸夫子曰。「親於其身爲不善者。君子不入也。」佛肸以中牟畔。子之往也如之何。」子曰。「然。有是言也。不曰堅乎。磨而不磷。不曰白乎。涅而不緇。」』公山弗擾佛肸兩人先後造反。都請孔子去幫忙。孔子都欣然欲往。卒以門人之諫而止。恭維孔子的人。以爲通權達變。愛國憂民。罵孔子的人。就說他官迷。出處不愼。其實公山弗擾。乃季氏手下家臣。費又是季氏采邑。孔子當時作魯司寇。公山弗擾好像北京的大興縣知事一樣。孔子好比司法總長。豈有大興縣知事造反。司法總長跑去幫忙的道理。這個話。無論如何說不通。關於公山弗擾以費畔的事蹟。左傳中言之極詳。可以不辯。至於佛肸以中牟畔時。孔子已經死了十餘年。佛肸雖愚。萬不會請死人幫忙。孔子縱想作官。亦不會從墳墓中跳起來。親於其身爲不善。這件事。說苑中考證得很清楚。亦用不着辯。上面兩段話。因爲在論語中。大家不敢懷疑。一般腐儒。故意曲爲辯護。尤爲可笑。事情的眞相紊亂了。使研究歷史的人頭痛眼花。無從索解。還是小事。乃至大家尊重孔子。就從而模倣他的行爲。或作了壞事。用他作護符。於世道人心。關係極大。

這種揑造的事實。不僅影響於道德而已。於政治亦有極大影響。譬如周禮職官名目繁瑣。邦畿千里之內。平均起來不到十里。卽有一個官。好像學校之內。不到十個學生。卽有一個敎員。豈非一件極可笑的事情。後代冗官之多。全由於此。又如太監制度。在歷史上劣跡甚多。但是因爲周禮都有太監。後世人有所藉口。明知其壞。仍然一代一代的實行，漢代的王莽，宋代的王安石，都是相信周禮，把政治弄得一塌糊塗，從好的方面說來，祇是過信，從壞的方面說來便是利用，本來沒有那種制度，自欺欺人，結果個人固然上當，全國政治亦糟到不可收拾了。

乙　思想方面

書籍是古代先哲遺留下來的東西，我們靠他以研究思想之發展及進步，如果有僞書參雜在裏邊，一則可以使時代思想紊亂，再則可以把學術源流混淆，三則令個人主張矛盾，四則害學者枉費精神。

一、時代思想紊亂　管仲是春秋初年的人，管子是戰國時代的作品，管子之中有批評兼愛非攻息兵的話，這分明是戰國初年墨家興起之後，才會成爲問題，若認管子是管仲作的，則春秋初年，即有人講兼愛非攻等問題，時代豈非紊亂。又如老子，大家以爲是老聃所作，老聃乃孔子先輩，其思想學說應在孔子之前，但老子中批評仁同仁義的地方很多，仁是孔子的口號，仁義並講是孟子的口號，以前還無人道及，老子說『失德而後仁，失仁而後義』，又說『大道廢有仁義』，這全是爲孔孟而發，從思想系統看來，應當在孔孟之後，黑格爾 Hagel 論哲學的發達，要一正一反，一和，思想然後進步，一人作正面的主張，如墨子的非攻兼愛，一人作反面的攻擊，如管子對於非攻兼愛批評得很利害，一人提出幾個問題，如儒家的仁和仁義，一人根本不贊成仁和仁義的價值，然後後代的人又從而折衡調和之，學術自然一天天的發達了，沒有墨家的主張，管子的意見無所附麗，沒有儒家的見解，老子的批評也就是無的放矢，如果說管子在墨家之前，老子在儒家之前，是反乎思想進步的常軌。

二學術源流混淆。前面講管子老子。雖非全僞。但是時代不同。稍爲顚倒。便可以發生毛病。有一種書完全是假的。其毛病更大。學術源流。都給弄亂了。譬如列子。乃東晉時張湛——卽列子注的作者——採集道家之言湊合而成。眞列子有八篇。漢書藝文志尙存其目。後佚。張湛依八篇之目。假造成書。並載劉向一序。大家以爲劉向曾經見過。當然不會錯了。按理。列禦寇是莊周的前輩。其學說當然不帶後代色彩。但列子中多講兩晉間之佛敎思想。並雜以許多佛家神話。顯係後人僞託無疑。可是後人不知底細。以爲佛家思想。何足爲奇。中國兩千多年。早有人說過了。誇大狂。是人類共同的弱點。我們自己亦然。有可以吹牛的地方。樂得瞎吹一頓。張湛生當兩晉。遍讀佛敎經典。所以能融化佛家思想。連神話一並用上。若不知其然。誤以爲眞屬列禦寇所作。而且根據牠來講莊列異同。說列子比莊子更精深。這個笑話。可就大了。

列子尙有可說。時代較早。文章亦很優美。比旁的僞書都强。還有關尹子。時代更近。中間所講。全是佛敎思想。卽名詞。亦全取自佛經。如受想行識。眼耳鼻舌心意。都不是中國固有的話。文章則四字一句。同楞嚴經一樣。史記稱關尹子名喜。守函谷。是老子後輩。老子出關。他請老子作書。莊子天下篇。亦把老聃關尹並列。說他們是古之博大眞人。這樣看來。關尹這個人。生得很早。但是關尹子這部書。則出得很晚。看其文章。純似唐人翻譯佛經的筆墨。至少當在唐代以後。

這類的書。是怎樣一個來歷呢。大致六朝隋唐以後。道敎與佛敎爭風。故意造出許多假書。以爲自己裝門面。一面又抬出老子。作爲敎主。尊稱之曰「太上老君」。又說老聃除作老子以外。還作了許多書。其中有一部叫老子化胡經。尤爲荒誕。現尙存道藏中。因爲史記有老子西出函谷的話。後人附會起來。說他到印度傳敎去了。敎出來的弟子。就是釋迦牟尼。佛教之所以發生。還很沾我們中國人的光呢。老子與釋迦。本來沒有一點關係。這樣輾轉附會。豈不把思想源流混淆。

三個人主張矛盾。 單就一個學者講。因爲有僞書的關係。可以使思想前後錯亂矛盾。譬如易經繫詞。究係何人所著。我們不敢確說。前人稱爲孔子所作。我始終不敢相信。因爲裏邊有許多與論語衝突的話。孰爲眞孔。頗不易知。依論語所謂『未能事人。焉能事鬼。』『未知生。焉知死。』孔子是個現實主義者。不帶宗教色彩。依繫詞所謂『精氣爲物。遊魂爲變。是故知鬼神之情狀。』孔子又是一個宗教家。到底那幾句才眞是孔子說的。這就成問題了。如果兩書皆眞。豈不是孔子自相矛盾。

繫詞又說。『寂然不動。感而遂通。』這個話。從哲學的意義看來。雖然很好。可是確因受道家的影響。以後。才發生的。論語中就沒有這類話。若兩書全信。則是自矛盾。如單信一種。又不知何者爲是。何者爲非。依我看來。論語言辭簡樸。來歷分明。當然最爲可靠。繫詞言辭玄妙。來歷較晦。最多祇能認爲儒家後學。或進步。或分化的推演而出。說儒家有此思想。可以。若認爲全屬孔作。則不可。

又如墨子。大部分是眞的。然起首七篇。辭義閃爍可疑。墨子根本反對儒家。處處與儒家立於對抗的地位。然墨經前七篇。有許多儒家的話。當然不是墨家眞相。許多人都懷疑牠。墨子閒詁的作者孫仲容。以爲是當時儒家勢大。墨家很受壓迫。爲保護此書起見。故意在前幾章說些迎合儒家的話。好像偷關瞞稅的人。故意在私運貨物上。蓋上許多稻草。同一用意。因爲如此。使得研究墨子的人迷惑。看他起初是一種口脗。後來又換一種態度。錯認墨子首鼠兩端。反爲失了他的眞相。

四。學者枉費精神。　佛教有一部最通行最有名的書。叫着楞嚴經。此書歷宋元明淸。直到現在。在佛學中。勢力還是很大。其中論佛理精闢之處。固不少。但是與佛理矛盾衝突的地方。亦是很多。如神仙之說。是道家的主張。佛教本主無神論然楞嚴經中。不少談及神仙的話。遂令道佛界線。弄得不淸楚了。楞嚴經。到現在還沒有人根本否認牠。說牠是後人假造的。我想作一篇辨僞考。材料到搜集得不少了。可惜還沒有作成。認眞研究佛教。應當用辨僞書的方法。考求此書的眞僞。如果屬僞就可以把牠燒了。全書文章極美。四字一句。可惜思想混淆。把粗淺卑劣的道家言。和片段支離的宋儒學說。參雜下去。便弄糟了。若不辨別淸楚。作爲佛教寶典。仔細研究。或混合儒釋道三種思想。冶爲一爐。還說佛家眞相如此。豈不枉費氣力。

丙　文學方面

大凡讀一種書籍。除研究義理外。還要誦讀文章。至於文學的書。可以供我們的欣賞。更不用說。若對於書的眞假。或相傳的時代。不弄淸楚。亦有前面所述。時代思想紊亂。進化源流混淆。個人價値矛盾。學者枉費精神。幾種毛病。

一。時代思想紊亂。進化源流混淆。　現在所唱的國歌。『卿雲爛兮。糺縵縵兮。日月光華。旦復旦兮。日月光華。旦復旦兮。』相傳爲帝堯或帝舜時所作。好歹另是一個問題。但是唐虞時代。便有此種作品。而詩經三百篇。應該春秋時代的詩歌。亦不過爾爾。則夏商周三代的人。皆應當打板子。爲什麼幾百年乃至千年之間老不長進呢。所以按進化公例看來。卿雲歌。不會是唐虞時代所作。

又如僞古文尙書。有一篇五子之歌。說是太康有五弟。太康被滅。其五個兄弟。因思大禹之戒。感而作此。開首幾句說『皇祖有訓。民可近。不可下。民惟邦本。本固邦寧……』以下全篇文體大略都是如此。我們看這首歌文從字順。此刻雖令小孩子讀之。亦能看懂。可見當時文章明顯極了。但是我們試讀讀周誥殷盤。看便覺得詰屈聱牙。異常難讀。何以夏朝在前。容易明白。殷周在後。反爲難曉呢。不惟周誥殷盤難懂。就是殷墟所發現的文字。亦復難以索解。如果五子之歌屬眞。則中國文學演進的步驟。眞是奇怪極了。

古詩十九首。如『行行重行行。與君生別離。相去萬餘里。各在天一涯。道路阻且長。會面安可知。胡馬依北風。越鳥巢南枝。相去日已遠。衣帶日已緩。浮雲蔽白日。遊子不顧返。思君令人老。歲月忽已晚。棄捐勿復道。努力加餐飯。』（錄一餘從略）我們看。何等風華典雅。眞可以說一字千金。據玉台新詠所說。十九首中有八首爲枚乘所作。枚乘是漢景帝武帝間的人。已經作有如此好詩。他死後百餘年間。何以無人能作。直到東漢時。才有幾篇五言詩。有一篇爲大文學家班固所作。音韻既不調和。詞旨亦很平淡。直到東漢末。出了一個蔡文姬。三國時。出了一個曹子建。他們的詩。倒與十九首差不多。如十九首眞有些是枚乘所作。則西漢至三國中間。毫無進步。實在無法解釋。在年代未考清楚以前。文學史無從作起。

再如詞人之祖。相傳爲李太白。太白有兩首詞。據說是後代詞曲的起原。一首菩薩蠻。『平林漠漠煙如織。寒山一帶傷心碧。暝色入高樓。有人樓上愁。　玉階空佇立。宿鳥歸飛急。何處是歸程。長亭連短亭。』還有一首憶秦娥。『簫聲咽。秦娥夢斷秦樓月。秦樓月。年年柳色。霸陵傷別。　樂遊原上清秋節。咸陽古道音塵絕。音塵絕。西風殘照。漢家陵闕。』這兩首詞。神氣高邁。大家以爲非太白不能作此。但是太白詞。最初祇有兩首。後來樽前集。增至十餘首。旁的選本。又多至幾十首。唐時的詞。已經如此好了。爲什麼五代的花間集。亦不過爾爾。再說花間集中。雙調的詞很少。縱有之字句亦一樣。但李白的詞。都是雙調。而且字句一樣。這亦可疑。盛唐有詞。中唐百餘年間。無人作詞。直到晚唐。才有一個溫庭筠。按進化原理看來。不當如此。若太白之詞爲眞。則文學史很難作。若由各方面考證其僞。則文學史的局面。又當大大不同。

二。個人價值矛盾。學者枉費精神。　再就個人言。有名人的作品。贋品很多。名氣愈大。假得愈厲害。卽如李太白集。嚴格考起來。其中有四分之一是假的。有一首題目叫做『笑矣乎』。內容惡劣。文格亦卑下。顯非太白所作。此外類此者尙多。留心研究太白的人。不可不加以辨正。若不辨正。眞令人「笑矣乎」了。爲什麼假盛名之下。最易盜竊。傳抄的人。輾轉加入。於是愈假愈多。愈多愈假了。

晚唐時。有一個李赤。處處模仿李白。自稱爲李白之兄。並且說他的詩文。比李白還作得好。唐文粹中。還有他的傳。天天吃酒賦詩。後來發瘋。墮在茅廁裏淹死了。一個「白化」一個「赤化」一個死在水中。一個死在茅坑裏。無獨有偶。到是一件很有趣的事情。這件事情。究竟眞否。雖不可知。但是他想學李白而作了許多如笑矣乎一類的詩。許是有的。若沒有考淸楚。則李白本人。自相矛盾。詞作得那麼好。詩作得這麼醜。若拿笑矣乎來考試。簡直是不及格。而且該打。

東坡集。其中亦有假。據淸代紀昀所考訂。假的有好幾十首。作假的原因。與太白集中假詩正同。因爲慕名而混入的。造出假詩。誣衊作家。眞是可很。若從作品研究作者人格。李白李赤。相去何啻天淵。以李赤的詩。斷定太白人格。以後人假詩。斷定東坡人格。一則誤事。而且白費功夫。

再要舉例。還有許多可講。不過已經可以說明大意。用不着辭費了。總之。中國書籍。許多全是假的。有些一部分假。一部分眞。有些年代弄錯。研究中國學問。尤其是研究歷史。先要考訂資料。後再辨別時代。有了標準。功夫才不枉用。我所以把古書眞僞及其年代作爲一門功課講。其用意在此。好在前人考訂出來了的已經很多。尚有徯徑可尋。不大費事。諸君旁的功課忙。不能每一部書都作考證。但是研究學問。又不能不把資料弄清楚。最好有這樣一種講演。把前人已經定案了的。或前人未定案而可疑的。一一搜集考核出來。隨後研究本國書籍。才不會走錯。不會上當。

第二章　僞書的種類及作僞的來歷

（附論年代錯亂的原因）

僞書的種類很多。各家的分類法亦不同。按照性質。用不十分科學的方法。大概講起來。可以分爲十種。現在依次討論如下。

一。全部僞。　此類書子部很多。如鬼谷子。關尹子之類皆是。經部書亦不少。如尚書孔氏傳。子貢詩傳。孔子家語。皆是。

二。一部僞。　這類書。古籍中。多極了。幾乎每部都有可疑的地方。如管子。莊子之類。其中一部分爲後人竄附。先輩多已論及了。卽極眞之書。如論語。如左傳。如史記。尚不免有一部分非其原本。他更何論。有的同在一書。若干篇眞。若干篇僞。有的同在一篇。大部分眞。參幾句僞。

三。本無其書而僞。　如亢倉子。子華子之類。亢倉子一書。漢書藝文志及隋書經籍志。皆不著錄。因史記莊周列傳。稱其爲書畏壘虛元桑子皆空言無事實。故後人據以作假子華子。前世史志及諸家書目。並無此書。因家語有孔子遇程子傾蓋之事。莊子亦載子華子見昭僖侯。後人從此附會出來。

四。曾有其書因佚而僞。　如列子。昔稱列禦寇撰。劉向所校定。共分八篇。漢志曾有其目。早亡。今本爲魏晉間張湛所僞託。全非劉向班固之舊。如竹書紀年。晉時出河南汲冢。當系戰國時人所撰。至唐中葉而沒。今通行本爲宋後人所假造。惟王國維所輯則眞。可以證通行本之僞。

五。內容不盡僞而書名僞。　如左傳原名左氏春秋。與呂氏春秋晏子春秋相同。本爲創作。今名春秋左氏傳。與公羊傳穀梁傳相同。不過春秋經三註解之一而已。原書本眞。經劉歆之改竄。大非本來面目。名字改。內容改。體例亦改。其中內容百分之九十可靠。然因書名假。精神亦全變了。

六。內容不盡僞而書名人名皆僞。　管子及商君書。皆先秦作品。非後人僞造者可比。很可以用作研究春秋戰國時事的資料。惟兩書皆非原名。管子爲無名氏的叢抄。商君書亦戰國時的法家雜著。其中講管仲商鞅死後之事甚多。當然非管仲商鞅所作。

七。內容及書名皆不僞而人名僞。　如孫子十三篇。爲戰國時書。非漢人撰。史記稱孫武孫臏皆作書。則此書也許爲孫臏作。或另一個姓孫的人所作。今本稱孫武所作。非是。又如西京雜記。分明爲晉時葛洪所撰。述東晉時事甚詳。然後人以爲劉歆所作。則大謬。

八。盜襲割裂舊書而僞。　如郭象莊子注。偷自向秀。王鴻緒明史稿。偷自萬斯同。此種偷書賊。最可惡。莊子注。十之八九爲向秀作。十之一二爲郭象作。然研究時頗難分別。雖知其有僞。而無可如何。明史稿爲一代大事蹟。萬斯同爲二千年大史家。內容極可寶貴。王爲明史館總裁、盜竊萬稿、大加改竄、題曰橫雲山人所著書、這無異殺人滅屍。令後人毫無根據。居心尤爲險毒。

九僞後出僞。　如今文尙書本祇二十八篇。屬眞武帝時。孔壁古文尙書。多出十六篇。後人已疑其僞。不久旋佚。東晉時重出十六篇。又非孔壁尙書之舊。當然沒有可信的價值。又如孟子。漢志有十一篇。七內篇。四外篇。武帝時。趙歧作孟子注。判定外篇爲僞。不久遂佚。本無可惜。明人姚士粦。又假造孟子外書四篇。更非武帝時舊物。這眞是畫蛇添足了。再如愼子。漢志有之。後佚。百子全書本乃宋以後人零湊而成。其中一部僞託。一部由古書中輯出。近四部叢刊有足本愼子。係繆荃孫家藏書。說是明人愼懋賞傳下的。顯係愼懋賞僞造。爲同姓人張目。繆氏是專門目錄學者。居然相信這種僞書。我們看見之後。大大失望。

十僞中益僞。　此類書讖緯最多。如乾鑿度本戰國陰陽家及西漢方士所作。恐後人不置信。僞託爲孔子於刪定羣經之後爲之。當然全部皆假。然今本乾鑿度。又非漢時舊物。乃後人陸續增加補綴而成。這豈不是僞中益僞嗎。如果研究此書。應以辨別左傳的方法。下一番抓梳剔校的工夫。

由上面看來。中國的僞書。眞是多極了。爲什麼有這麼多的僞書。其來歷怎樣。依我看來。約有下列四種。

一好古。　好古本爲人類通性。中國人固爲受儒家的影響。好古性質尤爲發達。孔子嘗說。『述而不作。信而好古。……』又說『多聞闕疑。……多見闕殆。……』孔子如此。其門下亦復如此。所以好古成爲儒家的特別精神。儒家在中國思想界。影響極其偉大。儒家好古。因此後來的人。每看見一部古書。都是非常珍重。書愈古。愈寶貴。若是後人所作。反爲沒有價值。有許多書。年代不確。想抬高牠的價值。祇得往上推。有許多書。分明是後人所作。又往往假託古人名字以自重。

二含有祕密性。　從前印刷術尚未發明。讀書專靠抄寫。抄寫是極費事的。中國地方又大。交通不便。流通很感困難。又沒有公共藏書機關。如今日之圖書館。可以公開閱覽。因此每得一種佳本。不肯輕以示人。書籍變成爲含有祕密性的東西了。要是印刷發明。流通容易。收藏方便。書籍人人能見。不易隨便造假。即造假亦會讓人發見的。凡事愈公開。愈是本來面目。愈祕密。愈有造假的餘地。書籍亦當然不能獨外。

三散亂及購求。　中國內亂太多。而藏書的人太少。所有書籍大半聚在京城。或者藏之天府。古書的收藏和傳播。靠皇帝之力爲多。既然好書都在天府。每經一次的內亂。焚燬散失。一掃而空。再要收集。恢復。異常費事。隋牛弘請開獻書表。稱書有五厄。『……秦皇馭宇。……始下焚書之令。……一厄也。……王莽之末。長安起兵。宮室圖書。並從焚燬。……二厄也。……孝獻移都。西京大亂。一時燔蕩。……三厄也。……劉石憑陵。京華覆滅。朝章國典。從而失墜。……四厄也。……蕭繹據有江陵。……江表圖書因斯盡萃於繹矣。及周師入郢。繹悉焚之於外城。……五厄也。……』在隋以前。書已有此五厄。牛弘以後。爲厄更多。隋煬帝在江都。把內府藏書攜去。煬帝死。書亦散失無遺。這可以算是一厄。安史之亂。長安殘破。唐代藏書焚燬一空。這可以算是一厄。及黃巢作亂。到處焚殺。所過之處。幾於寸草不留。天下文獻喪失大半。這亦算是一厄。以下歷宋元明到清。每代都有內亂。而且每經一次內亂。天府藏書必遭一次浩刼。費了許多工夫所聚集的抄本孤本。掃蕩得干干淨淨。在每次內亂書籍散亡之後。就有稽古右文的君主或宰相。設法恢復補充。願出高價。收買私家書籍。實之天府。把歷史打開。大致翻一翻。這類事情不少。如漢武帝廣開獻之路。置寫書之官。一面找人搜集。一面找人抄寫。漢成帝時，使謁者陳農廣求遺書於天下。隋開皇時，因宰相牛弘的條陳，分頭使人訪求異本，每書一卷，賞絹一匹。唐貞觀中，魏徵及令狐德棻，請購募亡逸書籍，酬報從厚。肅宗代宗，當安史亂後，皆相繼購求典籍，諸如此類，不勝枚舉。大亂之後，書籍亡佚得很多，政府急於補充，因之不能嚴格，從重賞賜，從寬取錄，以廣招徠，遂與人以作僞的機會。有的改頭換面，有的割裂雜湊，有的僞造重抄，許多人出來作這種投機事業，以圖弋取厚利。僞書所以重見疊出，以此。一方面因爲散亡太多，眞本失傳，一方面因爲購求太急，贋品充斥，四個原因之中，要算這個最重。

四、因秘本偶然發現而附會。 古代書籍，中經散佚，時常有偶然的意外發現。如晉太康三年，河南汲郡地方，有人偸掘古冢，得着許多竹簡，經後人的考證，知道古冢是魏襄王（從前人以爲安釐王）的葬地，竹簡是戰國時的東西，襄王死時，以書殉葬，竹書紀年，穆天子傳，皆從其中得來。古冢中發現書籍，本來是可能的，因此後代有許多人假造附會，所以歷史上紀載某處老房子，某處古冢，發現古書的事情很多，或者發現是眞的，書卻是假的，或者發現是假的，書亦是假的，於是僞籍流傳，日甚一日了。又如前清光緒末年，在河南殷墟發現許多甲骨，其上刻有文字，那都是孔子以前的東西，孔子所不曾見過的，本來極可寶貴，不過發現以後，二十年來，至于今，琉璃廠的假甲骨就很多，因爲從前不貴，現在很貴，小者數元，大者數十元，自然有人僞造牟利了。書契典籍，亡佚後有再出的可能，開後人作僞之路，僞書之多，這亦是一個原因，不過沒有第三個原因重要而已。

前面講僞書的種類，以書的性質分，大概有十種，若以作僞的動機分，又可另外別爲二類。這種分類法，比頭一種分類法，還重要些。

甲．有意作僞的．

有意作僞．其動機可歸納成六項．

一．託古．　這項動機比較上最純潔．我們還可以相當的原諒．爲什麼要託古．因爲中國人喜歡古董．以古爲貴．所以有許多人．雖然有很好的見解．但恐旁人不相信他．祇得引古人以爲重．要說古人如此主張．才可以博得一般人的信仰．作者的心理．不爲名．不爲利．爲的是擁護自己的見解．依附古人以便推行．手段雖然不對．動機尚爲清白．這種現象．春秋戰國時最多．如史記五帝本紀贊稱『百家言黃帝．其文不雅馴』．可見春秋戰國時人．皆篤信文化甚古．說以爲黃帝時代．各種學術思想已經很發達了．

孟子滕文公上說．『有爲神農之言者許行．……』許行是無政府黨．與馬克斯派的唯物主義．氣味有點相近．他因爲理想特別．恐大家不相信．所以託爲神農．以自重．神農去得很遠．其時社會如何．不得而知．亦許許行理想中的神農時代．眞是自耕而食．自織而衣．所以他才去模倣．不特諸子百家託古．卽孔孟亦復託古．孔子說．『大哉堯之爲君也．…』又說．『巍巍乎舜禹之有天下也』孟子更厲害．滕文公上說．『孟子道性善．言必稱堯舜．』儒家如此．墨家亦然．尚賢中說．『堯舜禹湯文武之王天下．正諸侯者．此亦其法已』而尤崇拜大禹．莊子天下篇說『墨子稱道曰．昔者禹之湮洪水……親自操槖耜……禹大聖也．而形勢天下如此』

大凡春秋戰國的開宗大師．莫不挾古人以爲重．韓非子顯學篇批評他們道．『孔子墨子俱道堯舜．而取舍不同．皆自謂眞堯舜．堯舜不復生．將誰使定儒墨之誠乎』這眞痛快極了．堯舜死了．沒有生口對證．誰知你是眞是假呢．孟子可以說「有爲神農之言者許行」許行有可以說．「有爲堯舜之言者孟軻」．儒家可以說．「有爲大禹之言者墨翟」墨家亦可以說「有爲黃帝之言者老聃」每一家引一個古代著名的人物以自重其學說動機本不甚壞不過先生一種主張學生變本加厲的鼓吹之所謂『其父殺人報仇其子必且行刼」則流弊就不堪設想了

卽如許行並耕之說本來是他自創的唯物主義無政府主義偏要說神農時代如此後來愈說愈像便就弄假成眞了漢書藝文志中有神農二十篇神農敎田相土耕種十四卷神農黃帝食禁七卷全部是附會的最著名的神農本草一書相傳爲神農口嘗百草辨別苦辛然後編著成書其實此書與神農絲毫無關乃漢末以後漸漸湊成至梁陶弘景才完全寫定又如莊子著書明白聲明寓言十九因爲要發表自己主張最好用小說體裁容易暢達天地篇說『黃帝遊乎赤水之北登乎崑崙之丘而南望還歸遺其玄珠……』這本是莊子理想借名字以點染文章的好像曹雪芹作紅樓夢借寶玉黛玉的口脗以發舒他的牢騷一樣後人却因爲莊周說黃帝平空附會許多關於黃帝的事實及黃帝所著的書籍

我們看漢書藝文志所載那許多僞書大半由於引古人以自重的動機而出書之著成亦多半在戰國時代因爲戰國末年社會變動很大思想極其自由有人借寓言發表有借神話發表開宗大師都引一個古人作護身符才足以使人動聽他們的學生變本加厲於是大造僞書學術所以隆盛在此僞書所以充斥亦在此始皇焚書以前春秋戰國間的僞書大概都祇有這一個動機

二邀賞　方才講每經喪亂以後出重價求書免不了有人造假普通的如漢武唐太稽古右文懸賞徵集當然有許多無聊的人專作投機事業所以每失一回每收一回僞書愈多一回還有幾次特別一點的如漢景帝之

子。河間獻王。修學好古。實事求是。他以親王的力量。親賢下士。訪求典籍。得書異常之多。他尤喜歡秦漢以前古文字。搜羅不遺餘力。所以古文各經。俱從河間獻王而出。漢朝經師有今文古文的爭辯。其來源也在此。他所得的遺書。眞的固然很多。假的亦頗不少。因爲造一部僞書。既可賣錢。又可作官。利之所在。人爭趨之。僞書就層出不窮了。

漢代除僞古文的經書以外。還有所謂緯書。前回所說的乾鑿度。就是緯書之一種。緯書。古代有無。殊不可知。戰國末年。陰陽家造作五行神仙之說。這可以說是緯書一大根源。至西漢中葉以後。作品極多。流傳亦盛。尤以宣帝一朝爲數特夥。宣帝是武帝曾孫。戾太子之孫。戾太子被讒而死。宣帝自獄中輾轉流落民間。當他年輕的時候。常聽見燒餅歌一類的寓言。偶有幾次巧合。使他深信不信。後來他作皇帝。極力推崇獎勵。當然以皇帝的威權臨之。不愁全國人不從風而靡。其時「燒餅歌式」的著作——卽讖緯——極爲流行。西漢東漢。這類東西都是十分的發達。

漢成帝時。有一宗特別的事情。就是成帝特別喜歡尙書。可是尙書百篇。自經秦火後。十喪其七。祇餘二十八篇。成帝因爲酷好這部書。打盡了主意。以求得足本爲快。於是張霸出來作投機的事業。造出了一部百兩尙書。比足本還多兩篇。稱爲春秋以前舊物。書上成帝。大喜。立刻賜他一個博士的官職。等於現今的國立大學教授。後來仔細硏究。才知道除原有二十八篇外。盡都是假的。有人主張殺他。成帝深愛其才。又憐他造假不易。僅革博士職。饒他一命。

到了東漢時代。不特僞書充斥。燒餅歌亦很流行。漢光武一代中興之主。雄才大略。不愧中國史上第一流皇帝。

但是他亦很迷信光武名劉秀王莽時民間有「劉秀作天子」的謠言時劉歆作國師欲符合流傳的歌謠改稱劉秀光武正在南陽耕田有人把這個話傳到他耳朶裏說『國師欲作天子啦』光武投鋤而起答道『安知非我』後來他居然以一匹夫起兵打倒王莽自爲皇帝他覺得燒餅歌很靈驗十分的相信一般人民欲投人主之好於是矯揉造作故作隱語以欺世雖然不是直接假造僞書但於假造僞書有極大的影響

降至隋代又有一宗特別的事情文帝酷愛古書尤愛易經當時有一個大學者劉炫學問聲望都很好在北魏北周之末爲北方大經師又作了一二十年的大學敎授因爲迎合文帝的嗜好造了連山歸藏兩部易經他說連山是夏朝的易經歸藏是商朝的易經周易是周朝的易經我們年輕時讀三字經中間有幾句『有連山有歸藏有周易三易詳』就從這裏生出來的連山歸藏周禮中提到過乃假造周禮的人隨便亂說本來沒有這兩部書劉炫因周易而想及連山歸藏書初上時文帝大喜後來知道是假的以爲大逆不道就把劉炫殺了一代大學者因爲造假書砍頭太不值得但須知奬勵過分無異明白敎人作假這也不能單怪劉炫啊

三爭勝　中國人有好古的習氣愈古愈好以爲今人的見解無論如何不如古人高明所以有許多學術上的爭辯徒恃口舌不能勝人便造作僞書或改竄古書以爲武器這種動機與託古不同託古是好的爲發表自己主張引古人以自重然絕不誣陷古人亦未詆毁旁人爭勝是不好的祇要可以達到目的古人今人一概利用抹殺未免過於刻薄

爲爭勝而作假自西漢末劉歆起其時經學上有今文古文之爭歆父劉向爲大經師歆自己學問亦很淵博漢書藝文志卽根據他的底稿在學問上我們應當敬禮在人格上我們就不敢贊成他姓劉但是爲王莽作國師

又改名劉秀。以應民謠。可謂不忠。他父親是今文家。詩宗魯詩。春秋宗穀梁。他自己推崇古文。詩宗毛詩。春秋宗左氏。可謂不孝。從前祇有左氏春秋。後有春秋左氏傳。劉歆引傳改經。又添上許多話。才有左傳出現。他說公羊穀梁皆晚出。得諸傳說。譌漏百出。惟左丘明親見孔子。好惡與聖人同。論語曾有『左丘明恥之。丘亦恥之』的話。當然最為可靠。他專門與今文家作對。春秋既用左氏以打倒公羊穀梁。詩經則用毛詩以打倒齊魯韓三家。禮則用周禮以打倒儀禮。又恐怕徒恃口舌。不足以爭勝。就全部或一部的改竄古書。如周禮全部由劉歆假造的。左傳一部是劉歆編定的。其餘各經。塗改亦多。

漢以後。至魏晉間。有王肅。出師劉歆的故智。以為要打倒當時大經師鄭康成。非假造偽書不可。所以有許多偽書。都由他一手造成的。偽古文尚書。孔安國傳。據說是他改竄的。主名雖未完全確定。十成之中。總有九成可信。孔子家語。及孔叢子。幾乎可以說完全由他一手造成。簡直沒有什麼問題。此外歷代假造古書以求打倒對手方的人。還很多。這裏祇舉劉歆王肅二人。作為代表。

儒家如此。道教亦然。道教與道家不同。道家是一種哲學思想。如老聃莊周一派。道教是無聊的宗教。最初由黃巾賊張角。以符咒搧惑人心。後來愈演愈厲。成為江西龍虎山張天師一派。道教自東漢末起。二千年來。在社會上有極大勢力。直至去年。黨軍入江西。才把張天師趕走。道教初起的時候。符咒騙人。其中無甚奧義。其後愚民信之者衆。這才野心勃發。想樹立一大宗派。會佛教自印度輸入。道教與之爭勝。造出許多無聊的書。現在道藏中。黃帝著作。幾達百種。老聃莊周。亦各數十種。諸如此類。偽書甚多。其目的在與佛教爭勝。或與儒家爭勝。年代愈久。書目愈增。到現在不可勝數了。

佛教本身僞書亦復不少。佛經從域外輸入。辭義艱深晦澀。不易理會。譯書比自己作書還難。大家都有這種經驗的六朝隋唐之間。佛教盛行。眞的佛典正確翻譯通來。一般人看不懂。於是投機的人。東拼西湊。用佛家的話。雜以周秦諸子的話。看時易解。人人都喜歡誦。但不是佛經原樣了。佛徒爲增進自己勢力起見。爲同大師爭名起見。一意迎合常人心理。不惜假造僞書的往往有之。如楞嚴經直到現在大家還以爲佛教入門寶籍。就是因爲其中思想與我國思想接近。然而楞嚴經便不可靠。其他無聊作品。不如楞嚴經的還多得很哪。

四炫名。 這種動機比邀賞好一點。不過還是卑劣。祇是爲外來的虛榮。不是爲自己的主張。假造列子的張湛。學得當時學者對於老莊的註解甚多。若不別開生面。不能不出風頭。而列禦寇這個人。莊子中說及。過漢書藝文志又有列子八篇之目。於是搜集前說。附以己見。作爲列子一書。自編自註。果然因此大出風頭。在未曾認爲假書之前。他的聲名與王弼向秀何晏並稱。這算是走偏鋒以炫名。竟能如願以償。

又如楊愼生平喜歡吹淵炫博。一心要他人所未看之書。本來一個人講學。祇問見地之有無。不問學識之博否。但楊老先生則不然。專以博學爲貴。太平御覽是中國很大的一部類書。根據修文御覽而出。修文御覽早佚。楊老先生偏說他曾看見過。後來的人因爲知道他手脚不乾淨。所以對於他所說所寫的。都不十分相信。否則以他的話作根據。一口說修文御覽明時尚有此書。豈非受愚。

再如豐坊爲明代一大藏書家。范氏天一閣所藏之書。多半從豐氏得來。豐氏累代藏書。購置極富。第三代坊好書尤酷。他家裏所藏抄本誠然很多。足以自豪。但他猶以爲未足。偏要添造些假的。如子貢易傳子夏詩傳晉史乘楚檮杌之類。眞是可笑。豐坊又好書。又好名。他的喜歡假造書。許有點神經病作用。晚年。眞的祕本固不足以滿他的慾望。假造之書。似乎又趕造不及。結果竟得神經病而死。

五。誣善。　造作僞書誣毁旁人。譬如前回所講涑水記聞。是後人假司馬光之名。痛詆王安石。幸存錄。是後人假夏允彝之名。毁謗東林黨。其實皆本無此書。或有此書而無毁人的話。係後人假造。或參雜進去的。還有想害某人。故意栽贓。如宋魏泰欲害梅聖俞。故作碧雲騢一書。託名爲梅聖俞撰。碧雲騢者。謂馬有旋毛。品格雖貴。不能掩其旋毛之醜。全書一卷。所載皆歷詆當時朝士的話。欲藉此引起公憤。不幸後來讓人發覺了。

有一種人費了許多心血。作成一部書。想出自己的名字。又覺得不方便。想拋棄了。似乎又捨不得。於是造一個假名。拿去付印。如香匳集本爲和凝所作。在文學界價值很高。惟其中講戀的話太多。和凝作宰相後。覺得與自己身分不稱。乃嫁名韓偓所作。其實和凝在當時有曲子相公之名。就說香匳集是他自己所作豔體詩。亦無不可。偏要故意規避。其動機雖非純粹出於誣善。然有點相近。終究是不正當。

六。掠美。　這類人在學術界很多。如前回所說郭象的莊子注。是盜竊向秀的。王鴻緒的明史稿。是盜竊萬斯同的。莊子注還好。沒有什麼大錯。明史稿就改得很不堪。所謂點金成鐵。令我們讀去。常有不睹原稿之憾。又如谷應泰明史記事本末。編制排比。詳略得中。允推佳製。但據邵念魯思復堂文集遺民傳。稱爲山陰張岱所撰。谷應泰以五百金購得之。果爾。我們對於谷氏。不能不說他有掠美的嫌疑了。

有意作僞之書。除第一種動機可原外。其餘五種動機皆壞。

乙　非有意作僞的

有許多書。作者不僞。後人胡猜瞎派。名稱內容遂亂。既然要辨別古書。這種著作。也不能存而不論。以下分爲子

丑兩部說明之

子　全書誤題或妄題者。

這類作品又可分爲四類。

一。因篇中有某人名而誤題。　如素問一書。最早是戰國末年的作品。稍晚則在西漢末葉。始出。爲中國一部頂古的醫書。其中雖然可議的地方很多。然亦至可寶貴。古代醫學知識。可考見的。多賴此書。原書作者。姓名不傳。今稱黃帝素問。或稱黃帝內經。還有一部靈樞。作者姓名亦不傳。今稱靈樞鍼經。或稱黃帝鍼經。做書的人。本來不想作僞。然因爲素問起首有『黃帝問於歧伯曰……』的話。乃屬作者。假爲黃帝歧伯問答之詞。以發抒其醫學上的見解。而後人不察。即以此誤會爲黃帝所作。是以今人稱贊名醫。說他「術精歧黃」。以此。又如周髀算經一書。當屬漢人作品。爲中國一部最古的數學書。價値亦極寶貴。原書作者。姓名不傳。後人因爲起首有『周公問於商高曰……』的話。遂誤爲周公所作。實則「周」是講圓。「髀」是講股。等於現在的幾何三角。其稱周公商高。亦不過作者假古人的名字。以發抒其數學上的見解。初非有意作僞。後人不察。硬派爲周公所作。於是一圓一股的「周」「髀」便成爲周公的一條腿了。許多古書。皆以有古人問答之詞。因而得名。

二。因書中多述某人行事或言論而得名。　這類書。與前一類相近。亦以戰國西漢時代爲最多。如孝經一書。不惟不是孔門著作。而且不是先秦遺書。乃漢儒抄襲左傳。益以己見。雜湊而成。後人因爲裏邊講曾子的話及曾子所作的事很多。遂以爲曾參所作。實大誤。此書若認爲漢儒作品。有相當的價値。若認爲孔門作品。則牴牾掛漏之處特多。

又如管子及商君書本為戰國末年著作。其中不過多載管仲商鞅的話及其行事而已。關於管仲商鞅死後的事情。記載亦復不少。若認為戰國末年法家作品。其價值極高。有許多很好的參考資料。若認為管商本人所作。則萬萬說不通。這種書。作者沒有標出姓名。大致是一種類書。雜記各項言語行事。起初並不是誠心作偽。乃後人看見書中多述某人言行。從而附會之。因此得名。

三。不得主名而臆推妄題。　許多很有價值的書籍。因為尋不着主名。就編派到一個闊人身上。如山海經。是一部古代神話集。成最古的部分。許是春秋戰國時人手筆。最晚的部分。當出於西漢東漢之間。因為其中多荒誕之語。歷代皆認為一部異書。史記雖引其名。但未言為何人所作。惟列子曾說『大禹行而見之。伯益知而名之。夷堅聞而志之』後人因為太史公都看見過。相信確有其書。列子又有這套話。遂編派為大禹伯益所作。實在書中多載春秋戰國地名。至早以春秋為止。絕不會出在三代以前。

又如難經。是中國醫學界最有名的古書。內中載八十一個醫學上的難題。及其答案。當係東漢末三國時人所作。與素問靈樞齊名。素問靈樞要早點。就派給黃帝。難經稍晚點。就派給秦越人。因為秦越人（扁鵲）是戰國時代最有名的醫生。非他似乎不能有此傑作。當初作難經的人。何嘗有意造假。都是後人摸不着主名。無端編派到扁鵲名下。

古書如此。近代之書亦然。如坊間通行的黃梨洲集中有鄭成功傳。作品雖然不壞。然絕非黃氏手筆。一則文筆不像。再則恭維滿清。有「聖朝」「大兵」等語。與黃氏身分不稱。黃為明室遺民。滿洲入關。抵死不肯屈節。安有恭維滿淸之理。大抵當時有人作鄭成功傳。然因他種關係不敢自出主名。後人因爲梨洲有行朝錄言魯王唐王之事甚詳。鄭成功爲排滿中堅分子。爲之作傳者。必係梨洲無疑。遂把此傳收入黃氏集中。鑄此大錯。諸如此類。作者無心造假。後人瞎亂胡猜。遂致張冠李戴。古書如此。字畫詩詞亦然。所以無名漢碑往往誤認爲蔡邕所書。無名唐畫往往誤認爲吳道子所作。古詩十九首後人多謂出自枚乘。菩薩蠻憶秦娥兩闋後人多謂出自李白。事情雖不一樣。道理完全相同。我們從事研究的人。切忌不要爲虛名所誤。

四。本有主名不察而妄題。 如越絕書記江浙間事甚詳。爲漢魏時人所作。作者滑稽好戲。不願明標主名。故意在書後作了四句隱語『以去爲姓得衣乃成厥名有米覆之以庚』我們看這四句話明明白白。知道是袁康二字。作者姓袁名康。還有什麼問題。後人不察。偏要編派在一個名人身上。以爲書中多記吳越之事。細考孔門弟子中。惟子貢曾到越國。遂指爲子貢所作。今四庫全書仍題爲子貢撰。這是多麼可笑一件事情。佛經中有一部牟子理惑論。係中國人最先批評佛教的著作。共三十七章。極有價値。自序云『靈帝時。遭世亂離。避地交州。著書不仕。』把時代經歷地方都說得很明白。隋書經籍志因爲作者姓牟。而姓牟的人只有牟融最知名。遂題爲牟融作。已經大錯了。唐書藝文志更糊塗。又考出牟融官職。給他加上官銜。題漢太尉牟融作。本來是隱士。忽然變作達官。本來在安南。忽然跑到中原。本當桓靈時代。忽然提到光武前後。相差兩百年。書錯還是小事。後人根據作者姓名。用以推斷佛教。說佛教之輸入確在光武之前。牟融時已經很發達了。這樣一來。那眞是受害不淺。

丑　部分誤編或附入。

這類作品.又可分為五類.

一.類書誤作專書.　如管子全書.非一人一時所作.乃雜誌體.聚集若干篇法家言.並未標明何人所作.其中弟子職內業等篇.與全書體例不符.範圍.文體.皆有出入.可見顯係雜抄之書無疑.若認為一部類書.到還可以.若認為一種專書.那就錯了.因為其中講管子的話很多.所以名之管子.實非管仲所作.

二.注解與正文同列混入正文.　莊子一書.內篇是莊周所作.外篇乃後人注解莊周之書.抄書的人.抄了內篇.又把注解一併抄下.統名之為莊子.但是內篇外篇.內容文體.俱不相同.一見可以瞭然.絕不能認為出自一人之手.如認內篇為正文.則外篇雜篇.必為注解.如認外篇雜篇非注解.則外篇雜篇.必為後人所偽託.總之不是莊周所作的東西.

一部之中.有注解附入正文處.一篇之中.亦有注解附入正文處.因為古代用竹簡.正文是刀刻或漆書.注解.亦是刀刻或漆書.沒有法子區別.如禮記王制篇.最末一段.『自恆山至於南河.千里而近.自南河至於江.千里而近.……』下面一段.『古者以周尺八尺為步.今以周尺六尺四寸為步.……』這兩段皆與本文無關.當系注解.或者後人讀周禮.讀到此處.作了一點考證的功夫.因而隨筆記下.所以與正文連接不起來.

有時讀者在書的空白處.記下幾行旁的事情.本來豪無關係.後人看見.誤認成為足本.如論語季氏章最末一段『邦君之妻.君稱之曰夫人.夫人自稱曰小童.邦人稱之曰君夫人.稱諸異邦曰寡小君.異邦人稱之亦曰君夫人.』這幾句話.毫無意義.孔子不會這樣講.微子章末一段『周有八士.伯達伯适.仲突仲忽.叔夜叔夏.季隨.季騧.』這幾句話.亦復毫無意義.不像孔子口胞.論語前幾篇.不相干的話還少.後幾篇.不相干的話很多.前人

以爲奇文奧義，其實不過後人信筆寫上的備忘錄而已。

三、獻書時求增篇幅。 前面講歷代帝王廣開獻書之路，有許多人立心不良，造假書以邀賞，又因爲賞之重輕，以卷數之多寡爲準，所以有人割裂他書篇幅充數，以求賞賜，增加周秦諸子同一篇文章，往往彼此互見。如韓非子頭一篇，就與戰國策內一篇相同，不是獻韓非子的人盜竊戰國策，就是獻戰國策的人盜竊韓非子。此類作品，秦漢之間甚多，所以管子中的弟子職、內業兩篇，與全書體例不同，大致是獻書的人牟利邀賞，隨意竄入的。

四、後人續作。 後人續作前人之書，本來無心造假，然而原作與續作相混，於是生出許多破綻。最顯明的例子是史記。司馬遷作史記共一百三十篇，現存之本，差不多有一小半不是太史公作的。其中記載司馬遷死後十幾年乃至一百年的事情甚多，但這不是續作的人有心造假，實因感覺着有續作的必要。史通正史篇說：『史記所書，年止漢武太初，以後闕而不錄。其後劉向、向子歆及諸好事者，若馮商、衛衡、揚雄、史岑、梁審、肆仁、晉馮、段肅、金丹、馮衍、韋融、蕭奮、劉恂等，相次撰續，迄於哀平間，猶名史記。』而褚少孫、班彪、班固尚不在內。由此看來，漢代續史記的人，有十八人之多，無怪史記一書破綻百出了。其中惟褚少孫所續，標明『褚先生曰……』數字，尚可識別，其餘十七人的手筆，大都無法辨認。所以有人說司馬遷活到八十、九十乃至百二十歲，使得後人徬徨迷惑。

五、編輯的人無識貪多。 這種情形，古代有之，而以近代爲尤甚。如前回所講李太白集、蘇東坡集，本人皆未寫定，死後由門生弟子陸續編成。編書的人，抱定以多爲貴主義，好像買菜，苦口求添，而眼光不到，不足以識別眞假。因此有許多他人作品。得以乘機攙入這不能怪編書的人。有意造假。他的本心。只覺得片紙隻字皆可寶貴。殊不知已造成碔砆亂玉的惡果了。

有意作假。動機很壞。非辨別不可。無意作假。雖無壞的動機。亦當加以考訂。為求真正知識。為得徹底了解起見。對於古書。應當取此種態度。否則年代錯亂。思潮混雜。是非顛倒。在學術界。遺害甚大。而且研究的結論。如果建築在假的材料上。一定站不住。很容易為他人所駁倒。以上把偽書的種類。作偽的來歷。年代錯亂的原因。簡單的說明如此。

第三章　辨偽學的發達

既然有了許多偽書。偽書裏又包含了許多偽事。當然免不了學者的懷疑。所以偽書發生於戰國。而戰國時的學者也跟著發生疑心了。孟子是戰國初年的人。他已說。『盡信書不如無書。吾於武成。取其二三策而已。』雖然他因抱着了仁者之師必不多有殘殺的成見。所以疑武成說的『血流漂杵。』理由並不充足。但我們可從這上看出當時的人已不漸漸相信古書了。戰國末韓非子也曾懷疑諸子百家的偽造古事。他說。『孔子墨子俱道堯舜而取舍不同。皆自謂真堯舜。堯舜不復生。將誰與定儒墨之誠乎。』雖不是說某部書是假的。却已明明說出諸子百家信口傳說的不可信了。

但這不過是對於偽書偽說的一種懷疑而已。還沒有做積極的辨偽工夫。更沒有一定的辨偽方法和標準。所以先秦偽書偽說留傳到漢朝的實在不少。司馬遷當漢武帝的時候。眼看見異說紛紜。古事淪沒。發憤著書。想

『成一家之言，厥協六經異傳，整齊百家雜語，』當那種眞僞雜出的史料堆積在他面前，當然不能盡數收錄，當然不能不用存眞去僞的工夫他因爲『百家言黃帝其文不雅馴，』而以『不離古文者近是，』因爲『世言蘇秦多異，異時事有類之者，皆附之蘇秦，』而『列其行事，次其時序，』因爲『說者曰「堯讓天下於許由，許由不受，恥之逃隱及夏之時，有卞隨務光者……』難以稱述，故『考信於六藝，』因爲『學者多稱七十子之徒，譽者或過其實，毀者或損其眞，均之未睹厥容貌則論言弟子籍出孔氏古文近是，』這種先拿一種可信的書籍做標準而以其他百家言爲僞的方法雖然免不了危險，但先秦諸子的許多僞說僞書給他這麼一來，便不能延續生命了，我們可以說作史學的始祖是司馬遷，辨僞學的始祖也是司馬遷，從他以後，漢朝學者對於書的眞僞，已有很明瞭的辨別眼光，如漢成帝時，張霸僞造百兩篇尙書，當時成帝便拿出中祕的百篇尙書來比較立刻便發覺是假的，這便是一個證據，

西漢末學術界起了今古文之爭，當時的學者顯分二派，劉歆是古文家，替古文辨護，想建立左氏春秋傳毛詩逸禮和古文尙書等博士，漢成帝叫太常博士討論這個問題，那些博士都是今文家，相信今文，懷疑晚出的古文書是假造的，大家都不肯置對，劉歆寫一封信給那些人，說明古文是孔子的遺經，責讓他們不應該懷疑，太常博士都很怨恨，光祿大夫龔遂大司空師丹王莽的左將軍公孫祿先後攻擊劉歆說他『顚倒五經，令學士疑惑，』這個案子一直到現在還未解決，究竟古文的書全是僞呢，還是一部分僞，歷代學者，說法不同，但我們可以說在西漢末，那些今文家懷疑晚出的古文而極力想方法辨別古文的僞，這種羣體的辨僞工作，總是可貴，

班固的漢書。不惟儒林傳已把造僞辨僞的事情告訴我們。藝文志更說得明白。如文子九篇。班固自注云。『老子弟子。與孔子並時。而稱周平王問。似依託者也。』力牧二十二篇注云。『六國時所作。託之力牧。力牧黃帝相。』孔甲盤盂二十六篇注云。『黃帝之史。或曰。「夏帝孔甲」。似皆非。』大禹三十七篇注云。『傳言禹所作。其文似後世語。』神農二十篇注云。『六國時諸子疾時怠於農業道耕農事。託之神農。』伊尹說二十七篇注云。『其語淺薄。似依託也。』天乙三篇注云。「天乙謂湯。其言非殷時。皆依託也。』黃帝說四十篇注云。『迂誕依託。』這類託古的僞書。經班固辨別的。有四五十種。我們知道。班固的藝文志。是根據劉歆的七略。做的。七略又本於劉向的別錄。可見辨僞學在西漢末已很發達了。雖然劉歆竭力辨護晚出的古文。

今古文之爭。到了東漢便漸漸消沈了。但是當馬融鄭玄正在融和今古文注解三禮尚書……的時候。鄭玄的弟子臨孝存却根本不相信周禮。說是「末世瀆亂不經之書。」專門做了十論七難來辨別周禮不是眞的。這十論七難雖然不存。但總算是專書辨僞的最早一部書。另外何休也曾經說「周禮是六國陰謀書。」王充的論衡。尤其表現懷疑的精神。攻擊無稽的古史。趙歧注孟子。以外篇『其文不能閎深。』刪去不注。可見東漢學者也很注意辨僞。

自三國到隋。一般學者都跑到清談和辭章方面去了。對於考證的事業。很不注意。尤其沒有懷疑的精神。我們若想在儒家方面找辨僞的遺蹟。幾乎是不可能的。（中間只有郭象對於莊子外篇雜篇懷疑）但若轉移眼光到研究佛敎的人身上去。便可以知道他們對於佛經的僞書。是非常的注意。東晉的道安編佛經目錄。把可疑的佛經。另外編入一門。叫做疑經錄。因爲他這樣。所以後來編佛經的都很注意僞書了。

隋衆經目錄乃合沙門及學士等撰。分別五例。第四例是疑僞。專收可疑或確僞的佛經。也是依道安的成例。又有一部別本衆經目錄是沙門法經做的。把三藏分做六部。每部又分六節。第四五節叫做疑惑僞妄。把疑惑的佛經從僞妄的佛經分出。比較佛經目錄隋衆經目錄更加精細。更加愼重了。從這點看隋唐間的佛經目錄學發達到最高度。只要佛經稍有可疑。決不容他和眞經淆混。却不幸中唐編開元釋敎錄。只知貪多。不知辨僞。把法經已認爲僞的書也編入眞書裏。毫無分別。從此佛經辨僞學便漸漸衰微了。

李唐一代。經學家篤守師法。不能自出別裁。文學家專喜創造。不肯留心往蹟。我們若想從中唐以前找一個切實的用科學精神來研究古書的人是不可能的。辨僞的學者更不必說了。中唐以後。風氣轉變。大家已感覺注疏家的瑣碎拘牽。趙匡啖助對於春秋的研究便已不是墨守師法。已別開生面了。大家苦於注疏的呆板。不能不在經書以外另找別的古書——子書——來滿足自己的學問慾。既須找了。便不能不對於古書加以辨別或批評。這種趨勢。可舉柳宗元做一個代表。柳宗元雖是一個文學家。雖和韓愈齊名。但他對於社會政治。都有特別見解。比韓愈來得强。而且喜歡研究古書。懷疑古書。他斷定鶡冠子亢倉子鬼谷子文子列子是僞書。他斷定晏子春秋是墨子之徒有齊人者做的。都很的確。然柳宗元雖能辨子書之僞。而却不能大胆的懷疑經書。比他更早而能疑古惑經的。武則天的時代已出了一位史學家劉知幾。劉知幾羅列許多證據。指出尙書春秋論語孟子對於古史的妄測虛增或矛盾錯謬。直接的。籠統的。攻擊五經和上古之書眞僞不分。貽惑後世。在那種辨僞學衰微已久的空氣中。首先引導學者做自由的研究。開後來的風氣的。劉知幾總是頭一個。不能不令我們佩服。

到了宋朝。辨僞學便很發達了。宋人爲學的方法。根本和漢人不同。他們能够自出心裁去看古書。不肯墨守訓詁。不肯專取守一先生之言的態度。他們的胆子很大。漢唐人所不敢說的話。他們敢說。前人已經論定的名言。他們必求一個可信不可信。在這種風氣之下。產生了不少的新見解。實在是宋人的特別處。我們考究他的淵源。却不能不認他們受了啖助趙匡柳宗元的影響。

宋人最先懷疑古書的是歐陽修。他做了一篇易童子問。易經的繫詞文言說卦序卦雜卦向來認爲孔子做的。價值在論語之上。他却根本不相信這說而推翻之。此外對於左傳周禮。都有懷疑的批評。他總不愧爲北宋辨僞學者的第一個。此外王安石蘇軾司馬光都能表示這種解放的。自由研究的精神。都有疑古辨僞的成績。我們也不必詳講了。——如王安石疑春秋司馬光疑孟子之類——

南宋朱熹。一方面是兩宋道學的集大成者。一方面是注解古書用功最多的人。他不但不給古來的注疏拘牽。而且很大胆的表彰吳棫懷疑古文尚書不是眞書的論調。自從他們提出這問題。以後經過許多學者的研究。到了清初閻若璩才完全證實了。閻若璩的成功不能不賴吳棫朱熹的發問。這可見朱熹在辨僞學的價值了。此外他對於周禮和先秦諸子也提出了很多疑問。雖然他所注的書也不免有假的。但他開後來懷疑辨僞的路。在南宋總是第一人。

和朱熹同時的。有葉適。他著的習學記言序目對於經部許多書都很懷疑。也不相信易經的十翼是孔子做的。對於諸子如管子晏子孫子司馬法六韜老子都有所論辨。而且很有價值。觀察的方法也很對。

朱葉以後。陳振孫著直齋書錄解題。晁公武著郡齋讀書志。王應麟著漢書藝文志考證。雖然是一種書目。同劉向的別錄劉歆的七略一樣，却都能够對於僞書提出許多懷疑的論調和問題，供後人的探討。固然他們所說的多半引用前人之說，但他們自己所發明的也已不少。這三部書至今尚存，他們的功績是不可磨滅的。此外，朱熹的再傳弟子黄震著了一部黄氏日抄，裏頭很有幾條是辨僞古文尚書的，有幾條是辨僞諸子的。另外還有一位趙汝楳著了一部周易輯聞，專辨十翼不是孔子做的，比歐陽修還更徹底。這些都是南宋的人，可見南宋的辨僞學很發達。

元朝在文化史上是閏位，比較的任何學術都很少貢獻，在辨僞方面也是如此，所以現在不講。

明初宋濂著諸子辯一卷，辨別四十部子書的眞僞。從前的人往往在筆記文集或書目中帶說幾句辨僞的話，沒有專著一卷書來辨許多書的僞的。宋濂却和前人不同，我們可以說專著一書以博辨羣書的宋濂是第一個。

明朝中葉，梅鷟著尚書考異，認僞古文尚書二十五篇是皇甫謐做的。自朱熹以後，數百年無人注意尚書的眞僞，到了他才首先發難，漸漸的用科學方法來辨僞，開了後來辨僞的許多法門，雖然結論錯了，而價值還是不小。此外，焦竑的筆乘，王世貞的四部乙藁也有些辨僞書的話。

晚明出了一位辨僞大師，叫做胡應麟，著了一部四部正譌。宋濂的諸子辨不過是文集裏的長篇文章，仍舊放在雜著之部，而且沒有博辨羣書的眞僞，發明通用的方法，還不算專書。專著一書去辨別一切僞書，有原理，有方法的，胡應麟著四部正譌是第一次。他所辨的書固然不多，他所辨別的眞僞固然不能完全靠得住，但經史子集四部的書大都曾經過他的研究，而可供後人的參考。他那部書的開首幾段說明辨僞的需要，僞書的種類和來歷。和我前次講的略同。我也略採他的意見。那書的末尾幾段講辨僞的方法應用的工具。經過的歷程。全書發明了許多原理原則首尾完備。條理整齊。眞是有辨僞學以來的第一部著作。我們也可以說辨僞學到了此時才成爲一種學問。

清朝學術極發達。因爲一般學者大都能用科學方法去整理古書。這種科學精神的發動。很可以說是從辨僞引導出來的。其中辨僞最有名的是閻若璩。胡渭。閻若璩的最大功勞是著了一部尚書古文疏證。把僞古文尚書的案件。從朱熹梅鷟胡應麟等所懷疑而未能決定的。用種種鐵證。證明了。正式宣告僞古文的死刑。同時惠棟也著了一部古文尚書考。和閻若璩的結論一樣。從此沒有人相信僞古文尚書了。

胡渭著易圖明辨專辨宋朝所傳的太極圖河圖洛書。用種種方法證明那是宋初時和尚道士。東拉西扯。胡亂湊成的。和周公孔子漢人唐人全無關係。把宋朝以後的所謂易學的烏煙瘴氣都掃清了。這書和尚書古文疏證在現在看來。雖是粗疏的地方很多。而其實事求是的精神。實開後來一般學者用科學方法治學的先聲。是不可磨滅的。但這種專攻一書的書。和四部正譌的性質不同。前者利用已經成立的原則。已經發明的方法。去判決一部書的眞僞問題。後者因辨別種種僞書。從而發明種種方法。成立種種原則。而皆是最有力的辨僞書。同時有二部和四部正譌性質相同的書。一部是萬斯同的羣書疑辨。一部是姚際恆的古今僞書考。萬斯同是史學大家。他那書對於周禮儀禮左傳易傳等書。都有懷疑的論辨。其他諸書經他判別的也很多。而他的長兄斯大專著一部周官辨非。辨周禮是僞書。尤其徹底。姚際恆那部書的體例和四部正譌相差不遠。所辨的僞書却較多。他究竟曾見四部正譌與否。還未能決定。但他的胆子比胡應麟大得多。胡應麟辨經解子史諸集的僞。

却不敢疑經的本文。他可不客氣的根本攻擊周禮毛詩等書。直疑其僞。他又做了九經通論。很詳細的辨別九經的眞僞。可惜已殘逸大半了。古今僞書考辨別九十二部書的眞僞。雖然有些不很重要的書他經研究。而且沒有發明多少原則。似乎比四部正譌的價值較低。但同是最重要的辨僞書。同是我們所不可不參考的。諸君可以拿來看看。好在那二書的篇幅很少。有二天的時間就可看完。看了可以知道僞書的大概和辨別的方法。如欲訓練自己的腦筋。利用原有的方法。去辨別一書的眞僞。那麼。尚書古文疏證和易圖明辨都很可以幫助我們。

上面說的閻若璩胡渭萬斯同姚際恆惠棟五人可以做淸初辨僞學的代表。到了乾隆時代。這種辨僞風氣仍舊很盛。其中孫志祖著了一部家語疏證。范家相著了一部家語證譌。把孔子家語是王肅僞造的公案宣布了。家語疏證的體例和尙書古文疏證一樣。都是取漢書儒林傳『疏通證明之』之義。這種工作。因辨古文尙書之僞而牽連到尙書孔安國注論語孔安國注孝經鄭玄注。漸漸的都證明是假的了。

同時出了一位名聲很小的辨僞大家。就是著考信錄的崔述。他把春秋以後諸子百家傳說的古事。一件一件的審查辨別那是眞的那是假的。使得古史的眞相不致給傳說遮蔽。他雖然專辨僞事。却也不能不順帶辨僞書。他雖然迷信五經論語孟子。却也不能不疑其一小部分。他辨僞的方法。除了『考信於六藝』以外。還有許多高妙的法門。他解釋作僞的原因。能够求得必要的條件。尤其是他那種處處懷疑事事求眞的精神。發人神智。實在不少。他的遺書。百年來看見的人很少。最近才有人表揚刊布。使史學界發生很大的影響。

嘉慶以後。辨僞的方向稍稍變了。西漢今古文之爭。經過了西漢末諸儒的調和。已消沉了千餘年。到了此時忽然又翻案了。翻案最有力的人是劉逢祿魏源。劉逢祿治公羊之學，認春秋公羊傳是可靠，疑左氏傳是僞書，著了一部左氏春秋考證，對於春秋古文家起了一種反動。魏源著了一部詩古微，不相信毛詩而宗齊魯韓三家，又著了一部書古微，不特認僞古文尚書是假的，而且根本疑漢書藝文志『古文尚書十六篇』全是假的。他們所發的問題，都和淸初不同。王肅造僞古文尚書，淸初已破案，王肅造的許多僞書也跟著辨清了。劉歆造僞顚倒五經的公案，到了劉逢祿魏源才發生問題，比淸初更進一步了。

有淸之末，吾師康南海先生專著一部新學僞經考，把西漢迄淸今古文之爭算一個總賬，認西漢新出的古文書全是假的，承劉魏之後而集其大成，使古書的大部分如周禮左傳毛詩毛詩傳和劉歆所改竄的書根本搖動。使當時的思想界也跟著發生激烈的搖動，所以當時的人沒有不看他是怪物的。他提倡維新變法，固然振盪人心，他打倒歷代相傳神聖不可侵犯的古經，尤其使人心不能不激變。淸末更無人可以和他比較了。

最近疑古最勇辨僞最力的，可舉二人作代表：一個是胡適，一個是錢玄同。我們看辨僞學者的手段，眞是一步比一步厲害。康南海先生比較劉逢祿魏源已更進步了，胡適比康先生又更進一步，到了錢玄同不但疑古，而且以改姓疑古，比胡適又更徹底了。他們的成績雖不很多，但懷疑的精神已因他們的鼓吹而徧入學術界。

至於我，雖然勇於疑古，比起他們，也已瞠乎其後。我生性便如此，一面儘管疑古，一面仍帶保守性。當我少年幫助康先生做新學僞經考的時候，雖得他的啓發思想的補助不少，一面也疑心他不免有些武斷的地方，想修正其一部分。最近對於胡適疑古錢玄同等用科學的方法和精神，提出無人懷疑的許多問題，雖然不能完全同情，最少認爲有力的假定，經過了長期的研究，許有一天可以證實的。但如錢玄同之以疑古爲姓，有一點變爲以疑古辨僞爲職業的性質，不免有些辨得太過，疑得太過的地方。我們不必完全贊成他們辨僞的結論，但這種精神，總是可貴的。他們辨僞的結論，若有錯了的，自然有人出來洗刷，不致使眞事眞書含寃，若不錯，那麽，僞事僞書便無遁形了。所以我們如努力求眞，這種辨學的發達是大有希望的。

第四章　辨別僞書及考證年代的方法

四部正譌的最後，論辨僞之法有八。

『凡覈僞書之道，覈之七略，以觀其源；覈之羣志，以觀其緒；覈之並世之言，以觀其稱；覈之異世之言，以觀其述；覈之文以觀其體；覈之事以觀其時；覈之撰者以觀其託；覈之傳者以觀其人；覈茲八者，而古今贋籍，無隱情矣。』

這段話，發明了辨僞的幾個大原則，大概都很對。我現在所講的略用他的方法，而歸納爲兩個系統。

甲，就傳授統緒上辨別。

乙，就文義內容上辨別。

一則注重書的來源，一則注重書的本身。前者和四部正譌的第一，第二，第七，第八，四個方法相近，後者和四部正譌的第三，第四，第五，第六，四個方法相近，而詳略重輕却各不同。

甲．從傳授統緒上辨別

這有八種看法。

一從舊志不著錄而定其僞或可疑　最古的志——最古的書目是西漢末劉歆的七略和東漢初班固的漢書藝文志（略稱漢志）漢志是依傍七略做的相距的時代很近所以七略雖亡漢志儘可代他的功用我們想研究古書在秦始皇以前的情形和數目是沒有法子考證的因爲古書的大半都給秦始皇楚霸王燒掉了西漢一代勤求古書民間藏匿的書都跑到皇帝的內府——中祕——去了劉歆編校中祕之書著於七略他認爲假的而不忍割愛的則有之有這部書而不著錄的却沒有我們想找三代先秦的書看除了信漢志以外別無可信所以凡劉歆所不見而數百年後忽又出現萬無此理這個大原則的唯一的例外便是晉朝在汲郡魏襄王冢所發現的書的確是劉歆等所未看見漢志所未著錄的我們除汲冢書以外無論拿著一部什麼古書只要是在西漢以前的應該以漢志有沒有這部書名做第一個標準若是沒有便是僞書或可疑之書譬如子夏易傳漢志沒有隋書經籍志（略稱隋志）忽有漢人看不見的書如何六朝人能見之又如子貢詩傳漢志隋志和宋朝的崇文總目都沒有明末忽然出現從前藏在何處又如連山歸藏漢志都沒有隋志忽有歸藏唐志忽有連山假使夏商果有此二書爲甚麼漢志不著錄又如僞古文尙書孔安國傳漢志和史記漢書的列傳都沒有說東漢末的馬融鄭玄晉初的杜預都沒有見假使孔安國果然著了此書爲甚麼從同時的人起一直到晉初的人止都不見而東晉人反得見又如鬼谷子漢志無隋志有亢倉子漢志隋志都無崇文總目忽有這都是最初不錄後來忽出當然須懷疑而辨其僞

二從前志著錄後志已佚而定其僞或可疑　如關尹子漢志著錄說有九篇隋志沒有漢志雖然有之眞僞尙是問題六朝亡了所以隋志未錄而後來唐末宋初忽然又有一部出現如果原書未亡佚那麼隋朝牛弘能見

萬種書而不能見關尹子．唐朝數百年．沒有人見關尹子．到了宋初．又才發現．誰能相信．這種當然是僞書．

三．從今本和舊志說的卷數篇數不同．而定其僞或可疑．　這有二種．一是減少的．一是增多的．減少的如漢志有家語二十七卷．到了唐書藝文志（略稱唐志）却有王肅注的家語十卷．所以顏師古注漢志說．非今所有家語．可見王注絕非漢志原物．又如漢志已定鬻子二十二篇．爲後人假託．而今本鬻子才一卷十四篇．又說公孫龍子有十四篇．而今本才六篇．又說愼子有二十四篇．而唐志說有十卷．崇文總目說有三十七篇．而今本才五篇．這都是時代愈近．篇數愈少．這還可以說也許是後來亡佚了．又有一種．時代愈後．篇數愈多的．這可沒有法子辯說他不是僞書．如鶡冠子．漢志才一篇．唐朝韓愈看見的已多至十九篇．宋朝崇文總目著錄的却有三十篇．其實漢志已明說鶡冠子是後人假託的書．韓愈讀的．又已非漢志錄的．已是僞中僞．崇文總目著錄的．又非韓愈讀的．更是僞中的僞又出僞了．又如文子．漢志說有九篇．馬總意林却說有十三篇．這種或增或減．篇數已異內容必變．可以決定是僞書．最少也要懷疑．再從別種方法定其眞僞．

四．從舊志無著者姓名而定後人隨便附上去的姓名是僞．　如文子．漢志沒有著者姓名．馬總意林說是春秋末范蠡的老師計然做的．而且說計然姓章．漢人所不知．唐人反能知之．其實文子本身已是僞書．竊取淮南子的唾餘而成．何況憑空又添上一個不相干的人名呢．

五．從舊志或注家已明言是僞書而信其說．　如漢志已有很多注明依託．他所謂依託的．至少已辨別是假．那種書大半不存．存的必僞．又如顏師古注漢志孔子家語說「非今所有家語」．他們必有所見．才說這個話．我們當然不能信他所疑的僞書．又如隋衆經目錄．編大乘起信論於疑惑類．說「徧查眞諦錄．無此書」．法經著隋衆經目錄時距眞諦死。不過三十年。最少可以證明這書不是眞的。

六後人說某書出現於某時。而那時人並未看見那書。從這上可斷定那書是僞。　如僞古文尚書十六篇。說是西漢武帝時發現的。孔安國曾經作傳。東漢末馬融鄭玄又曾經作注。其實我們看西漢人引尚書的話。都不在僞古文十六篇之內。而馬融尚書注雖然佚了。現在也還保留一點。並沒有注那十六篇。他們常引佚書。在今本僞古文十六篇之內。可見馬鄭以前的人並沒有看見今本僞古文尚書。一定是三國以後的人假造的。不但如此。杜預是晉初的人。他注左傳也常引佚書。而不言尚書。可見僞古文尚書還在他以後才出現。而造假的偏想騙人說是西漢出現的眞書。誰肯相信呢。

七書初出現。已發生許多問題。或有人證明是僞造。我們當然不能相信。　如張霸僞造的百兩尚書。不久即知其僞。尚書泰誓篇從河間女子得來。馬融當時便已懷疑。這種書若還未佚。我們應當注意。

八從書的來歷曖昧不明而定其僞。　所謂來歷曖昧不明。可分二種。一是出現的。二是傳授的。前者如古文尚書。說是出於壁中。這個壁不知是誰的壁。有人說秦始皇焚書。伏生藏書壁中。到了漢朝除藏書之禁。打開壁取出書來。却已少了許多了。有人說孔子自己先知將來有一個秦始皇會焚他的書。預藏壁中。到了漢魯共王拆壞孔子的屋子。在壁間發現了古文尚書禮記論語孝經等書。這二說都出於漢書。究竟那說可信呢。像這類出現的來歷不明的很多。如尚書的舜典。說是從大航頭找得。其實不過把堯典下半篇分出來。加上二十八字。而另成一篇。又如張湛注列子。前面有一篇敍。說是當五胡亂華時。從他的外祖王家得來的孤本。後來南渡長江。失了五篇。後又從一個姓王的得來三篇。後來又怎樣得來二篇。眞是像煞有介事。若眞列子果是眞書。怎麼西晉人都不知道。有這樣一部書。像這種奇離的出現。我們不可不細細的審查。根究。而且還可以徑從其奇離。而斷定爲作僞之確證。

至於傳授的曖昧。這類也很多。如毛詩小序的傳授。便有種種的異說。有的說子夏五傳至毛公。有的說子夏八傳至毛公。有的說是由衛宏傳出的。我們從這統緒紛紜上。可以看出裏面必有毛病。這種傳授時和出現的曖昧。都可以給我們以讀書得間的機會。由此追究。可以辨別書的眞僞。

乙　從文義內容上辨別

上面講的注重書的來歷。現在講的注重書的本身。從書的本身上辨別。最須用很麻煩的科學方法。方法有五。

一　從字句罅漏處辨別。　作僞的人常常不知不覺的漏出其僞跡於字句之間。我們從此等小處著眼。常有重大的發現。其年代錯題者也可從這些地方考出。這又可分三種看法。

(子)從人的稱謂上辨別　這又可分三種。

(A)書中引述某人語。則必非某人作。若書是某人做的。必無『某某曰』之詞。　例如繫辭文言說是孔子做的。但其中有許多『子曰』。若眞是孔子做的。便不應如此。若『子曰』眞是孔子說。繫辭文言便非孔子所能專有。又如孝經有人說是曾子做的。有人直以爲孔子做的。其實起首『仲尼居。曾子侍。』二句便已講不通。若是孔子做的。便不應稱弟子爲曾子。若是曾子做的。更不應自稱爲子而呼師之字。我們更從別的方法可以考定孝經乃是漢初的人所做。至少也是戰國末的人所做。和孔曾那有什麼關係呢。

(B)書中稱謚的人出於作者之後。可知是書非作者自著。　人死始稱謚。生人不能稱謚。是周初以後的通例。

管仲死在齊桓公之前。自然不知齊桓公的謚。但管子說是管仲做的。却稱齊桓公不稱齊君齊侯。誰相信。商鞅在秦孝公死後卽逃亡被殺。自然無暇著書。若著書在孝公生時。便不知孝公的謚。但商君書說是商鞅做的。却大稱其秦孝公。究竟是在孝公生前著的呢。還是在孝公死後著的。

(C)說是甲朝人的書。却避乙朝皇帝的諱。可知一定是乙朝人做的。　漢後的書對於本朝皇帝必避諱。如晉書是唐人修的。所以避李淵李虎的諱。改陶淵明爲陶泉明。改石虎爲石季龍。假使不是唐人的書。自然不必避唐帝的諱。元經却很奇怪。說是隋朝王通做的。却也稱戴淵爲戴若思。石虎爲季龍。是什麼道理。又如漢文帝名恆。所以漢人著書改恆山爲常山。改陳恆爲陳常。現在莊子裏面却也有陳常之稱。這個字若非漢人抄寫時擅改。一定這一篇或這一段爲漢人所竄補的了。

(丑)用後代的人名地名朝代名。　這也可分三種。

(A)用後代人名。　例如爾雅一部分是叔孫通做的。一部分是漢初諸儒做的。大部分到了西漢末才出現。而漢學家推尊爲周公的書。那書裏有『張仲孝友』的話。張仲分明是周宣王時人。周公怎麼能知道他呢。又如管子有西施的事。西施分明是吳王夫差時人。管仲怎麼能知道她呢。又如商君書有魏襄王的事。魏襄王的卽位在商鞅死後四十餘年。怎麼能够讓商鞅知道他的謚法呢。由這三條。便可證明爾雅非周公所作。管子非管仲所作。商君書非商鞅所作。

(B)用後代地名。　例如山海經說是大禹伯益做的。而其中有許多秦漢後的郡縣名。如長沙城都之類。可見此書至少有一部分是漢人所做或添補的。我們又可從地名間接來觀察左傳講的分野。那十二度分野的說法。完全是戰國時的思想。因其以國爲界。把戰國時大國如魏趙韓燕齊秦楚越等分配給天上的星宿。說某宿屬某國。可知是戰國時的產品。當春秋時。趙魏韓還未成國。越燕還很小。怎麼可當星宿的分野呢。我們從左傳講分野這點。可以說左傳不是和孔子同時的左邱明做的。至少也可以說左傳卽使是左邱明做的。而講分野這部分。一定是後人添上去的。

(C)用後代朝代名。　我國以一姓興亡爲朝代。前代人必不能預知後代名。但是堯典却有『蠻夷猾夏』的話。夏乃大禹有天下之號。固然秦以前的外民族號本民族爲夏。漢以後的外族稱本族爲漢。唐以後的外族稱本族爲唐。我們現在還是自稱漢人。華僑現在還是自稱唐人。但都是後代人稱前代名。沒有前代人稱後代名的。堯典却很可笑。却預知本族可稱夏。這不是和宋板康熙字典同一樣笑話嗎。我們看那篇首不是分明說了『曰若稽古帝堯』麼。加以現在這層證據。可知一定是夏商以後。孔子以前的人追述的。而後人却說堯典等篇非堯舜的史官不能做到這樣好。豈非笑話。

(寅)用後代的事實或法制。　這可分二種。

(A)用後代的事實。　這又可分三種。

(a)事實顯然在後的。　如商君書有長平之戰。乃商鞅死後七十八年之事。可知是書是長平之戰以後的人做的。又如莊子說過『田成子殺其君。十二世而有齊國』的話。自陳恆到秦滅齊恰是十二世。到莊周時代。不過七八世。莊周怎麼能知陳氏會有齊十二世呢。這可知那篇一定是秦漢間的人做的。否則不致那麼巧。又可知莊子雖然是眞的。外篇却很多假的。必須細細考證一番。

(b)豫言將來的事顯露僞跡的。這類左傳最多。左傳好言卜卦。卜卦之辭沒有不靈驗的。如陳敬仲奔齊。懿仲欲妻以女。占曰『……有嬀之後。將育於姜。五世其昌。並於正卿。八世之後。莫之與京。』和後來的事實一一相符。卽使有先見之明也斷斷不致如此靈驗。這分明是在陳恆八世孫以後的人從後附會的。那裏是眞事。又如季札觀樂。上國批評政治的好壞。斷定人事的興衰。沒有一句不靈驗的。當時晉六卿還是全盛。他却說三家將分晉。當時齊田氏有齊以後的人追記其事時。樂得說好些以顯其離奇靈驗。我們正可以離奇靈驗的記載做標準而斷定這些話之靠不住。

(c)僞造事實的。　例如文中子中說把隋唐闊人都拉在他——王通——門下。說仁壽二年曾見李德林。又曾遇關朗。其實李德林之死在仁壽二年之前九年。關朗乃早百二十餘年的人。何能看見王通。此外如房玄齡杜如晦李靖……　都說是王通的弟子。而他書一無可考。從各方面觀察。可知文中子中說是僞書。若眞是王通做的。則王通是一錢不值的人。若是別人爲王通捧場而做的。則技倆未免太拙了。

以上三種。(a)是與事實不符。(b)是假託預言。(c)是純造謠言。只要我們稍爲留心。便可識破僞跡。

(B)用後代的法制。　例如亢倉子說『裒世以文章取士。』以文章取士。乃六朝以前所無。唐後始有。亢倉子是莊周的友。戰國時人。怎麼知有考八股的事呢。從此可知一定是唐以後的人做的。又如六韜有『帝避正殿』之事。避正殿乃先秦以前所無。漢後始有。六韜說是周初的書。周朝那有此種制度呢。從此可知是漢以後的人做的。凡是朝廷的制度。法律。社會的風俗。習慣。都可以此例做標準。去考書的眞僞和年代。

二。從抄襲舊文處辨別。　這可分三種。

(子)古代書聚斂而成的。 戰國時有許多書籍並非有意作僞。不過貪圖篇幅多些。或者本是類書。所以往往聚斂別人做的文章在一處。這可分二種。

(A)全篇抄自他書的。 例如大戴禮記有十篇說是曾子做的。而曾子立身篇卻完全從荀子的修身大略兩篇湊成。我們已經知道荀子書是很少僞雜的。修身大略的見解尤其確乎是荀子的。那麼曾子立身篇一定是編大戴禮記的人抄自荀子無疑。又如韓非子初見秦篇完全和戰國策秦策一的第四段相同。只是這裏說是韓非的話。那兒又說是張儀的話。有點差異。其實韓非是韓的諸公子。不致說初見秦篇那種昧心話去和敵國設計滅祖國。我們看那篇後的存韓篇。極力想保存韓國。便知韓非決不致有這樣矛盾的主張。那篇一定是編書的人抄自他書的。但戰國策本身和類書一樣。他把那篇嫁往張儀身上。其實篇中已有張儀死後四十九年的事。張儀怎麼能領受呢。大概初見秦篇本是單篇流行的無名氏游說辭。因爲文章做得好。編戰國策和韓非子的人便都把牠收入去了。此外又如鶡冠子分明是僞書。據韓愈所分。前三卷中三卷後二卷。而前卷完全自墨子抄來。實在太不客氣了。

(B)一部分抄自他書的。 此類極多。例如商君書弱民篇『楚國之民齊疾而均速』以下一段又見於荀子議兵篇。批評各國的國民性。但荀子是眞書。而且議兵篇是荀子和趙臨武君對談的話。口氣很順。商君書本身已有些部分可疑。而弱民篇又不似著述的體裁。我們可從此斷定是編商君書的人抄襲荀子的一段。此外也不多舉例了。

(丑)專心作僞的書剽竊前文的。 有意作僞的人想別人相信他。非多引古書來攙雜不可。例如僞古文尚書是東晉時人做的。因當時逸書很多。而造僞者只要有一點資料可採。便不肯放過。採花釀蜜似的。幾無痕跡可見。清儒有追尋僞古文出處的。也幾乎都能找到他的老祖宗。自宋儒程朱以來。所認最可寶貴的十六字『人心惟危。道心惟微。惟精惟一。允執厥中。』據他們說。眞是五千年前唯一的文化淵源了。但我們若尋他的出處。便知是從荀子解蔽篇論語堯曰篇的幾句話湊綴而成。解蔽篇引道經曰。『人心之危。道心之微。』堯曰篇述堯命舜之言曰。『允執其中。』僞造者把二處的話聯綴一處。把之字改爲惟字。加上一句『惟精惟一』便成了十六字傳心祕訣。其實那裏眞有這回事呢。又如列子有十之三四和莊子相同。並且有全段無異的。列子雖似是莊子的先輩。但莊子敍述列子。是否和敍述混沌儵忽一般的是寓言。已是問題。假使眞有列子其人。則莊子是盜竊先輩的書。而莊子決不致如此。莊子是創作家。文章思想都很好。我們看列子莊子大同小異處。列子或改或添。總是不通。唐以後的古文家說列子的文章比莊子還更離奇。其實所謂離奇處正是不通處。我們從這上便正可以證明是列子抄莊子而非莊子抄列子了。

還有一個最奇怪的例。文子完全剽竊淮南子。差不多沒有一篇一段不是淮南子的原文。只把篇目改頭換面。如淮南子第一篇是原道。他却改爲道原。眞是無聊極了。像這類的書。沒有一點價値。可說焚燬也不足惜。

(寅)已見晚出的書而勦襲的。　例如焦氏易林說是焦延壽做的。焦延壽是漢昭帝宣帝時人。那時左傳未立學官。普通人都看不見。現在易林引了左傳許多話。其實左傳到漢成帝時才由劉歆在中祕發見。焦延壽怎麼能看見左傳呢。這分明是東漢以後的人見了那晚出的左傳才假造的。又如列子周穆王篇完全和穆天子傳相同。前人疑列子是假書。四庫全書提要因這層便說似是眞書。其實我們却正可因這層說他必僞無疑。因爲穆天子傳至晉太康二年才出土，僞造列子的張湛剛好生在其後不久，張湛見了穆天子傳，才造周穆王篇，和東漢後人見了左傳，才造易林，有什麼不同呢。

三、從佚文上辨別　有些書因年載久遠而佚散了，後人假造一部來冒替，我們可以用眞的佚文和假的全書比較，看兩者的有無同異來斷定書的眞僞，現在分二種講。

(子)從前已說是佚文的，現在反有全部的書，可知書是假冒。　例如僞古文尚書每篇都有許多話在馬融鄭玄杜預時已說佚文的，馬鄭在東漢且不能見全書，怎麼東晉梅賾反能看見呢，只此消極的理由，便可證明那書是西晉人假造的了。

(丑)在甲書未佚以前，乙書引用了些，至今猶存，而甲書的今本却沒有或不同於乙書所引的話，可知甲書今本是假的。　例如竹書紀年是晉太康三年在汲郡魏家冢發現的，晉書束晳傳記其書和舊說不同的有夏年多殷，啓殺伯益，太甲殺伊尹，文丁殺季歷等事，當時很有人因此疑竹書爲僞，殊不知造僞者必不造這反舊思想之說，姑且勿論，今本却因其事違反舊說而完全刪改，一點痕迹找不着了，可知今本竹書紀年必不是晉時所發現的，又如孔子家語，從前已說過，顏師古注漢書已說『非今所有家語』，古本眞僞已不能確考，但左傳正義引觀周篇，說是沈文炳嚴氏春秋引的，杜佑通典六十九亦引了崔凱所引的，那些話都是今本所沒有，可知今本是假的，而造僞的王肅已不曾見到古本，像這類古本雖佚，尚存一二佚文於他書，我們便可引來和今本比較，便考定今本的眞僞了。

四、從文章上辨別　這可分四項。

(子)名詞　從書名或書內的名詞可以知道書的眞僞。例如孝經。大家說是曾子做的。甚至說是孔子做好而傳給曾子的。姚際恆辨之曰『諸經古不係以經字。惟曰易曰詩曰書。其經字乃俗所加也。自名孝經。自可知其非古。若去經字。又非如易書詩之可以一字名者矣。班固似亦知之。曰「夫孝天之經。地之義。民之行也。舉其大者言。故曰孝經。」此曲說也。豈有取「天之經」經字配孝字以名書。而遺去天字。且遺去「地之義」諸句者乎。』我們單根據這條。便可知孝經決不和孔子曾子有直接的關係了。

還有個可笑的例。釋迦牟尼講佛法。都由他的十大弟子傳出。所以佛經起首多引十大弟子的一人說『如是我聞。一時佛在……與大弟子某某俱……』十大弟子有一個叫做優波離。和婆羅門敎的哲學書優波尼沙只差一字。現在有一部楞嚴經起首就說『如是我聞優波尼沙說。』竟把反對佛敎的書名當做佛弟子的人名了。這種人名書名的分別。只要稍讀佛經者便可知道。而僞造楞嚴經者竟混而爲一。豈非笑話。

(丑)文體　這是辨僞書最主要的標準。因爲每一時代的文體各有不同。只要稍加留心。便可分別。卽使甲時代的人模仿乙時代的文章。在行的人終可看出。譬如碑帖。多見多臨的人一看便知是某時代的產物。譬如詩詞。多讀多做的人一看便知是某時代的作品。造僞的人無論怎樣模仿。都不能逃眞知灼見者的眼睛。

這種用文體辨眞僞或年代的工作。在辨僞學中很發達。漢書藝文志『大禹三十七篇』下班固自注云。『傳言禹所作。其文似後世語。』這類從文章辨說書的假冒不止一條。後漢趙岐刪削孟子外篇四篇。說『其文不能閎深。不與內篇相似。』晉郭象刪削莊子許多篇。也從文體斷定不是莊子做的。僞古文尚書最初何以有人動疑。也因爲大誥洛誥多士多方太詰屈聱牙。而五子之歌大禹謨却可歌可誦。二者太懸殊了。如果後者確是夏初的作品這樣文從字順。而前者是商周的作品反爲難讀。未免太奇怪了。固然也有些人喜用古字古句。如樊宗師章太炎的文章。雖是近代而也很難讀。但我們最少可以看出是淸朝人的文章。若指爲漢文。則終不似。而除這些人以外。大多數人的文章總是時代越近越易懂。僞古文尚書便違反了這個原則那幾篇說是夏商的反較商周的爲易懂。所以不能不令人懷疑而辨僞了。

此外又如蘇軾說馬蹄篇和莊子他篇不似而以爲僞固未必是。但莊子內篇和外篇文體不同。可知必非一人所作。又如孝經鬻子子華子亢倉子。一望而知爲秦漢之文。非秦漢人不能做到那樣流麗。關尹子更可笑。竟把六朝人翻譯佛經的文體僞託先秦。所以我們從文體觀察。可使僞書沒有遁形。眞妙的很。

上面辨的是關於思想方面的書。若從文體辨文學作品的眞僞。則越加容易。例如古詩十九首。前人說是西漢枚乘做的。若依我的觀察。十九首的詩風完全和建安七子相同。和西漢可靠的五言詩絕異。西漢鐃歌如十八章。音節腔調絕對不似十九首。東漢前期的作品亦不相類。十九首中如古洛東門北邙等名詞都是東漢以後才習用。也可作一證。卽以文體而論。亦可知不特非西漢作品。且非東漢前期作品也。又如詞的起源。中唐劉禹錫白居易始漸漸增減詩句而爲之。字語參差。只有單調。到了晚唐才有雙調。李白生在中唐。却能做菩薩蠻憶秦娥那樣工整的雙調詞。豈不可怪。倘使李白的詞是眞的。怎麼中唐至唐末百餘年間沒有一人能做他那樣的詞。一直到溫庭筠才試做。還沒有十分成熟呢。

眞的講。像這種從文體辨僞書的方法。眞妙的很。却難以言傳。但這個原則是顚撲不破的。如看字看畫看人的相貌。有天才或經驗的人暗中自有個標準。用這標準來分別眞僞年代或種類。這標準十分可靠。但亦不可言說只有多經驗經驗豐富時自然能用我自己對於碑帖便有這種本領無論那碑帖這樣的毫無證據可供我們考其年代我總可從字體上斷定是何時代的產品是何代前期的或後期的無論造僞碑帖的人怎樣假冒前代和眞的混雜一起我總可以分別他孰眞孰僞辨古書的眞僞和年代我也慣用此法

(寅)文法　凡造僞的不能不抄襲舊文我們觀察他的文法便從何處抄來例如中庸說是子思做的子思是孟子的先生中庸似在孟子之前但依崔述的考證中庸却在孟子之後證據很多文法上的也有一個崔述把中庸孟子相同的『在下位不獲乎上……』一章比較字句的異同文法的好歹說孟子『措語較有分寸……首尾分明章法甚明』中庸所用虛字『亦不若孟子之妥適』可見『是中庸襲孟子非孟子襲中庸』又如莊子和列子相同的前人說是莊子抄列子前文已講過莊子不是抄書的人現在又可從文法再來證明莊子應帝王篇曾引壺子說『……是殆見吾衡氣機也鯢桓之審爲淵止水之審爲淵流水之審爲淵淵有九名此處三焉』大約因衡氣機很難形容拿這三淵做象徵但有三淵便儘够了僞造列子的因爲爾雅有九淵之名想表示他的博學在黃帝篇便說『……是殆見吾衡氣機也鯢旋之潘爲淵止水之潘爲淵流水之潘爲淵濫水之潘爲淵沃水之潘爲淵氿水之潘爲淵雍水之潘爲淵汧水之潘爲淵肥水之潘爲淵是爲九淵焉』竟把引書的原意失掉了眞是弄巧反拙誰能相信列子在莊子之前呢又如賈誼新書早已亡佚了今本十之七八是從漢書賈誼傳抄來的賈誼傳的事實言論新書拿來分做十數篇各有篇名前人說是漢書採各篇成傳其實如賈誼傳的治安疏全篇文章首尾相顧自然是賈誼的作品而新書也分做幾篇章法凌亂文氣不接割裂的痕迹顯然賈誼必不致割裂一疏以爲多篇亦不致湊合多篇以爲一疏若是眞的新書還存在一定有許

多好文章。不致如今本的疏陋。今本是後人分析賈誼傳而成。我們可無疑了。

(卯)音韻。　歷代語言的變遷從書本還可考見先秦所用的韻和廣韻有種種的不同。那不同的原則都已確定了。例如「爲」「離」今在「支」韻古在歌韻。三百篇易象辭都不以「爲」「離」叶「支」。「爲」必讀做「譌」「禾」「離」必讀做「羅」。以「爲」「離」叶「支」韻的戰國末年才有。九歌少司命以「離」和「辭」「旗」「知」叶。離騷東君以「蛇」和「雷」「懷」「歸」叶。韓非子揚搉篇以「離」和「知」「爲」叶這些證據不能不令我們承認這個原則。我們翻回來看老子却覺得奇怪了。那第九章『明白四達能無知乎』竟把「知」字叶上文的「離」「兒」「疵」「爲」「雌」。我素來不相信老子是孔子的作品。這個證據亦很重要。從此可斷定老子必定是戰國末年的人做的。若是老子確是和孔子同時的老聃做的。便不應如此叶韻。可惜我們對於古語的變遷不能夠多知道。若多知道些。則辨僞的證據越加更多。現在單舉一例。做個嚆矢罷了。

五。從思想上辨別。　這法亦很主要。前人較少用。我們却看做很好的標準。可分做四層講。

(子)從思想系統和傳授家法辨別。　這必看定某人有某書最可信。他的思想要點如何。才可以因他書的思想和可信的書所涵的思想相矛盾。而斷定其爲僞。如孔子的書以論語爲最可信。則不能信繫辭。前面已講過。孔子是現實主義者。絕無談玄的氣味。而繫辭却有很深的玄學氣味。和論語正相反。我們既然相信論語。最少也認繫辭不是孔子自己做的。否則孔子是主張不一貫而自相矛盾的人。這又於思想系統上說不過去了。又如柳宗元辨晏子春秋是最好的從思想上辨別的例。雖不很精。但已定晏子春秋是齊人治墨學者所假託。

因書中有許多是墨者之言。而晏子是孔子前輩。如何能聞墨子之教。那自然不是晏子自做的書。

又如老子。說就是老聃做的。到底是否孔子問禮的老聃。有沒有老聃這個人。且不問假使我們相信有這人。孔子果眞問過禮。那末禮記曾子問所記孔子老子問答的話也不能不認爲眞。若認爲眞。那麼那些話根本和老子五千言不相容。曾子問的老聃是講究禮儀小節的人。決不配做五千言的老子。做五千言的人方且說『夫禮者忠信之薄而亂之首也。』那有工夫和孔子言禮。老子五千言到底是誰做的。我們不能知道。但從此可知決非孔子問禮的老聃做的。

又如尹文子思想很好。而絕對不是尹文子做的。莊子天下篇以尹文子和宋鈃對舉。說他『……上說下教。雖天下不取。强聒而不舍也。……不爲苛察。不以身假物。以爲無益於天下者。明之不如已也。以禁攻寢兵爲外。以情欲寡淺爲內。』可知他很有基督教的精神。標出一二語而推衍出去。不欲逐物苛察。決不似名家。但後人都認他爲名家。今本尹文子亦是名家言。我們相信天下篇的。便不能相信今本尹文子是尹文子的作品。因爲書上的思想顯然和天下篇說的不同。

以上是先秦各書的例。以下舉二個佛經的例。前面已講過起信論楞嚴經是假的。種種方面都可證明。而最主要的還在思想上根本和佛經不相容。起信論講「無明」的起源。說『忽然念起而有「無明」』。佛教教理便不容有此。因爲佛教最主要的十二因緣。無論何派都不能違背這個原理。十二因緣互相對待。種種現象由此而起。沒有無因無緣忽然而起的事物。主觀和客觀對待。離則不存。一切法都由因緣而生。起信論『忽然念起而有「無明」』的思想。根本和佛理違反。當然不是佛教的書。楞嚴經可笑的思想更多。充滿了「長生」「

神仙」的謊誕話頭。顯然是受了道教的暗示。剽竊佛教的皮毛而成。因爲十種仙人長生不老。都是道教的最高企冀。佛教却看輕神仙。靈魂生命二者是絕對不相容的。眞正佛經並沒有楞嚴經一類的話。可知楞嚴經是假書。

從傳授家法上也可以辨別書的眞僞。漢朝諸儒家法很嚴。各家不相混淆。申培是傳魯詩的人。劉向是他的後起者。假使申培詩說未亡。一定和劉向的見解相同。和齊詩韓詩殊異。和毛詩更不知相差幾千里。而今本申培詩說却十分之九是抄襲毛詩。毛詩和魯詩相反。申培如何會幫助毛詩說話。我們更從別方面已證明今本申培詩說是明人假造的。這也是個證據。

(丑)從思想和時代的關係辨別　思想必進化。日新月異。即使退化。也必有時代的關係。甲時代和乙時代的思想必有關聯影響。相反相成、不能無理由的發生。乙時代有某種思想。一定有他的生成原因和條件。若沒有。便不生。倘使甲時代在乙時代之前。又並沒發生某種思想之原因和條件。却有涵某種思想的書說是甲時代的。那部書必僞。例如列子講了許多佛理。當然是見了佛經的人才能做。列子是戰國人。佛經到東漢才入中國。列子如何得見佛經。從前有人說。『佛教何足奇。我們戰國時已有列子講此理呢。』其實那裏有這回事。我們只從思想突然的發生這層已足證明列子是假造的了。固然也許有些思想。中外哲人不約而同的偶然默合。但佛教的發生於印度。創造於釋伽牟尼。自有其發生之原因和條件。戰國時代的中國。完全和當時的印度不同。並沒有發生佛理的條件和原因。列子生在這種環境。如何能發生和佛理相同的思想呢。

又如陰陽家的思想。乃鄒衍所創。鄒衍以前。從沒有專講陰陽的書。詩論語孟子和易的卦辭爻辭絕對不講。易的象辭彖辭也只是泰否二卦提及了這二字。繫辭文言卻滿紙都是講陰陽了。從前的陰陽二字只表示相反，並無哲學的意味。繫辭文言卻拿來做哲學上的專名了。這分明告訴我們卦辭爻辭是一個時代的產品。彖辭象辭是一個時代的產品。繫辭文言是一個時代的產品。並不是同一時代的。這又分明告訴我們。繫辭文言受了鄒衍的影響很深。也許是陰陽家——儒家的齊派——做的。時期在戰國後期。因爲思想的發生是有一定的次序的。

又如管子非難「兼愛」「非攻」之說。也是一件很有趣味的問題。「兼愛」「非攻」完全是墨家的重要口號。墨家的發生在管仲死後百餘年。管仲除非沒有做管子。否則怎麼能知道墨家的口號呢。這可知管子不是管仲做的。他的成書一定在墨家盛行之後。

又如老子拚命攻擊仁義。更有意思。孔子以前無人注意「仁」的重要。自孔子始以「仁」爲人格最高的標準。和「智」「勇」對舉。孟子以前。無人同時言「仁義」。自孟子始以「義」和「仁」同等的看待。做人格的標準。孔子最大的功勞就在發明仁字。孟子最大的功勞就在發明義字。自此以後。一般人始知仁義的重要。老子倘使是孔子前輩老聃做的。那時孔子也許還未提倡仁字。孟子還沒有出世。「義」字也還沒有人稱用。那麼老子攻擊仁義。不是「無的放矢」麼。從這上我們可以斷定老子不但出於孔子之後。而且更在孟子後。還有老子有句『不尚賢使民不爭』的話。『尚賢』乃是墨家的口號。墨家發生在孔子之後。這也是老子晚出的小小證據。和上例同一理由。說到仁義二字。又想起繫辭曾說『立人之道曰仁與義』。仁義對舉。始自孟子。前面已講過。那麼繫辭是孟子以後的人做的。也可以由此斷定。從上面諸例可知我們注意思想和時代的關係。去辨古書的眞僞和年代。常有重要的發現和濃厚的趣味。

（寅）從專門術語和思想的關係辨別。　例如今本鄧析子第一篇是無厚。有人說鄧析爲『無厚』之說。到底鄧析著了書沒有本是問題。許是戰國時人著書託名鄧析。亦未可知。『無厚』是戰國學者的特別術語。墨經『端。體之無厚而最前者也。』莊子人間世『以無後入有間。』無厚的意義。墨經說解做幾何學上的『點』無面積的可言。莊子譬做極薄的刀鋒。無微不入。只是一種象徵。戰國名家很喜歡討論這點。這無厚的意義也是學者所俱知的。鄧析子既號稱是名家的書。對於這點應該不致誤解。不料今本却很使人失望。無厚篇開頭便說『天於人。無厚也。君於民。無厚也。父於子。無厚也。兄於弟。無厚也。……』竟把厚字當作實際的具體的道德名詞看。把無厚當做刻薄解。這種淺薄的思想連專門術語也誤解誤用。虧他竟想假託古書。從這點看。鄧析子既不是鄧析的書。也不是戰國人所僞造。完全是後世不學無術的人嚮壁虛造的。像這類不通的書比較的少。現在也不多舉例了。

（卯）從襲用後代學說辨別。　這雖和思想無大關係。但也可以辨眞僞。如子華子是僞書無疑。作僞的不是漢人。不是唐人。乃是宋人。不是南宋人。乃是北宋人。怎麼知道。因爲那書裏有許多抄襲王安石字說的地方。字說到南宋已不行於世了。所以晁公武郡齋讀書志斷定他是北宋末年的人假造的。又如申培詩說前面已講過是僞書。他又抄襲朱熹毛詩集傳之說。可知一定是南宋以後的人所僞造。又如孔叢子『禋於六宗』之說完全和僞古文尚書孔安國傳及僞孔子家語相同。可見也是西晉以後的僞書。

以上講的是辨眞僞考年代的五大法門。我們拿來使用。對於古書才有很明瞭的認識。這是我們最須記住的一章。

第五章　僞書的分別評價

僞書非辨別不可。那是當然的。但辨別以後。並不一定要把僞書燒完。固然也有些僞書可以燒的。如唐宋以後的人所僞造的古書。但自唐以前或自漢以前的僞書却很可寶貴。又當別論。其故因爲書斷不能憑空造出。必須參考無數書籍。假中常有眞寶貝。我們可把他當做類書看待。戰國人僞造的書一定保存了秦始皇焚書以前的資料。漢人僞造的書一定保存了董卓焚書以前的資料。晉人造僞的書一定保存了八王之亂以前的資料。因爲那些造僞的人生在焚書之前。比後人看的書多些。例如僞古文尙書採集極博。他的出處有一大半給人找出來了。還有小半找不出。那些被採集而亡佚的書反賴僞古文尙書以傳世。又如列子是僞書。裏向的楊朱篇也有人懷疑。但張湛僞造列子時。誰敢擔保當時沒有他書記載楊朱學說。誰敢擔保張湛不會剽竊那書以做楊朱篇同剽竊穆天子傳以做周穆王篇一樣。現在楊朱學說除了列子那篇以外更沒有什麼可考。那篇當然在可寶貴之列。像這類的僞書。可以當做類書用。其功用全在存古書。這是一種。

僞書第二種功用是保存古代的神話。拿神話當做歷史看。固然不可。但神話可以表現古代民衆的心理。我們決不可看輕。而且有許多古代文化。別無可考。我們從神話研究。可以得着許多暗示。因而增加了解。所以今日學者有專門研究古民族的神話的。僞書中如讖緯一類保存古神話不少。我們拿來當小說讀。也許可以知道些古代的文化和古民族的心理。

僞書第三種功用是保存古代的制度．如周禮一書．雖然決不是周公所作．是僞託的書．而那種精密的政制．偉大的計劃．是春秋以前的人所夢想不到的．可知必曾參考戰國時多數的政制．取長去短．而後成書．而戰國政制賴以保存的一定不少．僞造的人雖不知名．但必是戰國末至漢初的人．那個人的理想安排到書裏的自然很多．那種理想的政制．總不免受有時代的影響．我們既佩服那種理想．又可以跟著探知當時的政制．我們拿周禮當做周公時代的政制看．自然錯了．周禮也就毫無用處．若跟著周禮去研究戰國至漢初的政制．那末周禮再可寶貴沒有了．這類保存古代制度的僞書很多．只看我們善用不善用．

還有一種保存古代思想的功用也是僞書所有的．例如列子．我們若拿來當做列禦寇的思想看．那便錯了．若拿來當做張湛的思想看．再好沒有了．若拿來和老子莊子放在一起．那又錯了．若拿來和王弼老子注何晏論語注放再一起．却又很有價值了．又如起信論楞嚴經．我們根據來研究印度的佛教思想．固然不可．若根據來研究中國化的佛教的一種思想．却又是極重要的資料了．像這類造僞的人雖然假託別時別人．我們却不和他這樣說．單要給他脫下假面具．還他的眞面目．一面指出他僞造的證據．宣布他的罪狀．一面還他那些賣出的家私．給他一個確定的批評．這麼一來．許多僞書都有用處了．造僞的人隱晦的思想也宣顯了．

由上面四點看．僞書有許多分明是僞而仍是極端有價值的．我們自然要和沒有價值的分別看．但當僞書的眞僞和年代未曾確實證明之先．評定價值是不容易的．

古書眞僞及其年代總論完

附宋胡姚三家所論列古書對照表

諸子辨		四部正譌		古今僞書考	
所辨的書名	判語	所辨的書名	判語	所辨的書名	判語
鬻子	其徒所記漢儒補綴	鬻子	僞殘	鬻子	僞
管子	非管仲自作	管子	眞僞相雜	管子	眞雜以僞
晏子	非晏嬰自作	晏子	同右	晏子春秋	後人採嬰行事爲之
老子	疑				
文子	非計然所著	文子	駁雜	文子	不全僞
關尹子	僞	關尹子	僞	關尹子	僞
亢倉子	僞	亢倉子	僞益	亢倉子	僞
鄧析子	眞				
鶡冠子	眞	鶡冠子	僞雜以眞	鶡冠子	僞
子華子	僞	子華子	僞	子華子	僞
列子	後人會粹而成	列子	眞雜以僞	列子	僞
曾子	非曾子自作				
言子	非言偃自作				
子思子	非子思自作				

愼子	眞			愼子	僞
莊子	眞盜跖漁父讓王疑後人所勦入			莊子	眞雜以僞
墨子	眞				
鬼谷子	眞	鬼谷子	僞	鬼谷子	僞
孫子	眞	孫武	無可疑	孫子	未知誰作
吳子	眞	吳起	戰國人掇其議論成編	吳子	僞
尉繚子	眞	尉繚	無可疑	尉繚子	僞
尹文子	僞			尹文子	僞
商子	眞			商子	僞
公孫龍子	眞			公孫龍子	僞
荀子	眞				
韓子	眞				
燕丹子	僞				
孔叢子	僞	孔叢子	眞疑僞	孔叢子	僞
淮南鴻烈解	眞				
揚子法言	眞				
抱朴子	眞	抱朴子內外篇	眞		
劉子	非劉晝作	劉子新論	非劉晝作	劉子新論	未知誰作

文中子	僞
天隱子	疑
玄眞子	眞
金華子	眞
齊丘子	僞竊
聱隅子	眞
周子通書	眞
子程子（一名程子粹言）	眞中有僞

文中子	眞僞相雜
化書	竊
連山易	僞
歸藏易	僞
子夏易	僞中僞
周易乾鑿度	僞
乾坤鑿度	僞中僞
三墳	僞
古文尚書百兩篇	僞
尚書孔安國序	疑
元命包	眞疑僞
關朗易傳	僞

文仲子	僞
化書	未知誰作
子夏易傳	僞
易乾鑿度	僞
古三墳書	僞
關朗易傳	僞

麻衣心法	偽
王氏元經	偽
儀禮逸經	偽
陰符經	偽

麻衣正易心法	偽
元經	偽
易傳	別詳通論
古文尚書	偽
尚書漢孔氏傳	偽
焦氏易林	偽
詩序	偽
子貢詩傳	偽
申培詩說	偽
周禮	別詳通論
大戴禮	決非戴德本書
孝經	偽
忠經	偽
孔子家語	偽
小爾雅	偽　即孔叢子第十一篇
家禮儀節	偽
陰符經	偽

六韜	後人依託
三略	後人依託

六韜	僞
三略	非圯上老人作僞雜以眞
越絕書	東漢人據伍子胥潤飾易名
素問	六朝以後據內經綴輯易名
靈樞	同右
魏公子無忌	秦漢游俠依託
萇弘	同右
范蠡	同右
大夫種	同右
公孫鞅	同右
廣武君	漢游俠依託
韓信	同右
神農	依託尤荒唐
黃帝	同右
風后握奇經	同右
力牧	同右
蚩尤	同右
封胡	同右

六韜	僞
黃石公三略	僞
越絕書	書不僞但非子貢子胥作
黃帝素問	僞
靈樞經	僞
風后握奇經	僞

李衞公問對	後人依託

鬼臾區	同右		
項王	僞託		
武侯十六策	僞		
武侯心書	僞	心書	僞
黃石公素書	僞	素書	僞
孫子（孫綽）	本書亡佚後人補之		
李衞公問對	僞	李衞公問對	僞
廣成子	僞		
無名子	僞		
黃帝內傳	僞		
穆天子傳	周穆王史官所記	穆天子傳	漢後人作
晉史乘	僞	晉史乘	僞
楚檮杌	僞	楚檮杌	僞
山海經	戰國好奇之士雜錄奇書而成	山海經	書不僞但非禹伯益作
燕丹子	漢末文士據荆軻增損而成		
宋玉子	僞		
神異經	僞託	神異經	僞
十洲記	僞託	十洲記	僞

趙飛燕外傳	僞	飛燕外傳	僞
魯史記	僞		
西京雜記		西京雜記	
述異記	未知作者是任昉或祖同		
列仙傳	僞	列仙傳	僞
牟子論	僞		
洞冥記	僞	洞冥記	僞
漢武內傳	僞	漢武故事	僞
拾遺記	僞		
梁四公記	僞		
隋遺錄（一名南部煙花錄）	僞		
開元天寶遺事	僞		
廣陵妖亂志	訕謗之詞		
瀟湘錄	最鄙誕作者不一說		
牛羊日曆	託名		
龍城錄	嫁名		
續樹萱錄	嫁名		
白猿傳	託名		

司馬穰苴兵法	疑亦非僞

碧雲騢	託名
雲仙散錄	前六卷僞
清異錄	眞
艾子世傳	僞
鍾呂傳道集	僞
香奩集	託名
魏文詩格	僞
李嶠詩評	僞
二金針傳	僞
歐陽修杜詩注	僞
蘇氏杜詩注	僞
洞極	僞
司馬法	眞雜以僞
通玄經	同右
潛虛	眞疑僞
春秋繁露	訛
周書	眞
紀年	眞

司馬法	僞
春秋繁露	書不僞書名僞
汲冢周書	漢後人倣效爲之
竹書紀年	後人增改

天祿閣外史	僞
十六國春秋	僞
致身祿	僞
隆平集	僞
於陵子	僞
石申星經	僞
周髀算經	僞
撥沙經	僞
神農本草	僞
秦越人難經	僞
脈訣	僞
博物志	僞
杜律虞志	僞
三禮考注	眞雜以僞
賈誼新書	僞
傷寒論	僞
金匱玉函經	僞
爾雅	書不僞但非周公作

			韵書	書不僞但非沈約作
			水經	書不僞但非桑欽作
			吳越春秋	有二作者未知誰作
			東坡志林	書不僞書名僞
			國語	未知誰作

附語　諸子辨不能說是純粹辨僞的書。因爲他每辨一書。總有一段批評那書的理解。甚至完全是批評沒有一句是辨僞的。不過他總是辨僞的一部要緊書。所以和四部正譌古今僞書考列成一表。以便比較諸子辨係宋濂所作四部正譌係胡應麟所作古今僞書考係姚際恆所作。故此表名宋胡姚所論列古書對照表。

古書眞僞及其年代（卷二）

梁任公教授演講　姚名達筆記

分論

前幾次的講演已把總論講完了。自此以後所講的就是分論。我想把重要的僞書，一部一部的辨個淸楚。但是古書的範圍太空泛了。古書須辨別眞僞和年代的太繁多了。須有個界限才對。我現在想用兩個標準。一是書的性質。以經部子部做範圍。二是書的時代。以兩漢以前做斷限。因爲兩漢以前的經書子書僞的最多而其影響也最大。最値得我們去辨別考證。當然造僞辨僞的人雖生在三國六朝以後而其所造所辨的書是被認爲兩漢以前的我們也不能屏除於講演之外。這是以書爲主。不是以人爲主。本學期時間不多了。自然不能講完全書。我打算把經書講完。子書以俟異日。

第一章　易

易雖似一完書。內容却很混雜。要分做若干部分來講才對。因爲這書不是一時代一個人做成的。所以問題很多。應該把各部分逐一的審查辨別一番。現在先把這書各部分的內容講講。

且拿乾卦做個例。最先只有三橫畫。便是八卦的一個。後來三橫疊上三橫。便是六十四卦的一個。那一橫一橫的叫做爻六爻相疊便是卦了乾卦六爻的下句話『乾元亨利貞』後人叫做卦辭卦辭下面『初九潛龍勿用九二……九三……九四……九五……上九……用九見羣龍無首吉』後人叫做爻辭六十四卦合併便是所謂『易經』此外還有十種文辭拿來解釋易經的彖上彖下象上象下繫辭上繫辭下文言說卦序卦雜卦後人總叫做十翼也叫做傳或易傳或易大傳像這樣混雜的書當然不是一時代的一個人做的

我們再把易的篇卷次第考察考察也可以發現『易很淩亂』的感想漢書藝文志說『易經十二篇施孟梁丘三家』顏師古註『上下經及十翼故十二篇』那是最初的篇數可見十翼是各自成篇的我們看古書的註解一定和本書分離可知十翼最初也不附在各卦之下三國志魏高貴鄉公傳有一段笑話可以證明彖象在兩漢以前是獨立成篇的高貴鄉公問易博士淳于俊曰『孔子作彖象鄭玄作注雖聖賢不同其所釋經義一也今彖象不與經文相連而注連之何也』俊對曰『鄭玄合彖象於經者欲使學者尋省易了也』可見彖象最初並不分繫各卦之下文言原也獨立成篇到了三國王弼才分繫乾卦坤卦之下從來唐孔穎達作正義便寫王本但自隋書經籍志以後各種書目所載易的卷數都不同現在的通行本——十三經注疏本——的篇卷次第大概還是王弼的原樣子把彖象分做大彖小彖大象小象大彖大象解卦辭小彖小象解爻辭都繫在各卦卦辭爻辭之後又把文言放在乾坤二卦下面全書共計經的方面六卷包括卦爻卦辭爻辭大彖小彖大象小象文言等傳的方面五卷繫辭上繫辭下說卦序卦雜卦各佔一卷和漢志的十二篇大大不同了

我們這樣把易的本來篇第和現在內容講淸楚了才可以考證各部分的眞僞和年代現在先看前人的說法怎樣第一問題卦是什麼人畫的人人都知道是伏犧但不過是相傳之說無法證實的起初只有八卦後來有

人把八卦互相重疊爲六十四卦。那重卦的人是誰。有種種說法。司馬遷說是周文王。鄭玄說是神農。班固王弼說是伏犧。孫盛說是夏禹。卦辭爻辭的作者也未有定論。繫辭說『易之興也。其於中古乎。』『……其當殷之末世。周之盛德耶。當文王與紂之事耶。』『作易者其有憂患乎。』已不能確定。所以用疑詞。後人却從這幾句話揣想。說卦辭爻辭都是周文王做的。馬融陸績等又因爻辭有文王以後的事。而以爲是周公做的。文王只做了卦辭。彖象以下的十翼。自司馬遷說『孔子晚而喜易序彖繫象說卦文言』以後。後人都說是孔子做的。

據我的意思。伏犧這個人有沒有還是疑問。不能確定八卦是他畫的。但八卦是古代的象形文字。却很可信。我們看坎離二卦便知道。坎卦作☵象水。最初的篆文水字也作☵。後來因寫字的方便改作巛。却失了本意了。離卦☲作象火。篆文作火。也有先後的源流關係。至於取八個象形文字當作占卜用。什麼時代才有。已不能考定了。但至遲到殷代已很發達。我們看殷墟發現的卜辭便可知道。

接着的便是六十四卦是何人所重的問題。殷虛發現的卜辭沒有六十四卦的名稱。似乎繫辭說是殷周之間很有幾分可信。後人因此把這種重卦的事體放在周文王身上。雖然比放在伏犧神農身上更好些。可還不能十分無疑。至於卦辭爻辭。後人有的說是文王一個的作品。有的說是文王作卦辭周公作爻辭。都一樣的沒有證據。我們看卜辭是殷朝後半期的作品。還沒有六十四卦和卦辭爻辭。左傳是春秋戰國間的作品。他所根據的是魯史記。已引用了許多卦名卦辭爻辭。而且時代很早。地域很廣。可見自殷末至春秋。由八卦重爲六十四卦。加上卦辭爻辭。慢慢的發明。應用而推廣了。發明的時期。大約總在周初。發明的人物。却不能確定是周文王和周公。

十翼是易的重要部分到底是誰做的自史記孔子世家記了一句『孔子晚而喜易序彖繫象說卦文言』以後後人都相信是孔子做的了其實這句話從文法上講也可作種種解釋(甲)『喜』字是動詞『易序彖繫象說卦文言』都是平立的名詞那麼那些名詞是『喜』字的目的格孔子不過喜觀那些東西罷了並沒有做什麼(乙)『易』字下斷句『序』字作動詞用『彖繫象說卦文言』是名詞那麼孔子不過序了彖繫辭說卦文言罷了序卦雜卦都和孔子沒有關係(丙)把『喜』『序』『繫』『說』『文』五字都當作動詞看那麼孔子不過序了彖繫了象說了卦文了言而繫辭序卦雜卦都和孔子沒有關係這三種說法都有解不通處都有和前人說法衝突處直是不容易解決我們更進一步看孔子和易到底有何等關係我們不能重大的懷疑論語是孔子唯一可靠的書從沒有一句說及孔子曾經作易十翼只有一章『加我數年五十以學易可以無大過矣』提起了『易』字司馬遷史記所說「孔子喜易」大概是從此推想出的其實這一章便未必根本可靠據漢末鄭玄所見的論語這章便沒有『易』字說『加我數年五十以學亦可以無大過矣』我們從文法上文義上看『亦』都比『易』字好倘使古本論語眞是有『亦』無『易』那麼論語竟沒有一字及易了這是我們懷疑孔子和十翼並無關係的第一理由還有孟子是一生誦法孔子的人他的書裏並沒有一字說到孔子曾作易十翼『孔子作春秋而亂臣賊子懼』是他常說的話不應孔子作了易而他反一言不及這是我們懷疑孔子和十翼並無關係的第二理由

更有一點可使我們的懷疑心擴大而堅決的晉書束皙傳說『太康二年汲郡人不準盜發魏襄王墓或言安釐王冢得竹書數十車……其易經二篇與周易上下經同易繇陰陽卦二篇與周易略同繇辭則異卦下易經

一篇似說卦而異。公孫段二篇。公孫段與邵陟論易。……』假使汲冢並無易經。那還可說魏王不喜易。所以不拿易來殉葬。但是我們知道事實上並不如此。汲冢分明有易經。爲什麼却沒有十翼呢。晉書『周易』二字似是指十翼。而汲冢的易繇陰陽卦二篇只和『周易』略同。而且繇辭還是不同。當然不是現在的十翼。任何部分。卦下易經的體裁雖似說卦而晉書分別說了不同。當然也不是現在的說卦。魏是子夏傳經之國。魏襄王是距子夏不遠之人。倘使孔子做了十翼。子夏不容不傳。魏襄王不容不見。爲什麼汲冢有公孫段的書。反沒有孔子的十翼。雖然也許十翼剛好給發冢的人當燈火燒了。但『十翼或出於魏襄王之後』的假定。我們總可以成立。這是我們懷疑孔子和十翼沒有關係的第三理由。

上面的二段是籠統的懷疑十翼。現在且單把說卦序卦雜卦說一說。本來史記孔子世家便沒有提及雜卦。雜卦自然不是孔子做的。序卦雖然提及了。却只有一序字。序字做動詞用做名詞用。還是問題。說卦已經史記說明白了。似乎無疑。但隋書經籍志曾說『及秦焚書。周易獨以卜筮得存。唯失說卦三篇。後河內女子得之。』問題便又發生。而且複雜了。隋志說說卦有三篇。而現在只有一篇。那三篇是並序卦雜卦而言呢。還是古代的說卦原有三篇。那河間女子無姓無名。他得書的時代事蹟全無根據。這種來歷曖昧不明的東西。我們萬不敢相信。

總結上面各段的話。漢書藝文志的易經十二篇不說是汲冢所發現的諸種也未必就是現在的通行本。十翼大約出於戰國後半期。也許有一小部分出於孔子。還有一部分是漢後才有的。易經本身二篇。前面早已辨清楚了。現在且把古來辨別十翼的源流略講一下。

最初懷疑十翼的一部分不是孔子做的是北宋歐陽修他做了一篇易童子問根本否認繫辭文言說卦序卦雜卦是孔子做的他的理由很多第一那幾篇的話都繁衍叢脞常常辭雖小異而大旨則同若說是本來是諸家說的話前人所以釋經選擇不精還不足怪若說是一個人說的必不致這樣繁衍叢脞若說以爲是孔子做的那就大錯了孔子的文章如象象春秋話越簡義越深必不致這樣繁衍叢脞第二那幾篇的話常常自相矛盾似乎不近人情人情常恐別人攻擊他的偏見沒有不想他的書留傳後世的還肯自己說些自相牴牾的話而使人不信他的書麼這樣東一句西一句忽然這樣說忽然又那樣說當然不是一個人的話還是孔子做的麼第三那幾篇的話和孔子平生的話不像孔子的話論語所記最可信論語子曰『未知生焉知死』『未能事人焉能事鬼』繫辭却說『原始反終故知死生之說』『精氣爲物游魂爲變是故知鬼神之情狀』二者比較大大的不同我們相信論語論語有可使我們信的價值和證據自然不能信繫辭等篇是孔子做的第四那幾篇常把常人之情去推聖人不自知其錯誤如云『知者觀乎彖辭則思過半矣』『八卦以象告爻象以情告』都是第五那幾篇以乾坤之策三百有六十當期之日而不知七八九六之數而乾坤無定策這是筮人都可以知道的而那作者反不知第六當左氏傳春秋時世尙未認文言是孔子做的可見說文言是孔子做的出於後人揣測之辭並非眞相第七那幾篇有許多『何謂』『子曰』分明是講師講書時的話怎麼會是孔子說的呢第八說卦雜卦分明是筮人的書那更不用辨了。

到了南宋葉適著記學習言其第四卷專辨繫辭以下和彖象的不合也斷定繫辭以下不是孔子做的又謂『上下繫說卦浮稱泛指去道雖遠猶時有所明惟序卦最淺於易有害』其後有趙汝談著南塘易說專辨十翼

非孔子所作。比歐陽修葉適還更徹底。可惜那書失傳了。到了清初姚際恆著易傳通論也不信易傳是孔子作品。可惜那書也失傳了。

據以上各說。除了彖象還無人否認是孔子作品外。其餘幾乎同孔子沒有關係。那末其餘各篇到底是那一家的學說呢。據我個人的意見。繫辭文言以下各篇是孔門後學受了道家和陰陽家的影響而做的書。繫辭文言更是明顯。他裏面分明有許多『子曰』。若是孔子做的書。豈有自稱『子曰』之理。文言裏有這類的話。『初九曰「潛龍勿用。」何謂也』子曰。『龍德而隱者也……』分明是問答的體裁。當然不是著述體。這足見是孔門後學所記的了。莊子天下篇說『易以道陰陽』易的卦辭爻辭絕無陰陽二字。彖象才略有。繫辭文言便滿紙都是了。陰陽之說。從鄒衍始有。可見繫辭是受了鄒衍一派的影響才有的。儒家不言鬼神生死。不涉玄學的意味。繫辭文言却不然。深妙的哲理每含於辭意之間。分明是受了道家的影響才有的。孟子言仁義。從前並無人言仁義。繫辭文言却屢次言及。可見作者對於孟子的學說也有研究。這些理由足以證明繫辭文言出於道家陰陽家已盛之後。卽孟子之後。

至於說卦序卦雜卦。卽使是眞的。也還在繫辭文言之後。都和孔子無直接的關係。或許和孔子有直接的關係的。只有彖象。因爲歷來都說彖象都是孔子自己做的。我們現在還沒有找到有力的反證。而且彖象的話都很簡單古拙。和論語相似。他所含的意義也沒有和論語衝突處。講陰陽的話。帶玄學性的話。很少很少。似乎沒有受陰陽家道家的影響。在沒有找出是別一個人做的的證據以前。只好認做孔子的作品。

易的本身原無哲學意味。不過是卜筮的書。如現在各廟宇的籤簿一樣。卦辭爻辭便是籤上的判語。拿來斷吉凶的。當然各地用的籤簿不必全同。籤上的判語也不必全同。所以左傳所引的繇辭多有和今本易經不合。而汲冢發現的易繇陰陽卦二篇的繇辭也合今本易經不合今本易經。只不過是當時許多種幸存的一種。後人思想進化。拿來加上哲學的色味。做陸續做出了彖象繫辭文言等篇。不幸史記有『孔子晚而喜易』的話。以後的人便把帶哲學意味的彖象繫辭文言和亂七八糟的說卦序卦雜卦都送給孔子。認作研究孔子的重要資料。而不知繫辭以下都和孔子無關。繫辭文言的本身自有他的價值。原不必依託孔子。他解易的意義對不對合不合孔子的見解。我們可以不管他。有許多精微的話。確乎是中國哲學的重要產品。比從前更進化了。我們一面不可迷信『孔子作十翼』的古話。一面不可以爲繫辭文言不是孔子做的便無價值。我們應該把畫卦歸之上古。重卦做卦辭爻辭歸之周初。做彖辭象辭暫歸之孔子。繫辭文言歸之戰國末年。說卦敍卦雜卦歸之戰國秦漢之間。拿來觀察各時代的心理宇宙觀和人生觀。那便什麼都有價值了。

除了易經易傳以外。還有『連山歸藏周易』的問題。自從周禮講了這三易之名以後。漢書藝文志並沒有說有什麼連山歸藏的書。隋書經籍志却有歸藏十三卷。又說『歸藏漢初已亡案晉中經有之唯載卜筮不以聖人之旨』。唐人已相信是眞書了。連山更沒有人說只是隋劉炫因想得獎而僞造了一部。當時也發覺了。這二書至今尚存。我們別上他的當。前人把『周易』的『周』字看做周朝的『周』。心想周有易。夏商亦必有易。所以周禮有『夏連山歸藏』的話。其實周易的周字只是普遍周遍的意思。絕對不是朝代的名。這點我們也得明白。

自北宋以後講易的人同時必講河圖洛書和太極圖。從前並沒有。只因爲繫辭說了『河出圖洛出書。』『易有太極。是生兩儀』的話。宋人便無中生有的造出河圖洛書太極圖來。其實我們只要一考。便知是五代道士玩的把戲。並不是儒家的東西。最初是陳摶著了一部易龍圖傳給种放。种放傳給李溉。李溉傳給許堅。許堅傳給范鍔昌。范鍔昌傳給劉牧。劉牧作易數鈎隱圖。完全以河圖洛書解易。到了南宋朱熹也非常迷信是說。他的易學啓蒙第一篇便是本圖書。自後數百年。因朱熹在學術界之勢力太大。沒有人敢反駁。大家都把河圖洛書太極圖看做深奧神祕的學問。一直到清初。才有幾個大師不約而同的起來發難。第一個是黃宗羲著易學象數論。第二個是黃宗炎著圖書辨惑。第三個是毛奇齡著河圖洛書原舛編。第四個是李塨著周易傳註。第五個是胡渭著易圖明辨。第六個是張惠言著易圖條辨。各各拿出極充分的理由辨白宋人的附會。證明河圖洛書太極圖之本無深意。其中尤以易圖明辨爲最透徹博洽。他們竟把數百年烏煙瘴氣的謬說打倒了。在清初朱學盛行的時候。那種工作實很重要。現在案既論定。我們知道有這麼一回事便夠了。

此外還有子夏易傳焦氏易林二書都是假的。漢書藝文志並無子夏易傳。隋書經籍志才有。宋陳振孫已發其僞。明胡應麟清姚際恆都曾再加證明。焦氏易林的假。到清初顧炎武才發現。姚際恆也再加證明。現在都無問題了。

第二章　尚書

尚書是中國最古的書。先秦以前只叫做書。漢初才加一個尚字。關於他的問題最爲複雜。自古至今。造僞辨僞的工作。再沒有比他費力的。自從漢初伏生傳出二十八篇以後。陸續發生了六次轇轕的事件。第一次漢景帝武帝間。——或說是漢宣帝時——河內女子得泰誓三篇。第二次。劉歆說。武帝末魯恭王發孔子壁。得古文尚書。孔安國拿來讀。比伏生所傳多十六篇。第三次。漢成帝時張霸僞造百兩篇。第四次。東漢杜林在西州得漆書尚書。第五次。東晉初梅賾獻尚書五十八篇。和孔安國的傳。第六次。南朝齊建武中。姚方興在大航頭得舜典。比舊文多二十八字。這些事件。有的當時便破了案。知道是造僞的人玩的把戲。有的經過了千年或百年。多數學者的爭辨審判。才得著最後的定讞。自從唐初孔穎達作九經正義。陸德明作經典釋文。都採用梅賾的五十八篇以後。一直到清末。歷代都當做寶典看。想從科舉出身的人。萬不敢絲毫的蔑視這部書的勢力。簡直超過了一切經典。中間雖經受了許多強有力的攻擊。和宣告死刑的判決。而得有帝王卿相的庇護。始終頑抗。所以我們講到這書。最要聚精會神的去徹底研究。現在先把各種不同的篇目列表如左。

伏生所傳今文二十八篇	孔安國所傳古文五十七篇	梅賾所傳僞古文五十八篇
堯典	堯典	堯典
	舜典	舜典（分自堯典之下半姚方興後又加上二十字於篇首）
	汨作	
	九共（共九篇）	
	大禹謨	大禹謨
皋陶謨	皋陶謨	皋陶謨

禹貢	棄稷	益稷(分自皋陶謨之下半)
甘誓	禹貢	禹貢
湯誓	甘誓	甘誓
盤庚	五子之歌	五子之歌
	胤征	胤征
	湯誓	湯誓
	咸有一德	仲虺之誥
	典寶	伊訓
	伊訓	太甲(共三篇)
	肆命	咸有一德
	原命	盤庚(共三篇)
	盤庚(共三篇)	說命(共三篇)

高宗融日	高宗融日	高宗肜日
西伯戡黎	西伯戡黎	西伯戡黎
微子	微子	微子
（後河內女子得泰誓三篇亦以附入伏生今文之內）	泰誓（共三篇）	泰誓（共三篇）
牧誓	牧誓	牧誓
	武成	武成
洪範	洪範	洪範
	旅獒	旅獒
金縢	金縢	金縢
大誥	大誥	大誥
		微子之命
康誥	康誥	康誥
酒誥	酒誥	酒誥
梓材	梓材	梓材
召誥	召誥	召誥
洛誥	洛誥	洛誥

多士	多士	多士
無逸	無逸	無逸
君奭	君奭	君奭
多方	多方	蔡仲之命
立政	立政	多方
顧命	顧命	立政
費誓	（後人分顧命下半爲康王之誥亦附入）	周官
呂刑	畢命	君陳
文侯之命	費誓	顧命
	呂刑	康王之誥
	文侯之命	畢命
		君牙
		冏命
		呂刑
		文侯之命

秦誓	秦誓	費誓 秦誓

伏生所傳本來只有二十八篇。但從史記漢書以來。都說他傳了二十九篇。把河內女子所得的泰誓併在伏生身上。孔安國在孔壁得來的。只有四十五篇。因爲九共分做九篇。盤庚泰誓各分做三篇。所以變成五十七篇。其實孔安國得了古文尚書沒有。尚是問題。且看下文辨別佚書十六篇的結果便分道。

因爲這書的問題。那麽複雜。研究起來。實在麻煩。所以不能不分析爲個別的問題去研究。現在拈出五個重要的。第一是東晉晚出的古文尚書和孔安國傳的眞僞問題。第二是佚書十六篇的眞僞問題。第三是泰誓的眞僞問題。第四是今文尚書二十八篇的年代問題。第五是書序的眞僞問題。至於張霸僞造的百兩篇。當時便已證實不是眞的。杜林得的漆書尚書。就是馬融鄭玄所注的。似乎和今文差不多。現在都不詳說了。

甲　東晉晚出的古文尚書和孔安國傳的眞僞問題

現在通行的十三經注疏裏面的尚書五十八篇。經過了數百年數百人的研究。已斷定其性質可分三部。第一。和伏生所傳今文二十八篇篇名相同的是眞。第二舜典（篇首二十八字除外）益稷康王之誥都是從今文析出的。都是眞。第三其餘二十五篇都是僞書。今文二十八篇何以可認爲眞。留在講第四問題時講。舜典益稷都是造僞者從堯典臯陶謨析出。並不是孔安國原來所傳的舜典棄稷。康王之誥是爲馬融鄭玄等從顧命析出。也不是孔安國原來所傳的康王之誥。但那些被析的是眞書。所以析出的也是眞書。剩下的二十五篇在北宋以前並沒有人懷疑。到南宋初年才有個吳棫大膽的發難。後來不斷的有人研究。清初羣儒竟把千年懸案判決。同時連及孔安國傳也被證明不是孔安國做的。現在把那些辨僞者分爲四期。列如左表。

第一期（南宋）	第二期（元）	第三期（明）	第四期（清）
吳棫	郝經	梅鷟	閻若璩
朱熹	吳澄	胡應麟	姚際恆
			惠棟
			崔述
			程廷祚

最初發難的是吳棫。但他的理由很粗淺。只從文章上看。覺得那二十五篇不似三代的風格。自從吳棫開了這個端。朱熹便跟著上去。拿同一理由作顯明的指摘。但仍不敢斷定二十五篇是僞書。只是對於僞孔安國傳下了一個肯定的判決。總算有見識。到了郝經吳澄。更大膽的攻擊僞經本身。毫不遲疑。他們四人都沒有專著一書辨僞。不過在文集語類筆記中很概括很簡單的講講。所以影響還不能很大。最初專著一書來辨僞古文尚書的是梅鷟。他著了一部尚書考異。一部尚書譜。才彰明較著的宣布二十五篇和孔安國傳是僞書。胡應麟的四部正譌也曾提及。但無特色的斷案。到了閻若璩才把替僞古文尚書辨護的口封住。才集辨僞古文尚書諸家的大成。他的古文尚書疏證委實是不朽之作。他的地位在清初學界委實是第一流。同時人姚際恆著古今

僞書考。對於尙書也有同樣的結論。另外專著了一部尙書通論。可惜佚亡了。他們倆不約而同著書辨僞。後來見了面才知道彼此　見如一。也是學術史上一件有趣的事。從此以後辨尙書的諸家對於他倆只有補充或發揮。如惠棟的古文尙書考。說話很簡單乾脆。沒有枝節。既可補閻若璩的不足。又很容易看。程廷祚的晚書訂疑。崔述的尙書辨僞。也是一樣。此外還有許多文集對於閻氏之說或補闕或正誤。幾乎無懈可擊了。因爲他們在經學界地位很高。一般學者咸知尊重。所以能把僞古文尙書和僞孔安國傳宣告死刑。而後來註尙書的都依從他們的意思。把今文和古文分開。如江聲的尙書集注音疏。孫星衍的尙書今古文注疏。段玉裁的古文尙書撰異。劉逢祿的尙書今古文集解。都不混淆今文古文在一起了。當他們未曾定案以前有一位做辨護被告的律師叫毛奇齡。和閻若璩同時。而年紀較大。他很不滿意閻氏的攻擊古經。屢次當面辨駁。又專著一書名古文尙書冤辭。和古文尙書疏證對抗。但很不幸。那被告的罪狀昭著。確乎應得死刑處分。毫不冤枉。所以雖有毛奇齡那麼有名。那麼賣力的律師。也不能救活他的生命。所以從清初到清末。只有許多人幫助閻氏找證據定案。却很少人幫助毛氏找證據翻案。只光緒間有位吳光耀著一部古文尙書正解。又有位洪良品著一部尙書古文辨惑。想從墳墓中掘出死囚的骷髏。附上皮肉。穿起衣裳。再來擾人惑世。但是那裏有絲毫效驗呢。——以上講僞古文尙書和僞孔安國傳從有人懷疑到最後定案的大略。

這案的卷宗。或是專著。或是單篇。總計不下數百種。百數十萬字。諸君如知全案的詳情。只好自己去調集卷宗。現在不能多講。但也不能不說個大概。且把尙書從漢至晉的傳授次第先敍述一番。再講破案的證據。

史記記尙書的傳授最早。漢書也跟着一樣。說話都說孔子以前的書不止百篇。而且記了遠古的事。到孔子才刪定。從唐虞起。到秦穆公止。共留百篇。另外還做了序。說明作者的意思。又都說秦始皇焚書時。濟南伏生獨藏尙書在壁中。漢興。伏生求得二十九篇。其餘都亡了。後來僞古文尙書孔安國序的說法又不同。說秦焚書時。孔子後人壁藏尙書。漢興。沒有能通尙書的。濟南伏生年已九十餘。失了他的本經。口誦二十九篇。這二說那個可靠。很難定。但傳尙書的從伏生始。則可爲定論。漢廷立了十四博士。尙書的是歐陽氏和大小夏侯。都是從伏生傳出來的。所以漢書藝文志說『經二十九卷。』註『大小夏侯二家。歐陽經三十二卷。』從此可知伏生只傳了二十九篇。——本來也只有二十八篇。但漢儒把晚出的泰誓一篇也附上了。所以通稱二十九篇。

到了西漢末。劉歆校中祕的書。發現了尙書古文經四十六卷。卽五十七篇。據說。武帝末魯共王壞孔子宅。得古文尙書。（另外還有許多別的書）孔安國拿來考伏生的二十九篇。較多十六篇。那十六篇的篇名是舜典汨作九共大禹謨棄稷五子之歌胤征湯誥咸有一德典寶伊訓肆命原命武成旅獒畢命等。目錄載在鄭玄尙書註內。因爲九共有九篇。所以又分成二十四卷。後來不久漸漸散佚了。馬融鄭玄還看見些。叫他做佚書

現在通行的十三經注疏中的古文尙書是怎樣的來歷。據那上面的孔安國序說。『魯共王壞孔子舊宅。……得先人所藏古文虞夏商周之書。……皆科斗文。悉以書還孔氏。科斗書廢已久。時人無能知者。以所聞伏生之書考論文義。定其可知者。爲隸古定。更以竹簡寫之。增多伏生二十五篇。伏生又以舜典合於堯典。益稷合於臯陶謨。盤庚三篇合而爲一。康王之誥合於顧命。復出此書。並序。凡五十九篇。爲四十六卷。……承詔爲五十九篇作傳。……書序所以爲作者之意。昭然義見。宜相附近。故引之以各冠其篇首。定五十八篇。旣畢。會國有巫蠱事。經籍道息。不復以聞。』（其實這篇序是假的。不是孔安國做的。下文再說。）西漢末。劉歆欲列古文尙書於學

官。不果行。東漢末馬融鄭玄雖是古文家。而他所註的是杜林所傳的古文尚書二十九篇。又雜以今文。晉朝祕府所存有古文尚書經文。經過永嘉之亂。已無人傳授。不知其內容與劉歆所見同否。到了東晉。有一個豫章內史梅賾才不知何從得到孔安國的傳。奏獻給朝廷。又說缺了舜典一篇。當時也沒人理會。南齊建武中姚方興說在大航頭得舜典。奏上。比馬鄭所注多二十八字。那才正式列古文尚書於國學。此後南朝漸漸有人傳古文。雖然沒有專家。而馬鄭的註很不爲一般人所看重了。到了唐初陸德明孔穎達承認古文尚書和孔安國傳。『辭富而備。義弘而雅。故復而不厭。久而愈亮。』一個給他做釋文。一個給他做正義。從那時到淸末。想從科舉進身的。都遵守陸孔之說。沿用古文尚書。

我們觀察各家新陳代謝的情形。倒很有趣味。自馬鄭的註盛行。而歐陽大小夏侯的傳亡佚。自梅賾的孔安國傳盛行。而馬鄭的註亡佚。二變而尚書的眞面目隱晦了。現在十三經注疏中的古文尚書便是梅賾所獻之本。和孔安國馬鄭所見的不是一本。所以說是同一的。乃是造僞者想拿魚目混珠。自南宋以來。經過先哲的努力。已把這大騙案勘破了。破案的證據實在數不勝數。我們現在只好撮其要點說一說。

(一)篇名不同。　我們試一看本章上面的篇目表。當發現孔安國和梅賾所傳的古文尚書篇目有許多不同。孔本有而梅本沒有的。汩作九共典寶肆命原命。梅本有而孔本沒有的。仲虺之誥太甲說命微子之命蔡仲之命周官君陳康王之誥君牙冏命。字眼略異的。孔本的棄稷。梅本叫益稷。孔本的嗣征。梅本作胤征。由此可知梅本一定不是孔本。

(二)孔本至東漢末已逸。　孔安國的古文尚書。除劉歆說過一次以外。沒有傳授的人。到了東漢末。馬融鄭玄表面上是傳授古文。其實只傳了杜林所得的二十八篇。和伏生的今文差不多。二十八篇以外的篇名和殘句。馬鄭和許慎說文所引都叫做佚書。假使那些古文家所見的尙書卽是後來梅賾所傳的尙書。爲什麼書尙存而稱逸呢。這可見東漢末諸儒都未見後來梅賾所傳的古文尙書和孔安國傳。

(三)文章太不相類。　伏生所傳今文二十八篇。梅本也有。我們讀起來。眞是『周誥殷盤。詰屈聱牙。』科舉時代的小孩子。對著他咬牙切齒。沒有辦法。老是伸出手掌挨先生的板子。但一讀到五子之歌湯誥說命……等篇。文從字順。隨口能擧。有似恩逢大赦了。五子之歌的時代在湯誓之前。湯誥到說命諸篇的時代在盤庚之前。不應在前的反而易讀。在後的反而難懂。仲虺之誥和湯誓同時。武成和牧誓同時。周官君陳和多士多方同時。更不應一種易讀。一種難懂。拿文體而論。眞太奇怪了。所以最初懷疑的吳棫朱熹便從這點出發。終究證明了二十八篇以外的是僞書。——那書首的孔安國序。文體也不似漢朝風格。當然也是假的。

(四)梅本抄襲的痕跡顯然。　造僞的不能憑空架閣。必定抄襲眞書。或割裂。或變換。或湊綴。使讀者不疑。梅本古文尙書大半皆有憑藉。如『人心惟危。道心惟微。惟精惟一。允執厥中。』十六字。從荀子論語抄襲得來。本書總論第四章已說過了。其餘各篇各句的出處。差不多都可以找出來。明人梅鷟的古文尙書譜。淸人閻若璩的古文尙書疏證。以及淸人文集。已經爬梳得很詳盡了。可見梅本的確是採綴古書而成的。

自淸初諸儒勘破梅本僞案後。大家都叫梅本爲僞古文尙書。但此書除和今文相同的二十八篇以外。究竟是什麼時代的什麼人僞造。至今尙無定論。許多人因梅賾是東晉人。而且曾說此書是從魏人王肅傳下來的。所以斷定是王肅僞造。王肅爲什麼僞造。因爲他和鄭玄不對。所以想造證據來壓倒鄭玄的經說。這大概也沒有什麼問題。

但是今日通行的古文尙書是不是梅賾所傳的。是不是王肅僞造的。却還大可研究。淸儒最後的辨尙書者——程廷祚著了一部晚書訂疑搜羅很多證據。說王肅僞造梅賾傳出的早已散佚了。現行的大約到齊梁之間才出來。上距梅賾已有百年。我很贊成他的說法。南齊明帝建武中。姚方興分堯典『愼徽五典』以下爲舜典。僞造『曰若稽古帝舜。曰重華協於帝。濬哲文明溫恭允塞玄德升聞乃命以位』二十八字加於篇首。這二十八字不但今文沒有。就是梅賾也未看見。說不定。這一類的事情不止這一件哩。

乙　佚書十六篇的眞僞問題

上面曾據劉歆的話。敍述漢武帝末。孔安國得孔壁古文尙書比伏生所傳的多十六篇。那十六篇到底是眞是僞。向來都認爲眞的。他們一面儘管恨僞古文。一面又痛惜那十六篇止存篇目而無文章。其實恰因文章已亡佚了。所以從前沒有人懷疑。淸人程廷祚劉逢祿邵懿辰和康南海先生却根本不相信西漢有什麼古文經。更不必說什麼十六篇了。這種見解也不從他們始。當劉歆主張立古文經於學官時。漢儒已說『尙書爲備』。可見當時並不信二十八篇今文以外還有別的。東漢王充的論衡也說漢儒以二十八篇上配二十八宿。以爲孔子故意如此配合。後來得了一篇泰誓。又以爲二十八宿之外添了一個北斗。這種幼稚可笑的思想。十足的表現漢儒相信『尙書爲備』的精神。但替古文辨護的人還可以說這是今文家的說法。不足爲憑。我們不妨舉出那十六篇可疑之處。給大家知道。

西漢講尙書的大師。第一個是伏生。前面已講過了。伏生傳給歐陽生。歐陽生傳給兒寬。後來歐陽大小夏侯三家都出於兒寬。兒寬又是孔安國的得意門生。所以第二個大師應推兒寬。假使孔安國果眞得了比今文多十六篇的古文尚書。果眞又做了傳註。兒寬不應不看見。見了不應不傳述。一般主張眞有古文的人說孔安國不傳給兒寬而傳給都尉朝。但古文家馬鄭都說『逸十六篇絕無師說。』最可疑處。史記分明說孔安國早卒。照卒年推算。不及見武帝末巫蠱之事。而僞孔安國序說因巫蠱事所以不以古文尚書上聞於朝廷。魯共王分明死在漢武帝初年。而漢志說他在武帝末壞孔子宅。得古文尚書。因此。我們對於孔安國曾註古文尚書與否。古文比今文果眞多十六篇與否。不能不懷疑。所以劉逢祿和康先生都說這十六篇根本是劉歆僞造的。原文亡佚。毫不足惜。程廷祚的晚書訂疑更說那十六篇逸書經漢儒引用至今尚存的殘句。比較今文二十八篇的辭義。相差太多了。而且有許多可笑之處。我們由此可知不但梅賾所傳僞古文二十五篇是後人僞造的。卽所謂孔安國傳的眞古文十六篇也未必是眞的。

丙　泰誓問題

伏生所傳今文本來只有二十八篇。漢宣帝本始中。河內女子得泰誓一篇。獻給朝廷。後來合成二十九篇。古文尚書也有泰誓。但隋書經籍志說他和河內女子所獻不同。東漢末和三國諸儒如馬鄭王肅等都疑泰誓。說他的年月和書序不同。字句又和左傳國語孟子等書所引的泰誓不同。不知他們所疑的是河內女子所獻的呢。還是古文尚書的那一篇。但無論是任何篇。都已是不可靠了。現在的泰誓又後來的贋鼎。從古書輯出的眞泰誓也未必是眞的。關於這個問題。古文尚書疏證答辨得最淸楚。這裏不講了。

丁　今文尚書二十八篇的年代問題

經過幾次淘汰。尚書只剩下二十八篇了。二十八篇比較的可信。最少也是漢初傳下來的。總不能不承認是孔子所曾看見。除了堯典『曰若稽古帝舜』至『乃命以位』二十八字以外。當然後來把舜典從堯典分出。益稷從臯陶謨分出。康王之誥從顧命分出。篇名雖僞而本文是眞。我們應該包括在二十八篇以內當做眞的看待。爲什麼我們承認二十八篇是眞的。因爲傳二十八篇的是伏生。伏生當秦始皇焚書時。正在壯年。當然能見眞的尚書。漢初伏生從他的壁中得到這二十八篇。當然還是壯年所讀的。孔子刪書的話。雖然無從證實。但孔子總和書有密切的關係。觀孔門後學很注重那部書便可明白。從孔子到伏生。沒有焚書禁書的暴政。又剛好是學術發達的時代。傳習尚書的人很多。當不致有亡佚或變亂的事情發生。所以我們可以承認孔子曾見這今文尚書二十八篇。

從前有人懷疑二十八篇中的金縢篇有這麼一段離奇話。『秋大熟。未穫。天大雷電以風。禾盡偃。大木斯拔。……王出郊。天乃雨。反風。禾則盡起。……』這種和情理相差大遠的紀事。似乎不是信史。其實不然。這只能怪當時史官拿非史的事當史。不能嚴格的擇別。正和後來的晉書魏書相類。晉書多採小說。魏書雜記瑣聞。我們只可說他擇別史料的標準不對。不能說那二部書不是唐太宗魏收做的。所以金縢無甚問題。可以當做神話看待。借來考察當時的社會心理。除了這篇以外。從前沒有懷疑過的。我們可丟開眞僞不講。專研究他的年代。

二十八篇的前四篇。——堯典（包括今本舜典）臯陶謨（包括今本棄稷）禹貢甘誓——向來叫做虞夏書。一般人以爲不是唐虞史官不能做得那麼好。一二學者却因此發生了莫大的懷疑。第一。堯典的文體比僞古文的大禹謨五子之歌雖然古雅多了。但比今文的湯誓盤庚多士多方則實在易讀。不應虞夏較古的文章反而文從字順。殷周較後的文章反而詰屈聱牙。這分明是湯誓等篇的時代比較堯典早。堯典當然不是虞夏人的作品。第二禹貢所載的地域很廣。雖可說游牧時代的人跡比種藝時代較寬所以禹貢也跟著多記。但殷民族的活動圈僅限於大河南北。西周也只限於大河流域。到了春秋戰國才慢慢擴充到長江粵江流域。才知道有交趾等地。爲什麼禹貢的九州恰同東周地域相等而不和殷周相等呢。除非地下有資料將來發掘考究。可以證明虞夏地域確同於東周否則禹貢總是東周的地理書吧第三堯典可討論之處尙多。如『蠻夷猾夏』『金作贖刑』。夏是後起的名詞。金屬貨幣是周朝才有的東西當然不應在堯舜時代的書上發現那上面還有幾處提起『中星』。我們雖不是天文專家。但覺得和夏小正講的中星不甚相遠。夏小正決不是夏朝的書乃是周人建寅的曆。那麼堯典也許是周人追述之辭。不能認做堯舜史官所記。將來經過天文學家的研究。總有一天可以給這個說法以一個證明。

上面這段似乎有些是辨眞僞。其實仍是考年代。因爲堯典首句分明說『曰若稽古帝堯。』皋陶謨首句分明說『曰若稽古皋陶。』並沒有告訴你是堯舜史官記的。不過後人好古。以爲非堯舜史官不能做出那麼好的文章。所以硬把堯典皋陶謨禹貢甘誓叫做虞夏書。奉做聖賢傳授的心法。其實我們只根據那篇首一句。認做後人追述的便好了。他本來就沒有冒充是堯舜史官做的。我們何必說他是僞書呢。所以上段的論證。恰好證明了那四篇是周人追述的。把時代移後了二千年。却不曾指摘某篇是僞書。

二十八篇除了前四篇以外。從湯誓到微子叫做商書。從牧誓到秦誓叫做周書。眞僞絕無問題。年代可照向來的說。分明看做商周的作品。

戊　書序問題

書序至今尙存共一百首。放在每篇之前。說明爲什麼要作這篇。體例和詩序相似。如堯典序云『昔在帝堯。聰明文思光宅天下將遜於位。讓於虞舜作堯典』那百篇序向來都說是孔子做的。本來合成一篇。僞孔安國古文尙書序說是孔安國分置各篇首的。伏生的今文二十八篇後來忽然變成二十九篇有人說是添了泰誓。有人說是添了書序。因此有伏生傳孔子書序之說。但我却都不相信。孔子時。書有若干篇。有序沒有。還是問題。就是書有百篇。篇皆有序。而百篇序也就已經不能包括當時書的總數。序外的篇名見於各古書的還不止一二個。禹誓武觀湯說官刑相年見於墨子。夏訓伯禽唐誥見於左傳。太戊見於史記。尹吉高宗見於禮記。大戰揜誥多政見於尙書大傳。尙書大傳。據說是伏生傳下的。爲什麼又和書序的篇目不同呢。史記引了尙書許多篇目。和書序相同。爲什麼又多一篇。這分明是伏生不曾傳書序。書序抄襲史記而偶遺一篇目。本來這是沒有的東西。

詩經有序。已是無聊。但詩是文學家的寄託。別人有時不易知道本事是什麼。有序還可給人以一個聯想。書本紀事文章。既已明白。何必要序。由此牽連到孔子曾否刪書。曾否做序。二十八篇以外的有多少的問題。我們看。刪書之說。出自尙書緯。根本不可靠。史記說孔子序書傳。只是說次序那些書傳。並沒有說替百篇作序。二十八篇就是孔子次序的。其餘當時都已散殘了。逸書的總數無從統計。未必就剛好加上不佚的是一百篇。漢儒說二十八篇『尙書爲備。』固然未免固陋。而最少那二十八篇是孔子以後傳習最廣的。其餘都不成片段了。那百首書序整整齊齊的篇名却未必可靠。自從朱熹提起孔子不作書序的問題以後。程廷祚也曾辨論過。到了康先生著新學僞經考就有一篇專攻書序之僞在很詳審的理由中宣告書序的死刑。和閻若璩宣告僞古文尙書的死刑。一樣書序是不是劉歆做的。抑或劉歆以後或以前的人做的。現在未定。許是秦漢間儒者有孔子删書的故事。後人因把史記夏商周本紀和魯世家的話湊成一篇書序。但最少一是孔子做的。

第三章　詩

詩經是古書中最可信的。我們可以不必考究他的眞僞。單辨清他的年代便彀了。現在且提出三個問題。

一、全部詩經所包涵的年代多麼久。——最古的是那一篇最晚的是那一篇中間相差若干年。

二、三百篇中那一個時代的篇數最多。——那幾篇可合成一組可認做某時代的作品。

三、什麼時候才編成這樣一部詩經。

這些都是關於詩經年代的。我們可以逐個討論下去。

甲　第一問題

詩經起自何時。迄於何時。自來卽多異說。他那最後五篇——商頌。據現行的詩序說。就是商人祭祖之詩。這話若確。那麼詩經的年代很早。商朝已經有了。到孔子時有五六百年。但在西漢以前。並沒有人說商頌是商詩的。都說是宋人作品。國語有這麼一句話。『昔正考父校商之名頌十二篇於周太師以那爲首。』正考父是宋國的大夫。是孔子的祖。孔父嘉的父。周太師是周室的樂官。國語的意思。商頌是正考父做的。請周太師校正其樂律。後來毛氏詩序說『有正考父者得商頌十二篇於周之太師。』意義却和國語說的大不同了。「校」是請別人校自己的「得」是在別人處得到別人的那裏可以隨便更改。但很不幸。此後都相信詩序的話了。一直到宋朝以後。才有人開始懷疑。從事辨別。辨別最清楚的。沒有人比得上魏源。魏源著古詩微。列舉十三條證據於商頌發微篇中。斷定商頌是宋襄公時正考父祭商先祖而稱頌君德的。他那些證據也許不免瑣屑。但大都很對。足以成爲定論。

但宋頌何以稱商呢。我們看左傳常以商代宋。如魯僖公二十二年。宋大司馬固說。『天之棄商久矣。』所以宋詩名商頌。毫不足怪。我們又看商頌第五首有『奮伐荆楚』之句。最少商朝尚無所謂荆楚。楚在周初還是蠻夷。到周昭王以後。才和中原發生關係。因此。我們越發知道商頌完全是正考父歌頌宋襄公的。因爲宋襄公隨齊伐楚得勝。自然不免鋪張盛事。這不止商頌如此。就是魯頌也是魯僖公隨齊伐楚凱旋以後。叫人做的。後來揚雄法言說。『正考父晞尹吉甫。公子奚斯晞正考父。』晞是希慕之意。吉甫奚斯都是詩人。詩經大雅烝民說。『吉甫作誦。穆如清風。』魯頌閟宮說。『奚斯所作。』他們既然一個希慕一個。又都善會做頌。可見正考父作商頌是無可疑的了。漢人碑刻和書籍說及這事的多得很。但從沒有說商頌是商詩的。

不但如此。就是商頌的文體也可證明是宋國才會有。商朝不會有。周頌是西周人作品。很簡單。多沒有韻。商頌魯頌。如小雅。頗長。句句押韻。音節和諧。如那的『猗歟那歟。置我鞉鼓。奏鼓簡簡。衎我烈祖。』殷武的『陟彼景山。松柏丸丸。是斷是遷。方斲是虔。』若拿來比周頌清廟的『於穆清廟。肅雝顯相。濟濟多士。秉文之德。』般的『於皇時周。陟其高山。嶞山喬嶽。允猶翕河。』一易讀。一難懂。一有韻。一無韻。眞是相差太遠了。假使商頌果眞在周頌之前。必不致如此。以空洞的文體判別眞僞。似乎很危險。其實不然。偵探小說說偵探狗嗅臭味可以得犯人研究文學很深的人亦如偵探狗一樣。一見文體便可辨眞僞。雖無標準。而其標準比什麼都厲害。以清廟和那比當然難懂的在前。易讀的在後。所以我們可斷定商頌是宋詩。是年代很晚——齊桓公宋襄公時的詩。大家要知其詳。可自參考詩古微。

商頌的年代既已確定。才不會提前詩經的年代。才可以討論關於詩經年代的種種問題。據我看。最早的不能超過周初。也許有幾篇在周公時代。最遲的若依毛氏詩序。就是株林。因爲株林記了夏南的事。是在西曆紀元前五百九十八年。後此四十七年而孔子生（五五一）。若依韓詩外傳。就是燕燕。因爲燕燕是衛定姜送其兒婦大歸的詩。是在西曆紀元前五百五十八年。後此七年而孔子生。我們假使相信韓詩之說。則詩經的最後一篇在孔子生前七年。但燕燕詩毛詩認是衛莊姜做的。在春秋初年。這樣詩經的年代又得縮短四十年了。我們因爲齊魯韓三家詩說比毛詩較古較可信。魯齊也都認爲燕燕是衛定姜的詩。所以不妨認詩經到西曆紀元前五五八年就終結了。但燕燕以後。孔子少時。還有詩沒有。又是一大問題。其故因三百篇多無名氏作品。大多不能考定年代。誰能擔保燕燕之後就沒有詩。呢所以詩經全部的年代最早在周公時。最遲在孔子生時或稍後。若勉強說。最早是武。最遲是燕燕。相距約五百年。

乙　第二問題

欲將詩三百篇一一考定確實年代。固屬很難。但約略推定某幾篇在某時代。某時代詩多。某時代詩少。也非不可能的事。今本詩經分風雅頌三部。風又分二南十三國風。雅又分大小。頌又分周魯商。從前做考證詩篇年代工夫的。漢末有鄭玄著詩譜。可惜書不傳了。宋有歐陽修續做詩譜。王應麟輯纂詩譜。清儒也繼續輯出許多據鄭玄的意思。商頌最早。周初的詩最多。商頌的價值第一。二南次之。但這是一派的意見。齊魯韓三家便不和他一樣。而且他的主張常多錯誤。如關雎。鄭玄以爲文王時美后妃之詩。齊魯韓以爲康王時人所作。如何彼穠矣分。明是周桓王之女嫁給齊襄公時魯人歌頌他的詩。春秋莊公元年明記其事。此詩明有『平王之孫齊侯之子。』可爲鐵證。而毛鄭一派硬要解「平」爲太平。「齊」爲平等。說是文王嫁女之詩。眞是迂腐可笑。如甘棠。因有『召伯所茇。』毛鄭硬認做召公奭。說是周初的詩。但「公」「伯」顯然有別。伯是五伯的伯。詩有郇伯申伯。都是西周末年的人。詩大雅召旻稱召公奭爲召公。不稱召伯。可見甘棠最早不過西周末年的詩。從前的人錯認文學的價值。愈古愈高。胸中既有成見。所以輾轉附會。到處誤解。又二南歌詠江漢。江漢在周初還未十分開闢。到東周初才漸漸發生文化。前人說二南是文王化被南國的成效。其實那裏有文化低落之地而能出產這樣高尚文學之理。——由此我們很可以斷定二南是西周末東周初的產物。固然不是一時出現的。但因其文體相近。可知其時間不出百年。前人認是商末周初百年間。那是錯了。

順着年代講。則周頌最早。周頌也許有武王時的作品。左傳宣公十二年楚莊王曾引過周頌武之七章。武最少是武王克殷所作。比較的可信。是詩的最早一篇。周頌昊天有成命有『二后承之。成王不敢康。』最少這詩是康王時的。文王時代的詩可是一篇也找不到。而後人必認爲文王時代的。可笑的很。先橫成見。而附會其事。是考古的大毛病。千萬不可如此。所以我們認周頌爲周武王到康王時代的詩。在詩經爲最古。

大雅小雅有許多史料。可叫做史詩。若拿來和鐘鼎文比照推考。可得前人不知的遺事。他的年代大約在西周末年的有十之七八。成康時代的也許有一二篇。尚有一部分變雅是東周初年的。若以文體而論。假使周頌在後而反質樸。二雅在前而反風華。則萬無此理。所以大小雅一定在周頌以後。決不是文武時代的產品。

此外十三國風亦如二雅。各以國名。十三國中檜至西周末被唐滅了。所以檜風一定在西周末年以前。比任何國風的年代都早些。唐是晉初受封之名。至曲沃莊伯奪國受封以後。單稱晉不稱唐了。所以唐風一定是魯桓公以前的。東西魏不是戰國的魏。到魯莊公時。被晉獻公滅了。所以魏風是魯莊公以前的東西。這三國比較的很早。其餘較遲。

邶鄘衞三國風的問題很雜。篇數又很多。佔了國風全部三分之一。名義上雖有三國。實際上只有衞國的詩。詩裏人名地名事實都是衞國的。所以只能叫做衞風。但邶鄘是什麼東西呢。向來解做衞國裏面的小國名。那麼又爲什麼要分爲三國呢。王靜安先生解做邶是燕地。鄘是魯國。風詩則已失傳。後人不懂。妄分衞風的一部給邶鄘。這就比較的可信。我們認邶風鄘風已亡。今本邶鄘衞三國風只是衞風。不可誤信古人之說。分衞風爲三部。

其餘王鄭齊秦陳曹豳七國和衞風都是春秋時代的產品。沒有多大的問題。但若拿來和二南相比。却又發生問題了。以地方文化發達先後程序推之。二南許更在八國風之後。以文字優劣而論。二南也比八國風更加風華豔麗。大凡一新民族初接受他民族的文化的時候。常有異彩的創作出現。二南不名風而名南。不名東西北而名南。又有江漢一類的楚國地名。文體又和後來的楚辭有線索可尋。所以我們要認爲春秋後半期的南方民族作品。也未嘗不可。宋王應麟曾這樣主張過。說二南和楚辭有先後啣接的關係。這是不錯的。

綜合起來。我們對於詩經年代第二問題的解答是周頌最早。是周初的產品。大雅小雅檜風唐風魏風次之。是西周末到和春秋最初期的產品。周南召南王風鄭風齊風秦風陳風曹風豳風衛風較晚。是春秋時代的產品論起篇數最多的那自然是春秋時代。

丙　第三問題

上面的結論。詩三百篇是周初到孔子生時五百年間的產品。但到底是什麼時代什麼人編成的呢。依史記孔子世家說。古詩有三千篇。孔子自衛返魯刪爲三百五篇。此話若眞。則孔子六十四歲返魯。七十三歲死。在死前十年間刪詩。但孔子四十五歲已講學。孔子向來教人都用詩。詩是他學校的重要功課。當未刪詩以前。拿三千篇教人呢。還是拿三百篇。論語常說『誦詩三百』『詩三百』未必一定是六十四歲以後說的話。可見孔子敎人只用三百篇。假使嫌這個證據薄弱。那麼請看詩古微怎麼說。詩古微夫子正樂論說『夫子有正樂之功。無刪詩之事。……今考國語引詩三十一條。逸者僅三十之一。……左氏引詩二百十七條。其間丘明自引及述孔子之言者四十有八。而逸詩不過二條。列國公卿引詩百有一條。而逸詩不過五條。列國宴享歌詩贈答不過七十條。而逸詩不過三條。是逸詩不及今詩二十之一也。使古詩果三千有餘。則自后稷以及殷周之盛。幽厲之衰。家弦戶誦。所稱引宜十倍於今。以是推之。其不可通一也。……』（以下還列了許多證據。現在不盡引述）假使今詩是孔子六十四歲從三千篇裏選來編定的。則逸詩應不止此數。爲什麼只有五十分之二。不在今詩三百篇之內呢。本來孔子刪詩之說。從孔穎達卽已懷疑。到了魏源著詩古微。尤其盡力否定。這是我很贊成的。三百篇本來到魯頌爲止。商頌許是孔子補加上去的。孔子敎人只用現成的三百篇。並沒有從三千篇中選出三百篇來。

但這三百篇到底是什麼人編定的呢，那只好闕疑，但最少是早已成爲定本的，定於何時，很難斷定，因最晚的那篇燕燕在孔子生前七年，所以最少是孔子幼年有人編定的，前人說是周太史編的，但那時已沒有人理會周朝，周朝也沒有這大力量幹這事，大概可推定這三百篇是魯國已通行的本子，這我們也有證據，左傳記吳季札觀樂於魯，太史唱詩，篇名沒有在今本以外的，可見魯太史用的詩本和今本相同，雖然可以說這許是左傳的作者從後追記之辭，不足爲孔子生前已有定本之據，但沒有得充分的反證以前，這說總是可成立的。

從上面說，難道孔子和詩經沒有關係嗎，那不然，那是有相當的關係的，大概孔子對於詩篇的次序曾用一番心思，這是一點，後來漢人最看重『四始』——關雎爲國風之始，鹿鳴爲小雅之始，文王爲大雅之始，清廟爲頌之始，——許是因爲孔子有意，所以孔門傳習下去，第二點，商頌許是孔子加上去的，因爲商頌的作者是孔子之祖，第三點，孔子用功的深處，不在乎刪詩，而在正樂，漢儒本來沒有說孔子刪詩的，司馬遷作史記，看見論語有『孔子自衞反魯，然後樂正，雅頌各得其所，』所以才生出孔子刪詩之說，其實論語這段話正可證明從前的詩詞樂譜不好，孔子自衞反魯才改良他，却不能證明曾經刪詩，我們看，孔子是極喜歡樂歌的人，論語說『子於是日哭則不歌，』可見他不哭這天一定唱歌，又說『子與人歌而善，必使反之，而後和之，』可見他很會唱歌，又說『子在齊聞韶，三月不知肉味，』他自己也說『師摯之始，關雎之亂，洋洋乎盈耳哉，』可見他對於樂歌的興味極濃，孔子世家曾說『詩三百篇，孔子皆弦而歌之，以求合於韶武之音，』然則孔子對於詩的工作，在創造樂譜，改定歌調，從前的詩許是不盡可歌，到孔子才譜詩入樂，三百篇沒有不可歌的了，風雅頌的分別，前人說法不一，我看許是孔子定的樂調專名，和音樂有關，墨子言『儒者誦詩三百，絃詩三百，歌詩三百，舞詩三百』可見孔門後者還是遵守孔子教法，認絃詩歌詩爲功課，而詩無不可歌的，由上文看來，孔子用功於詩，全在正樂這部分，後人推尊孔子，硬說他刪了詩，反爲失了眞相，所以我們斷定詩三百篇成於孔子少年或生前之時，編者很難指定，孔子對於詩的功勞，只在樂歌上面——三個問題算是解答了。

末了，我們還得討論詩序的眞僞和年代問題，今本詩經每詩前面都有幾句小序，說明作詩的緣故，這就是詩序，詩序，漢志不著錄，齊魯韓三家詩都沒有，單是毛詩有，後漢書儒林傳明白說『衞宏從曼卿受學，因作毛詩序，』後人老是不信，隋志說相傳詩序是子夏作，經過毛公衞宏潤色，後來有人說詩序首句是子夏作的，其下各句是毛衞作的，又有人說是大毛小毛公分作的，鄭玄一面說是子夏作，一面又說是孔子作，程子說是採詩人作，王安石說是詩人自己作，異說紛紛，把詩序推尊到無上的地位，却無人知道本來是假東西，一直到南宋忽然出了幾位辨僞大家——程大昌朱熹鄭樵——很猛烈的攻擊詩序，把他的價值降落到零度，大家都確信是衞宏做的，整個的要不得，朱熹初年仍舊推尊詩序，晚年和呂祖謙辨論的結果，始轉而從鄭樵之說，他有很好的見解，以爲主張「詩因序而作」者，大可嗤笑，但他亦不徹底，他的詩集傳仍有從詩序的。

詩序到底是什麼時代的作品，兩漢儒者說詩，從沒有提到有詩序，六經奧論說『漢氏文字未有引詩序者，惟魏黃初四年有「曹共公遠君子，近小人」之語，蓋詩序至是而始行，王先謙反駁這說，說左傳襄公二十九年，服虔解誼，太尉楊震疏，李尤漏刻銘，蔡邕獨斷，都已引用詩序，何嘗至黃初時始行呢，其實據我們看，那是不成問題的，左傳和詩序相同的，只有『美哉此之謂夏聲』一句，那當然是偶然，或是衞宏有意抄襲，西漢一代文字無有引用詩序的，也沒說詩有序，服楊李蔡固然是東漢儒者，但都在衞宏稍後，衞宏著的詩序，他們自然可以看到。後漢書旣然明說衞宏作毛詩序。我們又何苦奪他的功呢。但我們却不可因此就說他僞造詩序。因爲「說詩家」解釋作詩原因寫成片段文字是漢人風氣。齊魯韓三家詩說雖然不傳。但輯得的三四十條還有些像詩序的體裁。我們怎麼能擔保毛詩不也這樣呢。說不定毛詩的片段說話。還不是篇篇都有。到了衞宏手裏才全部都給他做篇小序。來彌補這個缺憾。但沒有想到這實在太隨便了。事蹟的傅會。姓名的錯亂。詩意的誤解。……在使讀詩者迷惑。實在是衞宏强不知以爲知之過。所以詩序一經南宋諸儒的攻擊便失了他迷人的本領。後來雖經淸代一二漢學家一度的維護。而不能挽救他已失的生命或威靈。

此外如子夏詩說申培詩說。關於說詩的僞書。早經前人的論定。現可以不必多費口舌了。

第四章　三禮

三禮的名稱。比較地發生得很遲。從前並沒有。東漢末。鄭玄註周禮儀禮禮記。才合稱三禮。卽現行十三經的三書是這三書向來看做一樣的性質。其實錯了。南宋以後把禮記當做五經的一種。明淸科舉也以禮記爲三禮代表。其實不對。漢代六藝只有禮古經。又名士禮。凡十七篇。到東漢又改稱儀禮。禮記是解釋儀禮的記。卽傳可與經對立而不可混稱經。做個譬喻吧。譬如易。儀禮好像卦辭爻辭。禮記好像十翼。譬如春秋。儀禮好像春秋經。禮記好像三傳。所以三禮可分三部。禮記包括大戴禮記和小戴禮記目爲一部。周禮儀禮各自爲一部。三部是不可同等看待的。周禮原名周官。西漢末劉歆才改稱。但至今仍兩名通用。他和儀禮的分別。儀禮如唐開元禮大淸通禮。是社會自然形成的。非法令的。周禮如唐六典大淸會典。是行政法。是政府的固定制度。眞僞且慢些論。根本就不是禮而是官制。所以原名周官。只是說周代的官制。我們須先知道這四部書的性質。才可講到別的問題。——若是嚴格的講禮只有二。就是儀禮禮記。而周官應該撇開。但自鄭玄以後都看周官是禮的一種。爲方便計只好仍稱三禮。

甲　儀禮

現在先講儀禮。儀禮這書眞僞沒有問題。絕對不是西漢以後的人僞造的。漢志說。『漢興。魯高堂生傳士禮十七篇。說孝宣世后倉最明。戴德戴聖慶普皆其弟子。三家立於學官。』我們看這十七篇禮和春秋左傳所載的禮有時相同。大概就是孔子所雅言的禮。在周代曾經一度通行。所以我們現在只問到底這十七篇是什麼時候才有。向來因有周公制禮作樂之說。便都說儀禮是周公傳下的。後來研究三禮的人又認三禮都是周代通行的。總想打成一片。遇著彼此矛盾處。或採此駁彼。或調停兩可。或附會。或曲解。鬧的一塌糊塗。不知枉費多少心力。其實周禮出現最遲。二部禮記也至漢宣帝時才成書。既已顯然不是周公的著作。就是儀禮也不很早。縱使我們承認儀禮有一部分是周初所有吧。經過了八百年的變遷。也不知換頭改面了幾次。才到高堂生手裏。而且古時文字沒有刻板。全靠口授或用簡記。像儀禮這樣難讀。就是叫我背誦。也要考不及格。還能夠流傳八百年不會佚亡或變亂嗎。古時書籍。當然不止書詩易禮幾部。何必只存這幾部呢。那自然各有其原因。如書存於史官。易存於筮卜之官。詩存於太師和民間口誦。但西周以前的書易詩有多少。書易詩的大部分還不是東周春秋的東西嗎。儀禮這樣難讀難傳的東西。還反是西周初年傳下來的一點不變原樣嗎。試看他裏邊士冠禮的頌詞。全採自詩經。詩成於春秋末。那麼儀禮似成於詩成以後。最少也是同時。又看他裏邊鄉射禮有『乃合樂。周南關雎葛覃卷耳召南鵲巢采蘩采蘋工不興。告於樂正曰『正歌備』一段。正歌據說就是小雅。可見儀禮最少是成於小雅二南通行之後。小雅二南作於西周東周之間。通行必在東周。那麼儀禮還不是成於東周春秋嗎。

但儀禮的一部分。許是西周已有。因爲禮是由社會習慣積成的。不是平空由聖人想出來。西周習慣的禮。寫成文字。成爲固定的儀節。許是比較的很晚。今十七篇許是出於孔子之手。相傳孔子刪詩書定禮樂。我不信孔子曾刪詩書。而倒有點相信孔子曾定禮樂。第三章已講過孔子定了樂譜。禮這部分。依禮記中庸說『禮儀三百。威儀三千。』大概周代尚文。禮節是很繁縟的。孔子向來認禮爲自己教人的要課。那麼。把禮節釐定一番使其適宜。也並不稀奇。所以我說。儀禮許是孔子編的。你們不相信嗎。禮記檀弓有這麼一段話。『恤由之喪。哀公使孺悲學「士喪禮」於孔子。士喪禮於是乎書。』這分明告訴我們。最少十七篇的這篇士喪禮是孔子手定或口授孺悲寫定的。這篇如此。那十六篇誰能擔保不是孔子手定或口授他人寫定的呢。還有二點。我們尤其不可不注意。儒家不是主張『三年之喪』嗎。三年之喪的禮制起自何時。他們說是遠古相傳。堯舜行過的。但下面三段記載。却使我們懷疑他們的話。論語載『宰我問「三年之喪。期已久矣。君子三年不爲禮。禮必壞。三年不爲樂。樂必崩。舊穀既沒。新穀既升。鑽燧改火。期可已矣。」子曰「食夫稻。衣夫錦。於汝安乎。」曰「安」「汝安則爲之。夫君子之居喪。食旨不甘。聞樂不樂。居處不安。故不爲也。今汝安。則爲之。」宰我出。子曰「予之不仁也。子生三年。然後免於父母之懷。夫三年之喪。天下之通喪也。予也有三年之愛於其父母乎。」』假使三年之喪是自遠古相傳。已成定制。則宰我那有這樣大膽地懷疑。那敢提出減喪的主張。孔子也就這麼老實。只罵宰我一句『汝安則爲之』竟不能禁止他不爲．未免太離奇了．這可見三年之喪許是儒家創造的主張．孟子也有一段話．記滕定公死了．世子遣然友問喪於孟子．孟子主張三年之喪．『然友反命．定爲三年之喪．父兄百官皆不欲．曰「吾宗國魯先君莫之行．吾先君亦莫之行也．至於子之身而反之．不可」』這段話並沒有後人僞造的痕跡．當然可信．滕魯先君假使行過三年之喪．滕的百官一定不敢反對．這點也可見三年之喪除了儒家以外．社會是不通行的．所以墨家攻擊儒家．常拿這點做焦點．就是禮記也有一段話．越加可以證明．三年問『「三年之喪何也．」曰「稱情而立文．因以飾羣．別親疏貴賤之節．而弗可損益也……」「然則何以至期也．」曰「至親以期斷．」「是何也．」曰「天地則已易矣．四時則已變矣．其在天地之中者．莫不更始焉．以是象之也．」「然則何以三年也．」曰「加隆焉爾也．」』期是一年之喪．本來至親也以期爲斷．這裏說的理由和上文宰我的理由一樣．而三年之喪．不過是加隆重點．可見『至親以期斷』是原來的禮．三年之喪是儒家加重的禮了．我們看一年之喪是很有理由的．現在世界上許多人種都是這樣．可知是人情之常．本來古代也都如此．儒家加重的理由反不充足．孔子說『子生三年．然後免於父母之懷』．所以子女應爲父母服三年之喪．才可以報恩．其實這不過指乳哺而言．若說子女成立．至少也要到十餘歲．要想報恩．至少要服十五年之喪才是．若說忘情．則有一年大概也够了．由此可知三年之喪是孔子的主張．不是周公的制度．前人說是周公制的禮．恐怕有錯了吧．——爲什麼我們要詳細討論這個問題．只因儀禮最後的五六篇都是講喪禮的．都是講三年之喪的．我們正可藉以推定這五六篇是孔子手定．或儒家寫定的．固然儀禮全部非都由孔子創造．如鄉飲酒禮．鄉射禮．依論語禮記所記．孔子時已有．不過編定成文．也許全部出自孔子．因士喪禮決是孔子手定．其餘也可推定是孔子審定過的，大致不會十分很錯吧。

儀禮的年代，上文已推定了，以下還要附帶講儀禮共有若干篇。今文十七篇是足本否。漢志說：『禮古經五十六卷，經七十篇』。（那七十兩字已經後人證明是十七的錯誤。）什麼是禮古經呢，漢志說：『禮古經者，出於魯淹中及孔氏，學七十篇文相似，多三十九篇』。（那七十兩字也經後人證明是十七的錯誤。）因此西漢末以後的古文家以爲今本儀禮十七篇是不完全的，而今文家則以十七篇爲足本。那三十九篇的目錄，唐開元禮登載了，原文至唐後已不存，後人輯出了數十條，因爲文體和十七篇不類，惹起多數學者懷疑。至邵懿辰著禮經通論，便推定是漢人僞造的。今本十七篇所講的，不外冠昏喪祭鄉射朝聘八種，禮記說孔門最重此八禮，可見十七篇是孔門所傳。八禮以外的禮，或許從前有，亦難講，如投壺，小戴禮記有，如釁廟，大戴禮記有，但都是不通行的小節，或是孔門所不傳。孔門所傳的只是那八種大的禮儀，而那八種不在那十七篇之外，可見十七篇是孔門足本。其餘三十九篇是漢儒採摭湊集的，雖然亡佚，不可足惜。有如孟子外篇，給趙岐刪削了，豈不省了讀書者許多精神嗎。

乙　周禮

周禮的來歷，漢志沒有說明，只著錄了『周官經六篇，周官傳四篇』，也不過附在禮經後面。隋志可不同，既把周官經改名周官禮，著錄在儀禮前頭，又說：『漢時有李氏得周官。周官蓋周公所制官政之法，上於河間獻王，獨闕冬官一篇，獻王購以千金不得，遂取考工記以補其處，合成六篇奏之。至王莽時，劉歆始置博士，以行於世。河南緱氏及杜子春受業於歆，因以敎授。是後馬融作周官傳，以授鄭玄，玄作周官注』。大概是根據漢書河間獻王傳『獻王所得書皆古文先秦舊書周官尚書……之屬』一語其實獻王傳的周官是否劉歆立博士的周官禮還是問題且不管吧就是講周禮的來歷也另有不同的說法賈公彥序周禮廢興引馬融傳說『秦……政酷烈與周官相反故始皇禁挾書特疾惡欲絕滅之搜求焚燒之獨悉是以隱藏百年孝武帝始除挾書之律開獻書之路既出於山巖屋壁復入於祕府五家之儒莫得見焉至孝成皇帝達才通人劉向子歆校理祕書始得列序著於錄略然亡其冬官一篇以考工記足之時衆儒並出共排以爲非是唯歆獨識……杜子春尚在……能通其讀頗識其說鄭衆賈逵往受業焉……』（現在的後漢書馬融傳沒有這段話這所謂馬融傳大概是馬融的周官傳）序周禮廢興又說『周禮起於成帝劉歆而成於鄭玄附離之者大半故林孝存以爲武帝知周官末世瀆亂不驗之書故作十論七難以排棄之何休亦以爲六國陰謀之書』我們看了上面幾段話不免生出許多驚異一說起周官的來歷有的說在漢武帝時出山巖屋壁間有的說在漢時有李氏獻給河間獻王二既已出現了爲什麼又隱祕不傳既祕隱了爲什麼經過百年又出現三劉歆表彰這裏爲什麼衆儒要反對不惟當世就是東漢百餘年的儒者都反對就是鄭玄作注時還有林孝存何休要專著一書來反駁我們看周禮所以能夠站得住保存至今的鄭玄之功最多他把來擺在儀禮前頭但因此問題便多了本書總論第三章講過中國人最早專著一書攻擊僞書的就是這場公案林何辨周禮但一直到最近孫詒讓章炳麟一派仍舊相信周禮是周公致太平之書我們帶今文家的色彩的人却總是否認的今文家說周禮是劉歆僞造的我們可以公平點說非歆自造也許有所憑藉最近出土的甲骨文周禮有幾個字和他的字相近就如『覊』『斆』別書沒有周禮和甲骨文都有因此擁護周禮的人大喜以爲從此無人敢攻擊他了其實這點微小

的證據。是不能救「周禮是周公所做」一說的命。不過可以減輕劉歆全僞之罪能了。我說。這書總是戰國秦漢之間。一二人或多數人根據從前短篇講制度的書。借來發表個人的主張。（有如黃宗羲的明夷待訪錄）主張也不是平空造出來的。一部分是從前制度。一部分是著者理想。惟其根據從前制度。所以有古書可證。如左傳所載路館之制。和他所載相同。但他却又不是全依舊制。覺得要如此如彼做才好。就如孫文的建國方略一樣。只用他不能完全脫離周俗周制。所以後人說是周公做的。孟子和禮記王制說『侯國方百里』。周禮說『侯國方五百里』。因時代不同。故主張不同。後人不懂。牽合爲一。自然講不通。春秋和戰國初的國多地狹。所以侯國只可方百里。戰國末國少地闊。自然侯國可大些了。因此益知周禮是戰國以後的書。但劉歆爲新莽爭國爲自己爭霸。添上些去。自然不免。或者有十之一二。好像左傳一樣。我們大概如此看法。所以對於這書。自然不相信是周公的書。若編周公或周代的史。拿來做資料。糟不可言。但拿一部分來分別看做春秋戰國一度通行的制度。看其餘一部分爲政治學上的理想的建國制度。那是再好不過的。我們不可因其爲戰國人作。劉歆添便認爲無價值。須知以戰國而有此種偉大人才。留此種偉大理想在這部周禮上。那是我們的光榮。不是我們的汚辱。不過我們若認爲周公做的。那就反而把他的價值降低。害他成爲僞書。豈不寃枉嗎。

還要附講的。就是考工記。隋志既說漢河間獻王以考工記補周禮冬官篇。所以今周禮前五篇和後篇分明是二部書。考工記的年代。向來看做在周禮以前。因其文體較古雅些。所敍之事也很結實。沒有理想的話。除了迷信周公作周禮的人。否則沒有不承認這說的。但是到底考工記是何時的書呢。有人說是周公的。有人說是西周。有人說是東周初。我都以爲非是。我們只要一繙本文。便可知是戰國末年的書。他的第一段便說。『粵無鎛。

燕無函。秦無廬。胡無弓車。』燕是到春秋中葉才和諸侯往來的。秦是到東周初才立國的。胡是到戰國末才傳名到中國。因此可知考工記是戰國末的書。比周禮前五篇略早些。決不是孔子以前的他的本身向來沒有人懷疑。他的可信的程度。比前五篇高得多。漢儒一定要拿來補入周禮。眞是可笑。

丙　禮記

現在講到三禮的最後一種。這種卻有二部書。一部是小戴編的。一部是大戴編的。都叫做禮記。禮記沒有眞僞問題。總是西漢末劉向時已有的書。另外有小問題。是有三篇說是馬融添上去的。已經人研究。並無其事。所以禮記全是西漢以前的。而沒有東漢以後的東西。說起他的年代。漢志說是『七十子後學者所記。』不知是七十子和其後學者呢。還是七十子以後的學者。若依後解。則至戴德劉歆都是七十子的後學者。他本是一種叢書。多少增減都可。絕對不是一時一人所記。現在的問題是有七十子所記沒有有孔子以前的作品沒有關於後題。大戴禮記有一篇夏小正。當然是很古的書。但有人說是大禹做的。和禹貢一樣。那是不對的。夏小正上面講的星象。據歷來天文家推算。是在月令出書以後才有的。最少也是同時。所以我們不能認夏小正是大禹的書。還有前人因夏是朝代名。所以認夏小正是夏書。其實夏正建寅。以著夏小正的人也主張建寅。所以有此名稱。那是我們前文已講過的。另外佚禮經後人輯出有和逸周書相同的。逸周書的年代已是問題。或者有一部分是孔子後學記上的。但大戴禮記公冠篇的頌詞。乃是漢昭帝行冠禮時做的。不能因其詞同禮記便認爲古禮。故此部分佚禮也有一部分是古禮。而大部分在孔子後。禮記的大部分是解釋儀禮的。自然在儀禮之後。那是不成問題。翻回來講。有沒有七十子所記。有多少大戴禮記有曾子十篇。漢志有曾子十八篇。或卽同是一書。

可認曾子所做。漢志又有子思子二十三篇。沈約還看見。說有中庸在裏頭。小戴禮記有四篇說是子思做的。許是取自子思子。小戴的緇衣。劉向說是公孫尼子做的。史記也說樂記是公孫尼子做的。漢志有公孫尼子二十八篇。六朝還存。許是禮記所本。今各書均亡。眞僞莫辨。假使都眞。則禮記這幾篇可謂最早。但曾子八篇雖存。而大戴所載十篇文字淺薄。不似春秋末的曾子所作。反似漢初諸篇。雖題曾子之名。却未敢定。又如中庸。沈約說是子思子所有。而以思想系統論。當置孟子後。文義由崔述考證也是抄襲孟子的。到底子思子是否孔子思所作也是問題。荀子被禮記採抄的也不少。如修身篇勸學篇變成大戴禮記的禮三本篇與勸學篇了。我們信仰荀子不會抄襲別人。而且那二篇的思想也確乎是荀子的思想。可知一定是禮記抄自荀子。而且又戴上了曾子的帽子。倘使不知底蘊。豈不又把他的年代提前百餘年嗎。此外月令篇呂氏春秋淮南子都有。文中有太尉字樣。太尉是秦官。所以大家認爲呂不韋做的。但另有一本太尉寫作太封。那又不見得是。這都是小節。有太尉不爲後。無太尉不爲古。總是戰國末世的書。還有王制一篇。經典釋文引盧植說是漢文帝時博士做的。又有人說那篇不是這篇。這篇是周代的制度。漢文那篇大略已見史記封禪書。又有人說這篇的制度和孟子說的不同。一定是商代的。更可笑。他們都不知這也是戰國末的一種理想的建國方略也。全部禮記最末的一篇許是大戴的公冠。出漢昭帝時。總論禮記幾句。他的性質是孔門論禮叢書。他是儒家思想。尤其是禮教思想最發達到細密時的產品。他是七十子的後學。尤其是荀子一派。各記其師長言行。由后倉戴聖戴德慶普等湊集而成的。他的大部分是戰國中葉和末葉已陸續出現。小部分是西漢前半儒者又陸續綴加的。他是一篇一篇可以獨立。和上篇下篇沒有連絡的。和儀禮周禮又有點不同。——以上講禮記完。講三禮亦完。

古書眞僞及其年代（卷三）

梁任公教授講演

僞書之多子部爲最自漢書藝文志中九流兵書方技三略所列古書班固已注明大半係後人依託其後贋品尤層出不窮辨不勝辨今茲所論限於現存之書其先後以所依託之年代古近爲次書雖非僞而其著者之年代有問題者亦詳論之若不屬子部或屬而非依託兩漢以前者可無辭也

本草

舊題神農撰按本草之名始見於漢書平帝紀及樓護傳皆與方術對舉不爲一書專稱（注一）藝文志中醫經經方二欄所列俱無名本草之書（注二）則西漢末年雖有研究本草之人而其著書尚不名本草可知也以本草名書最早見於著錄者晉荀勗中經簿有子儀本草經一卷（注三）但未言係神農所撰子儀亦不知係何時人梁阮孝緒七錄始著錄神農本草五卷神農本草屬物二卷並有蔡邕吳普陶宏景……等本草十六種（注四）及隋唐而大半亡佚隋書經籍志僅有神農本草八卷又一種四卷又一種三卷則名神農本草經各家內容與神農本草內容之同異今不可考是否各自單行毫無關係亦無由知（注五）然蔡邕吳普係東漢三國間人則東漢三國間已以本草名書中經簿無神農本草而七錄有之則神農撰本草之說起自南北朝俱信而有徵也醫學在戰國蓋已發達（注六）戰國固諸子託古自尊之時意當時已有神農嘗百草之說若許行之爲神農之言然西漢一代言醫者謂之治方術言藥者謂之治本草醫經方術本草之書已有數

十萬言。漢志所錄醫經經方之書且五百卷，則本草草創，或由斯時。東漢三國間，始以本草名書。吳普又華佗弟子，是今本本草與華佗吳普有密切之關係，或即以吳普本草爲基礎，亦有可能性也。中經簿之子儀本草或亦彼時之書。彼時初無神農撰本草之說，所謂某某本草者，特某某研究藥性所著之書耳。初不必千篇一律，皆祖述神農。晉人清談，亦好託古，有似戰國。以本草歸之神農，或醞釀於晉代。故梁人七錄遂有神農本草及某某本草經。其時舊經止一卷，藥三百六十五種。陶宏景增名醫別錄，亦三百六十五種，因注釋爲七卷。(注七)自後代有增益，多至六七倍。(注八)而猶假號神農，此其荒謬不論可知。即所謂舊經一卷，俗醫猶有信爲神農作品者。不知南北朝人即已不置信，宋人且已斷言係東漢末人所編述。陶宏景本草序云『軒轅已前，文字未傳，藥性所主，當以識識相因，至於桐(君)雷(公)乃著在於編簡。此書當與素問同類。』則陶氏已不堅持神農撰本草之說。又云『所出郡縣乃後漢時制，疑(張)仲景(華)元化等所記。』同時稍後北齊顏之推亦有同樣結論。(注九)至宋晁公武郡齋讀書志始因此直認本草爲張機華佗所編述，非神農或桐雷所撰著。(注十)故此書在東漢三國間蓋已有之，至宋齊間則已成立規模矣。著者之姓名雖不能確指，著者之年代則不出東漢末訖宋齊之間，可爲定論。若仍固執俗說，附會證據，若清人孫星衍之所論，則嫌於辭費耳。(注十一)

(注一)平帝紀『詔天下舉知方術本草者。』樓護傳『護誦醫經本草方術數十萬言。』

(注二)孫星衍校定神農本草經序『予按藝文志有神農黃帝食藥七卷，今本譌爲「食禁」。賈公彥周禮醫師疏引其文正作「食藥」。宋人不考，遂疑本草非七略中書。』按此可備一說，未爲定論。

(注三)賈公彥周禮疏引。

(注四)隋書經籍志自注引。除蔡吳陶三家外。尙有隨費秦承祖王季璞李譡之徐叔嚮甘濬之趙贊諸家書之卷數。自一卷二卷三卷至五卷六卷七卷九卷十卷不等。可見各家內容未必盡同。或且迥異。

(注五)隋志另有甄氏本草三卷。無自注。本草經四卷。注云『蔡英撰』。本草二卷。注云『徐大山撰』。據此。則隋唐尙存之本草。各家仍不相謀。且一家著書。亦可稱本草經。不必神農。故七錄所列諸家本草之內容。亦不必皆與神農本草從同。以本草歸之神農者。特其中一家之書耳。

(注六)先秦遺書多有載醫理及醫生實蹟者。

(注七)據陳振孫直齋書錄解題。陶宏景所注本草。至隋唐間已亡佚。其名醫別錄則混入本草舊文。尙存而不可辨。

(注八)直齋書錄解題『唐顯慶又增(藥)一百十四種。廣爲二十卷。謂之唐本草。(宋)開寶中又益一百三十三種。蜀孟昶又嘗增益。謂之蜀本草。及嘉祐中掌禹錫林億等重加校正。更爲補注。以朱墨書爲之別。凡新舊藥一千八十二種。蓋亦備矣。今(唐)愼微復有所增益』。按唐氏之本。卽所謂大觀本也。後明人李時珍又廣爲本草綱目。篇幅益富。

(注九)顏之推家訓『本草神農所述。而有豫章朱崖趙國常山奉高眞定臨淄馮翊等郡縣名。出諸藥物。皆由後人所羼入。非本文』。

(注十)郡齋讀書志『書中有後漢郡縣名。蓋上世未著文字。師學相傳。至張機華佗始爲編述』。

(注十一)詳見孫氏所作校定神農本草經序。其說不足辨。

素問靈樞甲乙經

舊皆題黃帝撰。其謬與本草題神農撰相同。按醫學在戰國已有蓬勃之氣。呂氏春秋多有討論攝生治病之篇。皆推本於哲理。戰國學界競尙託古。而陰陽五門之論亦甚盛。今素問有黔首夜半平旦等詞。蓋秦人用語。

有失王失侯等詞則漢代新事而又每以陰陽五行解釋病理自受陰陽家盛行之影響全書體裁託爲黃帝與岐伯問答則又與莊子託爲黃帝與廣成子問答同也由是言之素問全書非黃帝所撰其一部分不失爲先秦遺說其大部分則自兩漢至三國若倉公張機華佗之徒所附益而成者漢志不錄而有黃帝內經說者謂卽是書亦附會之詞耳（注一）靈樞較素問尤晚出素問猶見錄於隋志則猶隋唐以前之書靈樞則漢隋唐志皆所不錄而唐王冰猶謂卽黃帝內經十八卷之九也夫誰信之自宋晁公武郡齋讀書志卽已引或人之說謂『好事者於皇甫謐所集內經倉公論中抄出之名爲古書』然猶未列證據淸杭世駿道古堂集靈樞經跋始云『余觀其文義淺短與素問之言不類又似竊取素問而鋪張之其爲王冰所僞託可知後人莫有傳其書者至宋紹興中……始出未經高保衡林億等校定也其中十二經水一篇黃帝時無此名冰特據身所見而妄臆度之』是則靈樞且較甲乙經爲晚出若目之爲唐虞以前之書則失之遠矣甲乙經漢志不錄隋志錄而不著撰人姓名且冠之以黃帝二字世俗遂傳爲黃帝之書今卷首有晉皇甫謐序稱『七略藝文志「黃帝內經十八卷」今有鍼經九卷素問九卷二九十八卷卽內經也……又有明堂孔穴鍼灸治要皆黃帝岐伯選事也三部同歸文多重複錯互非一甘露中吾……乃撰集三部使事類相從刪其浮辭除其重複論其精要至爲十二卷』而名其書名黃帝三部鍼灸甲乙經按皇甫謐强目鍼經素問爲黃帝內經純出私臆（注二）明堂孔穴鍼灸治要未見錄於漢志自非西漢以前之書則合三部以爲甲乙經甲乙經卽皇甫謐之書耳與黃帝無涉也總之素問出於漢人（注三）甲乙經出於晉皇甫謐靈樞出於唐王冰謂含有古人遺說則可謂出於黃帝則反肆諸僞書之林矣

(注一)此段多採姚際恆古今僞書考之說。

(注二)亦採姚際恆說。

(注三)四庫全書總目『漢書藝文志載黃帝內經十八篇。無素問之名。後漢張機傷寒論引之始稱素問。晉皇甫謐甲乙經序稱鍼經九卷。素問九卷皆爲內經與漢志之數合則素問之名起於漢晉間矣。故隋書經籍志始著錄也。』按此雖認內經即素問實則反可證明素問出於漢人。

陰符經

舊題黃帝撰。按戰國策謂『蘇秦得太公陰符之謀。』陰符之名始此。史記則謂『蘇秦得周書陰符。』不知其書究以何名爲正。漢志不載陰符而有太公謀八十一篇。不知是否同是一書。隋志有太公陰符鈐錄一卷。周書陰符九卷。不知孰爲戰國之書。且亦未稱經也。唐志乃有集注陰符經一卷。爲太公范蠡鬼谷子張良諸葛亮李淳風李筌李治李鑒李銳陽晟十一家注。又有驪山母傳陰符玄義一卷注云『筌於嵩山虎口巖石壁得黃帝陰符本題云「魏道士寇謙之傳諸名山」筌至驪山。老母傳其說。』宋黃庭堅曰『陰符出於李筌。熟讀其文。知非黃帝書也。蓋雜以兵家語。又妄說太公范蠡鬼谷張良諸葛亮訓註。尤可笑。』清姚際恆曰『必寇謙之所作。而筌得之耳……或謂卽筌所爲亦非也。』王謨曰『陰符是太公書兵法。以爲黃帝書固謬。』余則謂其文簡潔。不似唐人文字。姚王所言甚是。特亦未必太公或寇謙之所作。置之戰國之末。與繫辭老子同時可耳。蓋其思想與二書相近也。

第五章　春秋及其三傳

春秋這書是孔子做的。似乎沒有什麼問題。孟子說『孔子懼。作春秋。』『孔子成春秋而亂臣賊子懼。』一直到現在。還沒有人找到反證否認這說。因為孔子自有一番意義。口授給門生、後來世代相傳。寫成文章。所以漢初出了好幾部書。現存的還有公羊傳和穀梁傳二種。另外西漢末發現一部左氏春秋。劉歆說他也是解釋春秋的。後人合稱起來。就叫三傳。我們現在拿來同時講。

甲　春秋

春秋雖是孔子做的。但孔子以前有沒有春秋這種名詞。這種東西呢。國語晉悼公十二年。司馬侯說『羊舌肸習於春秋。』左傳魯昭公二年記『韓宣子來聘。……觀書於大史氏。見易象與魯春秋。』墨子明鬼篇引了周之春秋。燕之春秋。齊之春秋。宋之春秋。可見在孔子以前。周晉魯燕齊宋諸國都有春秋。其餘諸國也許也有。魯國從前既有春秋。孔子又『因魯史而作春秋。』那何必呢。大概因為從前的春秋體裁不同。文辭不好。意義不明。所以孔子才用一番心思去改造。墨子明鬼篇所引的大段故事。說是出自某國春秋。我們看來。倒有點像國語。每事自為起訖。篇幅很多。和孔子的春秋不同。孔子的春秋文章簡單。年代明瞭。許是一種創作。前此沒有的。這是一點。公羊傳魯莊公七年『不修春秋曰「兩星不及地尺而復」。君子修之曰「星霣如雨」。』可見不修的春秋和已修的春秋是不同的。這是二點。春秋繁露深察名號篇極力恭維春秋魯僖公十六年『春王正月戊申朔。隕石於宋五。』和『是月。六鷁退飛過宋都。』一段的妙筆。雖未引不修的春秋原文。但可知孔子筆削是很用心不苟的。這是三點。所以史記孔子世家說。孔子在位聽訟。文辭有可與人共者。弗獨有也。至於為春秋。筆則筆。削則削。子夏之徒。不能贊一辭。』這當然是實情。

最近先師康南海先生著春秋大義微言考有一種冒險的計畫想根據公羊傳的「何也」「何以書」去推究不修的春秋原文如何來跟孔子的春秋比較如『元年春王正月』依先生說不修的春秋是『一年春一月』理由是因何休註說『變一爲元者元者氣也』可知原文是『一』孔子改一爲元其餘也可類推了凡公羊傳發了疑問的就可跟著要改的理由揣想不修的原文這種工作是很有趣味的但因不修春秋佚了先生這種計畫能否成功很難對證

孟子說『世衰道微邪說暴行有作臣弑其君者有之子弑其父者有之孔子懼作春秋春秋天子之事也孔子成春秋而亂臣賊子懼』史記孔子世家也說『孔子……乃因史記作春秋……約其文辭而指博故吳楚之君自稱王而春秋貶之曰「子」踐土之會實召周天子而春秋諱之曰「天王狩於河陽」推此類以繩當世貶損之義後有王者舉而開之春秋之義行則天下亂臣賊子懼焉』孔子藉春秋來發表他的政治思想哲學思想是歷來儒者所同信的孟子又說『晉之乘楚之檮杌魯之春秋一也其事則齊桓晉文其文則史孔子曰「其義則某竊取之矣」』春秋繁露史記都說『春秋文成數萬其指數千』可見孔子作春秋是有所取義的那數千義當然不能入春秋本文只好口授給門弟子門弟子一代一代相傳下去到西漢中葉就先寫定了公羊傳和穀梁傳那二傳失了孔子原意沒有當然很難擔保但其中總有一半是由孔子以下一代一代口說相傳的還有的自然是漢儒根據孔子的標準以意推定不能說全是孔子原意現在合併公羊傳春秋繁露何休公羊註所說的春秋大義也許還有數千這數千義有多少是孔子的很難講但最少有一部分乃至一半若依公羊家的眼光看來那完全都是孔子的

丟開春秋的大義不講。就是本文。後來添了沒有呢。今存的左氏公羊穀梁三家的經文。大段固然相同。小處的差異可太多了。就是說最後一頁吧。左氏傳是魯哀公十六年。公羊穀梁是魯哀公十四年。就不同。左氏傳因孔子死於十六年。想加上孔子死事。所以多添二年。（後來宗左的說左邱明續經。到底是誰續的。留到下面講）最少這二年不是孔子做的。因爲孔子的春秋到「西狩獲麟」就絕筆是含有深意的。這是一點。又公羊穀梁記『襄公二十一年十一月庚戌。孔子生。』這當然不是孔子記的。因爲他沒有做「卿」。不配記生死。而且自己也決不會記自己的生死。這是二點。既然可以添上二年或一條。此外添了沒有也難說。許有多少是添上去的。——這是講添的話。

春秋完備不完備呢。有沒有殘闕呢。也有問題。司馬遷董仲舒所說的『文成數萬』。當然是經文的字數。但春秋今本只有一萬八千多字。還沒有數萬。董仲舒是傳春秋的人。司馬遷是刻意學春秋的人。不致亂說。『萬』字又不是訛誤的字。那麼春秋有闕文。可以知道。可以斷定了。又如常有『正月』『三月』經文下沒有一事。既沒有事。又何必記月分。解釋者說。『春秋雖無事。歲首必書。』也許固然如此。也許沒有此種體例。也難講。不過若說春秋闕了去。却又難以解釋。幾時闕的。秦焚已闕。猶可說。但董仲舒司馬遷爲何說『文成數萬』呢。漢代闕的。漢代已是經學昌明之時。若說董仲舒能見的。何休不能見。也很講不通。所以我們又不敢講春秋一定闕了這許多。但提出問題。也很可供大家研究。——這是講闕的話。

年代問題。開頭就已講明是孔子做的。當然就是孔子時代。但孔子編的書。到何時才成功。向來說『絕筆於獲麟』。那麼春秋是魯哀公十四年春。B．C．四八一年成書的。（這是公羊家說）還有一說孔子因有獲麟的祥瑞才作春秋。那可很難相信。因爲哀公十六年四月。孔子死了。上距獲麟。剛好二年。二年能著成這部書嗎。到底搜集史料於魯史以外有多少。雖然不可確知。公羊傳疏引緯書說。孔子命子夏等十四人求得百二十國寶書。雖然未能確信。但春秋記魯國以外的事當然不單靠魯史當然要搜集外國史。雖未必有百二十國之多。多少總有。一定不是短時期所能整理清楚。二年所能成書的。所以我們比較的還是相信獲麟絕筆之說爲佳。從此以前不知編了幾年。到此有感。或因年老了。（七十一歲）或有他因。就擱筆不寫下去了。這個相差有限。不過也得講講。——春秋算是講完了。

乙　左氏傳

三傳在西漢只有二傳盛行。漢武帝立公羊博士。元帝立穀梁博士。哀帝時劉歆才請立左氏博士因羣儒反對。到平帝時才成功。西漢一般解釋春秋的人都說『左氏不傳春秋。』劉歆引傳文以解經。極力表彰。和羣儒起了一場惡戰。到東漢以後左氏的價值一天一天比公羊穀梁高了。現先講左氏。

西漢末羣儒和劉歆一派的爭辨。後人叫他『今古文之爭。』羣儒是今文家。劉歆是古文家。竟成經學界二個派別。二千年一大公案。後來的今文家對於左氏和劉歆起了種種的猜疑。有的說春秋左氏傳整個的由劉歆僞造。有的說左氏本名春秋。不是春秋傳。有的說本來只有國語。劉歆從國語分出左傳來。清儒自莊存與劉申受起。到康南海先生和崔適。對於這問題都各有深入的研究。現在懶得稱引他們的著作了。據我看。左氏和國語的體裁和文章都各不相同。並無割裂的痕跡。從戰國到西漢末稱引左氏的不止一書。可見左氏不是劉歆僞造或從國語分出來的。現在且分二層講。

一．左氏是何時何人做的。
二．成書以後有人增竄否。

左氏的作者向來都認為孔子弟子左邱明劉歆還說『左邱明好惡與聖人同。親見夫子。而公羊穀梁在七十子後傳聞之。與親見之其詳略不同。』其實所謂左丘明。是姓左名丘明呢。還是姓左丘名明呢。也還是只有左姓丘名的人。而並沒有左丘明。都還難說。且不管罷。就是承認有左丘明這個人。也還有問題。論語上孔子曰。『巧言令色。足恭。左丘明恥之。丘亦恥之。匿怨而友其人。左丘明恥之。丘亦恥之。』這種語氣。決不是先生對於學生說的。倒很像晚輩敬仰先輩說的。和『述而不作。信而好古。竊比於我老彭。』一樣。就是說不是先輩是學生罷。也不是年輕的學生。一定是老成高輩。和顏路曾點一流。歲數和孔子不相上下。況且史記仲尼弟子列傳又沒有左丘明這人。說左丘明是孔子的。恐怕就是從劉歆起罷。且也不管他。左丘明假定做了左氏。那麼記事應該到孔子死時為止。因為他的年紀壽命不能比孔子多多少。現在的左氏傳怎麼呢。魯悼公趙襄子的諡法已給他知道了。趙襄子比魯悼公死得更晚一點。是周威烈王元年。B.C.四二五年。上距孔子死時已五十四年了。和孔子年紀不相上下的左丘明到此時還能生存著述嗎。——這可見左氏不是左丘明做的。

還有一點。左氏記的預言和卜卦。沒有不奇中的。預言本不稀奇。對於某種現象有銳敏的觀察者。常常能猜中將來的現象。如孟子說『由今之道。無變今之俗。雖與之天下。不能一朝居也。』後來秦始皇得了天下。果然不久即亡。這也可說是政治家的預言奇中。但未必十拿九穩。能如孔子說。『天下有道。則禮樂征伐自天子出。天下無道。則禮樂征伐自諸侯出。自諸侯出。蓋十世希不失矣。自大夫出。五世希不失矣。陪臣執國命。三世希不失矣。……祿之去公室五世矣。政逮於大夫四世矣。故夫三桓之子孫微矣。』這段話可失中了。自孔子死後百四十年魯國才滅亡。三桓的子孫握魯政還過了四五世。我們看左氏怎麽樣幾乎有言必中。如襄公二十九年季札聘齊。謂『齊國之政將有所歸。』適晉見韓趙魏三卿說『晉其萃於三族乎。』齊王孱弱。田氏專橫。銳敏的政治家也許能夠預料將來的結果。晉國則六卿並列。中行范智三卿最强。韓魏趙還是弱族。季札怎麽有這們大的本領可以斷言韓趙魏必有晉國呢。像這種符驗的預言。比燒餅歌還靈得多。政治家不見得有這麽一會事吧。卜卦的靈驗更高過一切。如莊公二十二年記『懿氏卜妻敬仲。其妻占之曰「吉。是謂……有嬀之後。將育於姜。五世其昌。至於正卿。八世之後。莫之與京。」』後來一點不差。無論如何迷信的人也不能不動疑。這當然是後史喜帶小說的有趣味的敍述。看見三家握晉政。田氏將篡齊。樂得說些開心的故事來點染點染。或許田氏和三家那得時已造成了祖宗光榮的事蹟。後史便採用也未可知。總之。不是本有的事。但我們却因此知道左氏這書是當三家將分晉田氏將篡齊而未成功時的產品。三家分晉。比田氏篡齊早一點。是B.C.四〇三年。做左氏的似乎沒有看到三家分晉。所以左氏成書至遲不過B.C.四〇二年。卽周威烈王二十三年。

淸華硏究院有一位同學。衞聚賢君研究左氏很有發明。我已酌量採用了。還有一種最重要的發明。就是『左氏』二字的解法。他說是地名。不是人名。不是姓。韓非子外儲說說吳起是衞國左氏人。戰國策也有左氏這地名。別錄說吳起曾傳左氏。衞君因此斷定左氏這書因吳起是左氏人所以才名左氏。並不是因作者姓左才名左氏。假定這說不錯。書果由地得名。果因吳起傳下。那麽左氏成書總在吳起生前。吳起是周安王二十一年。B.C.三八一年死的。那麽。就是放棄前段的主張。左氏也一定是B.C.三八一年以前做成的。不能在此年以後。

左氏是什麼時候才通行的呢．晉太康二年．汲郡人發魏襄王冢．得了許多書．其中有論語師春一篇．書左傳諸卜筮．據此．可見當魏襄王生前．左氏已通行了．所以師春才可以得來抄撮．魏襄王是周赧王十九年．B．C．二九六年死的．可見左氏至遲到此時已通行了．——總綰上面幾段．可以說左氏成書大約在B．C．四二五至四〇三．這二十餘年間．通行是在B．C．二九六年以前．至於到底是什麼人做的．衞君說是子夏．不能武斷．最多只能說有可能性．

關於第一問題．左氏的年代大概已如上決定了．但今本左傳是當日左氏原本否．那當然不是．給後人增竄上去的．不知有多少哩．如文公十三年．士會歸晉一段．末尾有『其處者爲劉氏』一語．上面分明說『秦人歸其孥．』怎麼又有處者呢．據後人考定．那時還沒有劉氏．到劉邦得天下．才認堯爲祖．士會爲宗．左氏這句許是漢人加上去的．戰國初年的作者不見得會恭維劉氏皇帝．給他拉攏闊祖宗吧．

但這還是小節．最主要的是『左氏不傳春秋』的問題．今本左傳如『不書卽位．攝也．』一類解經的話．是眞是假．今文古文之爭．全在這點．漢書劉歆傳明說『初左氏傳多古字古言．學者通訓故而已．及歆治左氏．引傳文以解經．轉相發明．由是章句義理備焉．』從前左氏並不解經．到劉歆才引以解經．其實左氏是一部獨立的眞書．依仿孔子春秋而作．並非呆板的和公羊穀梁一樣．他上面記的事．有的比春秋早數十年．有的比春秋遲數十年．尤其是敍晉的事．他和春秋對勘．有的事彼有此無．有的事彼無此反很詳．可見左氏全是單行的．獨立的．有價值的史書．絕對不傳春秋．那些解經的話．是劉歆搗的鬼．他想戰勝他父親一派的今文家．所以我一部和春秋無關．在西漢無人讀習的書．添上些解經的話．來壓倒公羊穀梁二家．後人不察．大半給他蒙過了．有些激烈的今文家，又說左傳全是劉歆僞造的，我們折衷的說，不承認劉歆僞造左傳之說，而斷定左氏是戰國初年人做的，我們一面要知道左氏在史學上有非常的價值，欲研究春秋情形，非善讀此書不可，不可因他有後人增竄的句子，就貶損他的價值，一面也不能相信劉歆杜預這些人的話，說左丘明稟承孔子的意思作傳以紹春秋，假使我們把解經的或假添的鈎去，（經過很細密的考證以後）那麼左氏是一部眞書，

最後，左氏的書名也得講淸楚，現在通稱左傳，其實絕對不是原名，原名只是左氏春秋，和孔子的春秋，虞氏春秋，呂氏春秋一樣，自成一家之言，孔子可作春秋，虞氏可作春秋，呂氏可作春秋，戰國初年ＢＣ四二五至四〇三年間的作者也可作春秋，春秋左氏傳是劉歆杜撰的名詞，左傳是後人的簡稱，所以現在左傳這部書是眞的，（眞中也有些僞）左傳這個名詞是假的。

★　★　★　★

公羊傳穀梁傳的時代，以立學官的次第而論，公羊在前，穀梁在後，這二部書什麼時候才寫成，作者據說是公羊高穀梁赤，這二人是什麼時候的人，都很難定，孟子有公明高「明」「羊」同韻，有人說是一人，也是揣測之辭，公羊是否高，穀梁是否赤，二書是否高赤做的，似乎都不是，現在公羊傳有『公羊子曰』，穀梁傳有『穀梁子曰』的句子，可見書是公羊子穀梁子以後成的，公羊子穀梁子又未明說是赤是高，可見向來說是赤高所作，也未必可信，公羊傳又有尸子，漢志有尸佼，是否一人，若是一人，則公羊傳成於商鞅之後，大約公羊是齊派，穀梁是魯派，自孔子以後就各自口說流傳，至漢乃垂之竹帛，本來西漢以前的儒者傳經，多是口說的，但公穀爲什麼不早垂竹帛，要到漢代才寫出書來，據那些傳經者說，因爲孔子在春秋上暗中常常褒貶當世，不方

便用筆寫出所以告訴他的弟子弟子世代口傳但不寫出的理由不必因有所褒貶或者弟子當孔子作春秋時聽得些零碎的見解和主張記在心裏傳給他們自己的弟子於是輾轉口傳至若干年後才覺得有寫出的必要這自在情理之中至於公穀所講的話到底對不對那還是問題左氏固然不傳春秋公穀就能不失孔子本意嗎我們看公穀不是一個時代的產品自孔子以後一直到漢武帝宣帝時歷代儒者各有一點見解滲透在裏積累得太多了有一二人把他寫成一部編年解經的書所以二家都說是孔子口授的却是彼此常常矛盾衝突的緣故就是因爲後儒各有一點見解滲透在裏我們懂得這點看見董仲舒的春秋繁露何休的公羊註和公羊傳穀梁傳常有大同小異才不會驚奇才不是此非彼關於公羊傳穀梁傳的眞僞和年代問題的解答可以總結一句無所謂眞僞因爲都不是一人做的至於年代從B C四八一年至B C一三六年凡三百餘年才寫定成書也不要確實指出什麼年代我們知道是孔門後學對於春秋研究的成績大全就夠了

第六章　論語孝經爾雅孟子

所謂十三經現在已講完了九種剩下的只有論語孝經爾雅孟子四種這四種中最重要且最多問題的是論語現在先拿來講

甲　論語

論語比較的最可信現在要研究孔子和儒家的學術除了他沒有第二書更好了不過他的各篇各章也須分別看待爲什麼呢因爲他不是短時期內一個人做的漢志說『論語者孔子應答弟子時人及弟子相與言而

接聞於夫子者也。當時弟子各有所記，夫子既卒，門人相與輯而論纂，故謂之論語』這段話不全對，論語固然有一部分是孔子生前，孔子的弟子所記，但還有一部分是孔子死後數十年乃至百年，孔子的再傳弟子所記，試看有子曾子獨稱『子』而其他自顏回子夏以下都不稱『子』可知有許多是有子曾子的弟子記的，又看許多稱了謚法的人死在孔子死後數十年，那當然是時代很晚的人記的，論語本來不是有統系的書，和孟子不同，孟子的篇章都是有意義的銜接，似乎曾經孟子親眼看過，論語不然，大約是孔子再傳弟子編輯的，沒有經過一人的裁定，所以後來古論齊論魯論的參差多寡，却和禮記相似，禮記也是孔門後學追述孔子及其弟子的往言遺行，和論語的性質無異，所以也有大戴禮記小戴禮記的不同，不過禮記的年代尤其晚，擇別也沒有論語的謹嚴，這類不是一時一人所記的書，近代也有拿來比較很有趣味，譬如王陽明的傳習錄，篇數不過三卷，年代却有數十年，最前的一部分是陽明三十八歲初設教以後數年內徐愛記的，最末十分之三是陽明死後黃省曾等記的，前面這十分之七和陽明本集的話相符，很得眞相，後面這十分之三如『草木瓦石皆有良知』這類的話有許多不是陽明說的，已經劉蕺山黃梨洲懷疑，而且證明了，傳習錄完全是陽明弟子記的，尙且有眞有假，論語只有一部分是孔子弟子記的，其餘大部分都是孔子再傳三傳弟子記的，能够不失孔門的眞相嗎，說起論語只有一部分是孔子弟子記的，這並不稀奇，古時寫字不便，所以有許多相傳很久，前數十年聽的，後數十年才記寫成文，論語所以有大部分是孔子再三傳記的，就是這個道理，他既然不是一人記的，當然各有不同，譬如我講話，你們幾十個人各有所記，不經我看過，自有異同，而且難得眞相，所以論語的性質並不純粹是孔子的，並不從一個人手裏出來，當口說相傳，逐漸成文，以至最後輯爲一書，不知參加了多少人的主觀見解。荒謬傳說。我們明白了這點。才可以讀論語。所以這部書裏。極得孔子眞意的也有。不得孔子眞意的也有。大謬不然的議論和事蹟也有。乃至原書所本無後人在別處偶有所聞隨手記在這書空白的也有。最後這種並不稀奇。現在可說個同樣的故事。清初衡陽王船山不肯降清薙髮。逃入荒山。沒有法子得到紙張。應該不能著書了。他死後。家人搜尋他的著作。零零星星。却在曆本賬簿的書眉字縫的空白地方。近代尙且如此。古代寫字在竹簡上。多麼麻煩。現在小小一本論語。古代的竹簡至少有一大箱。所以古人讀了別的書。聽了別的事。懶得另外動用新的竹簡。隨手就記在現成的書上。那是情理中的事。不過像王船山寫字在刻本上。後人還可看出古人新寫舊刻都一樣。却無從分別。所以別人看了。常認爲完整的書。沒有想到參雜了別的。論語各篇末尾幾乎都有一二章不相關的話。那自然是讀書在這種情形之下。添上去的。不幸無識的編者。一味貪多。所以不但後人記得不對。荒謬不然的都收進去。就是這種毫爲關係。隨手寫在空白上的也都收進去了。

論語雖說是這樣一部雜湊的書。但自漢至清。歷代尊重。他的力量在學術界比任何書都大。所以大家始終不敢懷疑。幾乎議及一字。就是大逆不道。不過這樣尊重太過了。反而減損他的眞價值。後人爲非作惡。常常假託論語上那些荒謬事。說聖人尙且如此。別的人看著他這樣也沒有辦法。眞是可笑。其實若不太過尊重。讓學者去考定。眞僞。把他們的虎皮揭去。他們就不敢假詞作惡了。清代乾隆嘉慶之間。有位崔東壁。就抱這種思想。他是極力尊重論語的人。但和別人不一樣。他對於論語的精粹眞確處。盡情發揮。對論語的駁雜僞訛處。細心辨別。他這種態度。出他的結論。我都贊成。今天所講。就把他的意見轉述一番。

崔東壁的結論。論語前十篇自學而到鄉黨最純粹。幾乎個個字都是精金美玉。後十篇稍差。尤其是最後五篇。

最多問題。——子張篇全記孔門弟子。非孔子言行。可不論。季氏陽貨微子堯曰却有許多不是眞書了。他的看法有幾方面。

一．從文體看。論語的詞句是最簡單不過的。『有教無類』一章才四個字。多的不能過一百字。大部分總是二三十字。所以那些長篇大論洋洋數百言的。我們不免懷疑。如『子路曾晳冉有公西華侍坐』一章有四百一十五字。『季氏將伐顓臾』一章有二百七十四字。這種文體到戰國初年才有。孔子當年是不會有的。還有論語的筆法是很直捷了當的。正文前面沒有總帽子。前十篇乃至前十五篇都如是。後五篇可不然。如陽貨篇『子張問仁於孔子。孔子曰「能行五者於天下爲仁矣」請問之曰「恭寬信敏惠」……』假使子張不再請問。豈非一個悶葫蘆。這種筆法到逸周書才很多。逸周書是戰國產品。論語後五篇不見得是春秋產品吧。

二．從稱呼看。論語前十篇弟子問孔子。只記做『子夏問孝』。『樊遲問知』。不會記做『子夏問孝於孔子』。『樊遲問知於孔子』。因爲問是弟子跑去問。問於孔子。是叫孔子來問弟子。當然不能叫孔子來問。後十篇可不然。憲問篇有『南宮适問於孔子』。堯曰篇有『子張問於孔子』。季氏篇更有不通的『冉有季路見於孔子』。這類不合文法的稱呼。恐怕不見得是當時的眞相罷。這是一點。前十篇稱孔子說爲『子曰』。後十篇稱孔子說爲『孔子曰』。又不同。固然稱呼可以自由。但可知必非一時所記。也許後來稱『子』的人太多了。所以後十篇的記者加上一個孔子以示分別。這是二點。春秋時代當時談話。不稱夫子。單稱子。如英語的 You 先生稱學生。學生稱先生。都可稱子。如述而篇孔子稱弟子爲二三子。公冶長篇子路向孔子說『願聞子之志。』那時雖然也稱先生爲夫子。但只能在背面時作第三人稱。如公冶長篇子貢說『夫子之文章。』八佾篇儀封人說『天將以夫子爲木鐸。』都等於英語的 He。論語前十篇關於這點和原則相合。後十篇尤其是最後十篇——可不然。左傳裏的『夫子』也和原則相合。戰國諸書可不然。由此可知論語後十篇——尤其是最後五篇——大概在戰國時代才寫成文章這是三點——綜合三點來看結論都是相同。

三從事實看。論語的記事很有可笑的地方。最離奇的是『佛肸召子欲往』一章和『公山弗擾以費畔召子欲往』一章。前面總論第四章已講過。左傳定公十二年公山弗擾以費畔時。孔子正做司寇。和現在的司法總長一樣。很用力打平那反畔的縣長。以情理論。那在現任閣員跟縣長造反藉口想實行政策。佛肸造反在趙襄子時。趙襄子當國在孔子死後五年。佛肸有何神通能從墳墓裏掘出孔子來。孔子有何妙術能死了還會說話。這二章不是後人誣衊孔子是什麼。還有『季氏將伐顓臾』一章。說什麼『冉有子路見於孔子。』前段既已指出文法的不通。就是事實也不對。冉有子路固然都做過魯國的官。但後先並不同時。子路年長和孔子同時做官。冉有年幼到孔子晚年將返魯之前才做官。左傳在哀公時有一段說季氏欲加田賦。因爲孔子是個元老。所以找他的弟子冉有去請敎。冉有三問。孔子都不答復。那時孔子周遊回國。聲譽日高已佔有元老的地位。論語那段話恐怕就因此影射出來。也說季氏找孔子弟子去請敎孔子。不料這二位弟子不接頭。冉有做官時子路已往衛國去了。就是丟開不管。那季氏伐顓臾的事根本就不必是眞。左傳兩國相伐必書。季氏既伐了顓臾。左傳爲什麼不書呢。孔子在論語這章說顓臾的話也和左傳說的不對。綜合這幾種疑點。這章未必可靠吧。

四從學說思想看。論語也有些部分不大對的。如『子路曾皙冉有公西華侍坐』一章。說孔子稱贊曾皙的志趣。後來宋學最重這章。周敦頤程顥陳獻章最稱道曾皙這章固然很好。但和孔子思想却不十分對。孔子最重經濟實用．這章却裁抑憂國救時的子路冉有公西華．奬勵厭世清談的曾晳．在孔門思想系統上顯然衝突．這章自然靠不住．又如『長沮桀溺耦而耕』一章．那種辟世的思想帶了極濃厚的老莊色彩．不應在春秋時有．有亦不應這麼濃厚．尤其不應在孔門產生．這章的年代自然不很早．快到莊子寓言的境界．

五．從突兀的事語看．論語有許多不是孔子或孔門的話和記事．雜在裏面．很沒有道理．如堯曰篇共三章．三百六十九字．堯訓舜．舜訓禹一章佔了一百五十二字．既不是孔子或孔門的話．又不和孔子或孔門有關係的事．記上去幹嗎．這類在後數篇的最末差不多篇篇都有．如微子篇的『逸民』『大師摯』『周公』『周有八士』四章．季氏篇的『邦君之妻』一章．都沒有一點意思．還有一章近於誣衊孔子．挖苦孔子的．如雍也篇『子見南子．子路不悅．夫子矢之曰「予所否者．天厭之．天厭之」』．這更突兀．孔子就是見了南子．南子雖是個很壞的君夫人．子路何必不喜歡．孔子又何必發誓呢．

綜合上述五方面．論語的十八九雖是精粹之作．其餘的有些不相干．有些很荒謬．都不必眞書．那些僞的來歷如何．誰增竄的．當然是孔子死後乃至戰國中葉末葉的儒者增竄的．因爲孔子剛死時．那些弟子還沒有想到把聽來的話記出來．只是口說相傳．當然不免失了眞相．後來漸漸寫成文章．又不是一人的工作．大家不免各有主觀．參和．又剛好道家思潮洶湧．孔門弟子自然受了多少的影響．所以不知不覺的寫成『長沮桀溺耦而耕』一類的文章．這些帶了道家色彩的．比較的晚出．快到孟子莊子的時代了．還有那些極荒謬的話．如『佛肸召．子欲往』一類的．只能推爲戰國中葉．那般無聊的政客．朝秦暮楚．有乳便是娘．人格掃地．却又對不起良心．捱不起罵．只好造孔子的假事．竄進論語．來做擋箭牌．說孔子也跟我一樣．還有那些篇末的怪事和無干的話。或者是一二讀者心血來潮忽然想到別的事。隨手塡刻在空白裏。後人不知就裏看做寶貝去研究微言大義。若說穿了那眞一錢不値哩。還有『子見南子』一類的也是後來的話或者有好事的人聽了一種傳說。不辨眞僞就添上去並不是原來編書的人有心要這章的這是崔東壁推求出來的原因大概都很對。

論語是駁雜的書。從傳授方面也可看出。漢志『論語古二十一篇。齊二十二篇。魯二十篇』從前講過先秦至漢儒家有齊派魯派各經皆大同小異而魯皆是今文與古文不同漢人所傳的三種論語都已亡佚。只存篇目。論語集解序說『齊論語二十二篇其二十篇中章句頗多於魯論。……齊論語有問王知道多於魯論二篇古論亦無此二篇分堯曰下章子張問以爲一篇有兩子張凡二十一篇篇不與齊魯論同。』因爲他們都各有祖傳所以各不相淆。魯派思想較正齊派多談玄學古論又不相同假使三部論語至今尙在則可知何者所採能得孔子的眞相。不料西漢末有個張禹把三部併成一部現在不能見到原本如何了張禹是個最有福氣做了大官恭維王莽鄉愿氣質十足的人他傳論語因爲三部不同不方便很冒昧的用己意合編他刪削了沒有不知道。古論齊論比魯論更多的都給他併入魯論二十篇裏了。他怎麼樣改動也不知道。許是前十篇沒有動把古論齊論多的分別撥在魯論後十篇裏頭了。魯論原來的篇次如何也不知道。我們看子張篇全記孔門弟子的言事。從前大概在魯論最末因爲前十九篇記孔子直接的最末一篇記孔子間接的很合理法。現在的論語却排子張篇在第十九很奇。也許堯曰篇就是齊論的問王知道。此外也許有古論齊論此有彼無此無彼有的。也都補上魯論裏了。所以免不了有重出。魯論固不能無假而切實較得孔子眞相。或可推定。因爲孔子是魯人。前十篇大概全是魯論原有的。而添上的極少有也在篇末。第十九篇應認爲魯論的最後一篇。第十六十七十

八二十許多半是參雜了齊論古論所以和前十五篇時有衝突矛盾

論語的眞僞和年代問題上文大略已解決了除了「子張篇是魯論末篇」和「篇末突兀記事是讀者隨手從別處塡入論語空白」兩種主張以外大都是崔東壁的話我們要想精察求眞與其輕信不如多疑諸君欲知其詳可看洙泗考信錄

乙 孝經

孝經是十三經的一部古人最重通經若像這經通起來最易解釋意義讀幾年書的人就行列爲一經本極可笑若論他的文章和禮記相同例很像是禮記的一部分因爲漢儒重讖緯孝經有元神契說了什麼『孔子志在春秋行在孝經』所以極力推尊孝經的就說是孔子所作了其實那上面記的都是孔子和曾子問答之辭不惟不是孔子做的而且不是曾子做的最早也不過是曾子門人做的以文體論若放進禮記倒非常像他的年代不能很古在戰國末至漢初才有經的名詞從前沒有漢志還不稱經而附六藝之末西漢中葉才叫他經莊子有『孔子繙十二經』之句墨子有經上經下篇以經名書最早在墨莊時代不能闌入孔子時代以六藝名六經起自西漢孔子並不以經名書縱使跟漢人稱呼也只可以之稱詩書禮樂不可以之稱論語孝經論語孝經只是傳記不配稱經這個書名實在很糟只有孝字又不成名詞在漢以前易書詩都可獨稱孝經可不能所以可推定也許不是戰國的書而是漢代的書最早不能過戰國這部書不是孔子做的只可放入禮記作爲孔門後學推衍孝字的一部書

丙 爾雅

爾雅是最古的訓詁書，後來說是周公所作，裏面有『張仲孝友』的話，張仲是周宣王時人，可見決不是周公作的。他所解釋的字大半是詩經的，詩經大半是春秋作品，那當然他的年代又在詩經後。釋地解九州五嶽，乃是漢初地理，那麼不惟非周公時書，且非孔子以前的書。所以可大概推定，爾雅是漢儒把過去和同時的人對於古書的訓詁抄錄下來以便檢查的書。換句話說，不過一部很粗淺的字典而已。其初並不獨立，在大戴禮記或小戴禮記已有一篇，一直到三國張揖作上廣雅表時還說『爰暨帝劉魯人叔孫通撰置禮記，文不違古，今俗所傳三篇爾雅，或言仲尼所增，或言子夏所益，或言叔孫通所補，或言沛郡梁文所考，皆解家所說，先師口傳，既無正證，聖人所言，是故疑不能明也。』禮記最初是叔孫通編纂的，爾雅當初不過其中的一部分，現在爾雅有十二篇，是否完全是當時禮記的一部分，未可知。但白虎通所引的禮記語不見於今禮記而見於今爾雅釋

　孟子趙歧註所引的禮記語不見於今禮記而見於今爾雅釋　風俗通所引的禮記語不見於今禮記而見於今爾雅釋　公羊何休註所引的禮記語不見於今禮記而見於今爾雅釋樂，那些作者都是東漢人，却沒有看見今爾雅，可見東漢時代今爾雅尚未通行，尚未獨立，而是禮記的一部分。假使今本已通行獨立，他們為什麼不叫他爾雅呢？但那時既附在禮記裏，篇幅一定沒有今本那麼多，今本之多，由於劉歆，劉歆才特別提出這書來，有一回徵募了千餘能通爾雅的人，令各記字廷中，也許就因這回爾雅才變成龐然大物。現在一般小學家以為這書很了不得，甚至仍舊看做周公作的，其實西漢人編的字典，劉歆又擴大些，于周公什麼事呢？因為他有些古名物，才保存，絕對不應列為經的一種。古來字典很少，西漢的爾雅自然比不上東漢的說文，說文較有系統，爾雅特為雜湊，我們若認爾雅為經，便上了劉歆的當。

丁　孟子

談到孟子這書，我們應該道謝趙歧。史記孟荀列傳只有孟子七篇，另外四篇爲外書。劉向劉歆正式承認有十一篇，所以漢志有孟子十一篇。到了東漢末，趙歧註孟子，以銳敏的眼光，說『外篇其文不能閎深』，非孟子所作，削去不註。後來那僞外篇亡了，很不足惜。現在拜經樓叢書裏又有，乃是明姚士粦僞造，尤無價值。孟子自來是子書，應在講諸子時講。只因一面沒有時間講諸子，自宋以來又都公認孟子爲經，所以只好順便在講經的最末講講。至於他的年代，是沒有問題的，大約是孟子弟子所編，曾經孟子看過。現行七篇也沒有可疑爲僞的地方。

★　★　★　★

這一堂講演雖然經過了半年，但因次數太少，鐘點太短，原來定的一小時，我雖然常常講到兩小時，仍舊不能講得十分多，幸虧總算講完經部各書了。最可惜的就是沒有講子部。子部最要緊，又最多僞書和年代不明的書。下年我能否再和諸君在一堂聚談，很難自定。其故：一，像這樣危疑震蕩的時局，能否容許我們從容講學，很是問題。二，我自己自從上年受過手術以後，醫生忠告我若不休息是不行的。好在我們相見的機會還很多，再見，再見。

以上兩卷係十六年二月至六月在北京燕京大學講義